间谍战

智慧与勇气的激烈碰撞

SPY WARS

战典

THE CLASSIC WARS

战典丛书　编写组◎编著

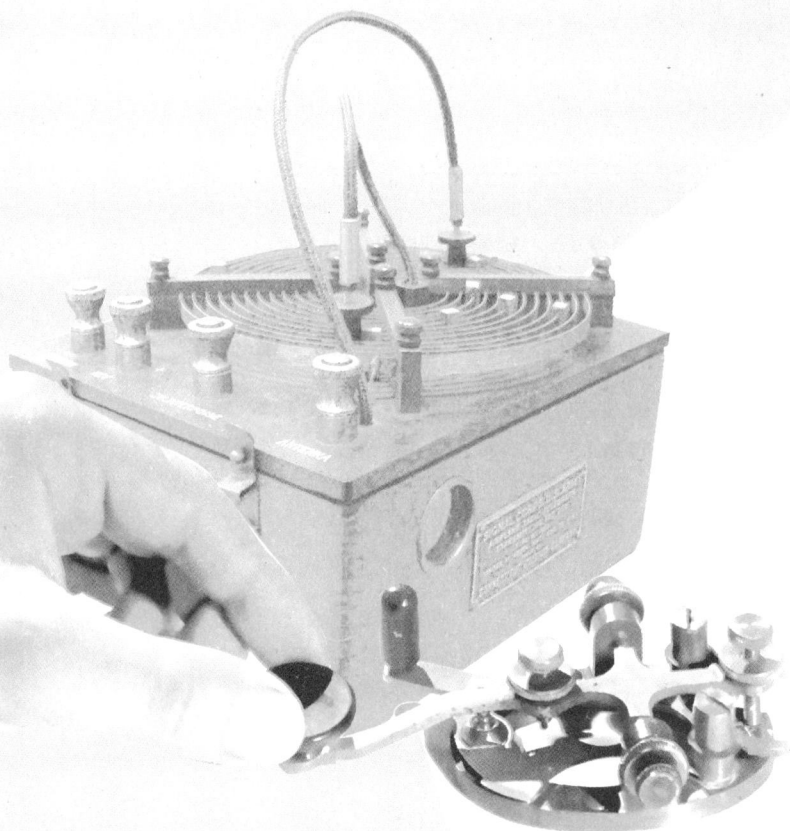

哈尔滨出版社

HARBIN PUBLISHING HOUSE

图书在版编目（CIP）数据

间谍战：智慧与勇气的激烈碰撞 /《战典丛书》编写组
编著. —哈尔滨：哈尔滨出版社，2017.4（2021.3重印）
（战典丛书：典藏版）
ISBN 978-7-5484-3119-0

Ⅰ. ①间… Ⅱ. ①战… Ⅲ. ①间谍 - 情报活动 - 世界
- 通俗读物 Ⅳ. ①D526-49

中国版本图书馆CIP数据核字（2017）第024956号

书　　名：**间谍战——智慧与勇气的激烈碰撞**
JIANDIEZHAN——ZHIHUI YU YONGQI DE JILIE PENGZHUANG

作　者：《战典丛书》编写组　编著
责任编辑：陈春林　韩伟锋
责任审校：李　战
全案策划：品众文化
全案设计：琥珀视觉

出版发行：哈尔滨出版社（Harbin Publishing House）
社　　址：哈尔滨市香坊区泰山路82-9号　　邮编：150090
经　　销：全国新华书店
印　　刷：铭泰达印刷有限公司
网　　址：www.hrbcbs.com　　www.mifengniao.com
E - mail：hrbcbs@yeah.net
编辑版权热线：（0451）87900271　87900272
销售热线：（0451）87900202　87900203

开　　本：787mm×1092mm　1/16　印张：22　字数：300千字
版　　次：2017年4月第1版
印　　次：2021年3月第2次印刷
书　　号：ISBN 978-7-5484-3119-0
定　　价：49.80元

凡购本社图书发现印装错误，请与本社印制部联系调换。
服务热线：（0451）87900278

间谍战——一张精密的网

有一种叫做络新妇的蜘蛛，织网的能力非常强。它能结成大型金黄色的圆网，而且其丝拉力很大。这种蜘蛛同其他的蜘蛛一样，靠织网捕获飞虫。但更为重要的点在于它的另一个名字—蜘蛛女郎。

传说蜘蛛女郎的前世是一位貌美如花的女人，她在嫁给某地领主后被领主发现了她与其他男子之间的情事，于是领主残忍地将她关进一只装满毒蜘蛛的箱子。美女在箱子中，被毒蜘蛛吸食身体。死后她的灵魂与毒蜘蛛合为一体，成为了让人又爱又怕的蜘蛛女郎。她们身材娇小，行动灵敏，而且貌美妖艳，专门引诱成年男子，并在第三天子时将他们杀死并且吃掉。

当然我们所要说的是，络新妇具备了许多间谍需要具备的能力。有谋略，善思维，身体灵敏，最重要的是它能抓住其他物种的弱点，加以引诱后置于死地。这其中最为重要的一点就是获取信息和单兵作战的能力。

间谍不同于战争中的其他士兵，即便是侦察兵也是集体作战，有团队合作。而间谍只是一个人，面对着陌生的人群，去找到他所需要的一切信息。他面对的不仅是敌人，还有自己。如果孤独、无助的情感侵蚀自身，他必将在人群中暴露身份。间谍需要一个足够强大的心灵，这个强大的心灵还必须要他去承担别人对他的谩骂、诋毁与误会。对一个国家而言，在战争的危难中，他站在敌人的队伍中，免不了将成为人民的公敌。

当严酷的刑罚，变态的拷打如雨点般降落在他身上，他必须要不吭一声，不吐露一个信息。面对本方，他是一个信息库；面对敌人，他连一块木头都不如。因此，间谍需要的是一个强健的体魄，不仅能够经受住敌人的拷打，而且在乱世中能抽身而出。他们变换万千，穿梭在世间，或许你发现了这张脸，但你永远不知道这张脸背后的内容。

知己知彼，百战不殆

战争就如同一道谜题，所有的人都想知道它的谜底，因此战争的参与者就开始动用各种手段去旁敲侧击。这是一场惊骇而又冗杂的博弈过程，比之真实的战争可能残酷不足，但并不缺少战争所需的每一个细节与构件。

或许，这也是战争的魅力之一。谍战的环肥燕瘦，在这里充分体现出来，那是和战场上的纵横捭阖完全不同的气质与氛围。在这里，剑拔弩张深埋于心，表面上风和日丽。与战争的进退微尺不同，在这里，在人心的争斗时，每一步都必须万分谨慎，否则造成的后果恐怕难以想象。

孙子说："兵者，诡道也。"寥寥几个字，说的就是战争的无常。就战术而言，它无定式、无定理，为了击倒对方，既要能兵行险招，也要能兵行暗招。间谍就是伴随着战争出现的"暗招"，他们的身影总是出现在战争之外，但他们都不过是战争的傀儡，他们的身体还是被战争左右着。

最原始的间谍，他们所从事的工作也非常"单纯"：搜集敌方的作战资料。在冷兵器时代，资讯代表着一切，因为武器是固定的，人是固定的，战术的发展空间是有限的，间谍的工作也就是有限的。随着热兵器时代到来，战争中各方的关系都发生了变化，间谍也就不再从事单方面的任务，他们要跟着高精尖武器一起生活在新的战争世界里，他们必须要拓宽自身的业务范围。当然，作为间谍，他们的原始工作并未因为这样的转变而被淡化，搜集对方的资料依然是间谍的第一要务。

尤其是在冷战时代过后，和平时期间谍的主要任务依然是搜集情报。新时代的间谍依然投身于没有硝烟的战争之中，但他们已经不完全是为所有的战争服务。一个国家经济的发展、科学的进步、技术的革新等，很多时候都离不开间谍的作用。间谍的分类也不再单一，商业间谍、贸易间谍等应运而生。

曾经偏离传统，渐行渐远的间谍，在新时代的今天，好像又在回归传统。可见，对于信息的搜集和把握，是间谍不可能更改的一生使命。

从战术意义到战略意义

面对一扇门，当我们不知道锁在哪里的时候，我们永远无法打开它。如同在战争中一样，当我们无法得知对方的"锁"在哪里时，我们永远也无法将敌人击败。如若不然，那我们一定会被自己打败。

于是，如何找到"锁"，并打开这把"锁"，成为了让每个战略家都头疼的问题。但要找到这把锁的钥匙，却有些不变的东西。间谍，就有这种找到钥匙的本领。

可以说，间谍的历史同人类的文明史一样长久，无论是世界哪一个角落，自从有了战争就有了间谍。间谍战也就成了战争中的瑰宝，无论哪一方成功地获取了对方的信息，自会不战而胜。

自远古时代的家族之间、部落之间的纠纷，到二次世界大战后的冷战，间谍无不活动在任何一个有矛盾的地方，而间谍活动也顺理成章地成为了敌对双方的重要谋略和手段。我国杰出的军事家孙膑就在《孙子兵法》中的《用间篇》阐述了关于间谍活动和反间谍活动的有关内容，对间谍活动产生了深远的影响。

宋太祖赵匡胤曾在皇宫内设立的"皇城司"，被认为是世界上最早的间谍机关，在当时是直属于皇帝的机构。随着战事的频繁，以及巨大的社会变革，中世纪欧洲的间谍活动迅速得到发展，各个国家先后设立了较为完备的间谍机构，构筑起成熟的间谍网。

到了近代，尤以二次世界大战冷战时期更为突出的是，各国间谍之间的对抗真正成为了没有硝烟的战争。超级大国将黑手伸向了世界各个角落，把间谍活动推向了一个极鼎盛的时期。这些间谍活动覆盖到每一个国家的每一个领域，政治、军事、经济、文化、科学技术等等。随着科学技术的飞速发展，间谍活动的方式也有了相应的变化。他们被高科技武装，极大地拓宽了工作的广度和深度，以求能获取更多的信息；与此同时，间谍们不再是单一为战争服务，对高新产业、经济谈判、新技术新发展等一系列的信息与资源的窃取也有了很大程度的影响。

间谍活动随着人类文明的开端而生根发芽，也会随之继续发展下去。可以说，只要人类文明存在，间谍活动就不会停止。

战争的牺牲品

战争创造快乐，也会制造悲伤。在那些顶天立地的杀人英雄背后，是尸骨如山和哀鸿遍野，有的人镌刻上了史书，有的人则被历史的洪流淹没。古人云："可怜无定河边骨，犹是深闺梦里人。"正是描述这样的场景。然而，相比这些马革裹尸的死伤者，间谍所要背负的命运则更加无端、莫测，他们会面临不同的生活，遭遇不同的变动，在不为人知的暗道里开拓属于自己的战场。

间谍首先需要放弃的就是尊严与荣耀，而这恰是战争狂热分子最迫切需要的东西。间谍忍辱负重地潜入敌方的紧要部位去，为的并不是个人的荣辱成败，而是为了战争的胜负。

所以，相比较将军和士兵——这些战场上拼杀的人们，间谍是为了战争而战争的人，是没有自我的人。在他们的思维里，没有自我的概念，只有战争的胜负。他们时刻准备着，为战争的胜利付出一切，从肉体到精神彻底地付出，他们是实打实地将自己的整个生命交付给了战争。你是无法想象间谍的疯狂的，他们愿意为了战争付出一切，哪怕在死去之后，史书上不停地唾骂他们，家族子孙不停地唾骂他们，世上的人都不停地唾骂他们，他们也依然"虽千万人吾往矣"。

所以，间谍首先拥有的是战争的信念，然后他们将自己卖给战争，让战争的一切充满他们，他们自愿将自己充做战争的牺牲品。他们是战争中最大的悲剧，因为他们死后不仅可能没有墓志铭，没有名字，没有身世，甚至有可能无人理解，就此沉冤千年，永生永世或者也就此没有人能够发现、了解。即便是娇弱如西施、貂蝉、玛塔·哈莉、奥尔加·契诃夫娃等，也不得不肩负起战争的莫测和不可知的未来。

战争是残酷的，战争也是残忍的。有的人肩负起战争的成败，有的人肩负起战争的荣辱。正像有的书中记载的那样，在吴国当了多年间谍、为越王破吴立下汗马功劳的西施，在越王勾践灭掉吴国之后，美女间谍西施最终也被越人沉江而死。那些喜欢浪漫爱情的人读到这里都会对这种说法嗤之以鼻，但这或许正是身为间谍在战争中最后归宿的写照。

间谍的智慧与勇气

无论间谍对于战争的贡献，或者给战争带来的灾害是什么，他们最终都会悄悄地来，悄悄地走，不带走一片云彩。即便他们有多么辉煌的一生，到头来依然无人知晓。甚至他们的生命都有可能在辉煌之时戛然而止，更不会有人看到他们做出过什么贡献。

现在我们可以来回忆，来讲述他们曾经经历的场面，他们曾经的辉煌。就像凡·高一样，他活着的时候创作出无数优秀的画作，但都无人问津，人们更喜欢看那些教堂上的油彩，看那些餐桌旁的画卷。凡·高也许生前不会知道，他的画作在他死后会价值连城。每一位选择做间谍的人，他们都必须知道，自己的命运无非是死在敌人的屠刀下或者老死他乡，这足以证明他们的勇气。他们也许并不会站在敌人的枪口下屹立不倒，但他们可以在敌人的眼皮下游刃有余。他们无畏，却在闪躲；他们真实，却在伪装。他们为战争牺牲了自我，却永远游走在战场之外。

他们的智慧和勇气是值得我们赞扬和崇敬的，他们为了和平的到来所作出的牺牲是无畏的。也许有的人会斥责他们为战争蒙上了又一层恐怖的阴影，但殊不知他们的血汗都是为了能使战争平复，给人民带来和平。也许还有人斥责他们是为了单方面的战争利益而存在的，但殊不知他们所作出的努力只是为了让战争尽早结束。我们都知道，两军对垒，实力相当，这必是一场持久战，而尽快结束战争的唯一方式就是出其不意，一举歼灭。

面对战争，我们是无能为力的，作为间谍的他们同样无法阻挡。我们可以说战争是历史的车轮在滚动，是历史前进的步伐。面对这样庞大，庞大到不是一个人的努力可以抵挡的前进，也许只有想办法尽早地结束它才是可行之方。而那些具有智

序言

慧、极富勇气的间谍们之所以能长久地被我们记住，就是因为他们在用自己的一生缓解战争给世界、给每一个人民带来的痛苦。如果他们的一个信息能够解救一个饱受战争折磨的人，他们也是安心的，他们也是成功的。

这种让每一个国家所不齿的间谍活动，却深深地改变着每一个国家的命运。这个自诞生以来便讳莫如深的职业，一直徘徊在存在与不存在之间。当有人高高站起，大声呼喊道："我们从不存在间谍活动。"也许此时，他们的间谍网已经遍布各地。

信念和贪婪——间谍的两面

间谍是一个天平，它可以使人崇高，也可以使人堕落。有的人为了国家的安全、为了民族的信念而做间谍；有的人为了丰厚的回报、为了个人的利益而做间谍。当我们每每提到间谍，不得不说他是魔鬼与天使的混合体。他既可以在不知不觉间欺骗你，也可以在不知不觉间救你。当他们出现，每个人都不寒而栗——恐惧的是那种无形，他们可以是任何人、任何身份。

当他们作为天使时，我们崇敬他们，甚至可以把他们作为民族的英雄、时代的脊梁；当他们是魔鬼时，我们唾弃他们、憎恨他们，甚至想去消灭他们。但我们该如何去界定一个间谍到底是天使还是魔鬼呢？在敌人面前，他可以伪装成一个同仇敌忾的先锋，在朋友面前，他们可以伪装成一个贪婪吝啬的小人，我们永远无法知道他们的真面目。看着他们微笑的面庞，也许他们在想着如何将敌人置于死地；抑或他们冷峻地向朋友扣动扳机，也许那才是拯救朋友性命的唯一方法。

他们抑或服从于自我的信念、国家的信念、民族的信念；抑或服从于高额的金钱、个人的利益。还记得《007》的詹姆斯吗？还记得他变换无数的香车美女吗？他喝高档红酒，住总统套间，他的皮鞋总是一尘不染。但我们也记得他救了无数条人命，跳了无数次山谷，总是带着满身的伤痕再次踏上征途。

间谍的美妙也就在于此，永远不会让别人看清自己。

从人力间谍到高科技覆盖

随着科技的发展，高科技在情报侦察领域的广泛运用，尤其是间谍飞机和间谍卫星的大量出现，给原本是人与人之间斗智斗勇的间谍活动带来了新的冲击，也因此改变了人们对间谍的传统概念。

当年一个间谍要通过侦察、潜伏、窃取等手段才可以获取的信息，现在只要间谍卫星的一个扫描就可以全部知晓。这不仅给间谍活动带来了好的一面，也为反间谍带来了难题。用"远在天边，近在眼前"来形容如今的高科技间谍可谓十分贴切。远有太空中的间谍卫星，近有无处不在的监视器和窃听器，增加了高科技元素的间谍活动可谓防不胜防。

1957年10月4日，前苏联发射了第一颗人造地球卫星，从此太空间谍战就开始了。迄今为止，全世界各国在太空中的卫星有两千多颗，而这其中的绝大部分是美国和俄罗斯发射的。这相当于，无论我们在做什么，天空中总是有两千多双眼睛在盯着我们，而且它们来自不同的国家，代表着不同的主义。

以间谍卫星为例，它的侦察能力是人力间谍所无法比拟的。首先，它的侦察范围广，卫星拍摄一张照片相当于几千架飞机的侦察能力。一颗同步轨道侦察卫星，一眼能扫遍太平洋两岸，如若是几颗卫星组网，那么整个地球便可一览无余了。其次就是获取信息的速度。一颗低轨道侦察卫星，一天就可以绕地球16圈。最后就是不受任何限制，由于现在还没有任何太空管理的规则，那么太空是属于所有人的，可以随意做到无国界限制、无地形限制。

用高科技手段制造出的这些"超级间谍"会成为和平时期的重要武器。

间谍不会退出历史，因为人们永远都想知道自己的竞争对手在想什么。间谍通常被称做"全世界第二古老的行业"，因为它包含了具有根本性意义的问题。对手在想什么？他们的能力有多大？他们什么时候会发起攻势？这一切都是我们想要知道的，要知道这些，我们就必须需要间谍来完成。

目录 contents

① 第一章

美人计——石榴裙下的阴谋

前　　奏：春秋的暗战和烽火 / 002
功败垂成：吴国雄主的奋发 / 003
深闺三年：只为了惊艳地登场 / 006
进献吴王：爱江山更爱美人 / 008
挑拨离间：伍子胥的末路长息 / 011

战典回响

关于吴国战败前的报告 / 014

沙场点兵

人物：**西施**　　道具：**美色**　　战术：**乱政**

② 第二章

祸起床笫——都是三角恋惹的祸

前　　奏：王允玩转董卓和吕布 / 018
董卓专权：方天画戟的神话 / 020
环环相扣：貂蝉和吕布的风花雪月 / 022
三角拼图：貂蝉的娴熟演技 / 025
内忧外患：王允的那些作料 / 027
杀意难平：父子刀兵相见 / 028

contents 目录

战典回响

"三角恋"在谍战中的成功运用 / 030

沙场点兵

人物：**貂蝉**　　道具：**爱慕**　　战术：**借刀杀人**

③ 第三章

"安钉子"——钉死你的要害

前　　奏："鸿门宴"前的那一夜 / 034
前尘往事：项伯与张良不得不说的故事 / 036
缔结姻亲：血缘关系造就间谍 / 037
觐见霸王：项伯的一举一动 / 040
鸿门惊梦：幸得项伯拔剑舞 / 041
逃出生天：最横的"钉子户" / 043

战典回响

项伯的最后生命 / 046
决定楚汉战争的关键 / 046

沙场点兵

人物：**项伯**　　道具：**姻亲**　　战术：**安插内应**

目录 contents

④ 第四章

献计——是"蜜枣"还是"大棒"

前　　奏：官渡之战的天平 / 050
大战前夕：谁的心里更有底 / 052
刚愎自用：许攸的选择题 / 054
周公吐哺：光着脚的曹孟德 / 056
先断粮道：袁绍的死穴 / 058

战典回响

曹操结束北方的战乱 / 060
曹操歼灭袁绍余党 / 060

沙场点兵

人物：许攸　　道具：计谋　　战术：临阵倒戈

⑤ 第五章

心理战——无形的绳索

前　　奏：古老的借刀杀人游戏 / 064
继续南下：荆州来的降将 / 066
对峙赤壁：曹操与周瑜的博弈游戏 / 068
独闯江东：披着书生伪装的莽夫 / 070
降书疑云：醉里挑灯看周郎 / 071
后患无穷：假设的东吴间谍 / 073

contents 目录

战典回响

逆向思维的成功典范 / 076

蒋干的罪与罚 / 076

沙场点兵

人物：**蒋干**　　道具：**降书**　　战术：**反间计**

⑥ 第六章

生意人——我的眼里只有钱

前　　奏：玛塔·哈莉的纸醉金迷 / 080

改头换面：化身为巴黎的眼睛 / 082

一战爆发：新的高薪工作 / 085

床第之欢：情报就在海誓山盟里 / 087

事情败露：是交际花还是间谍 / 090

香消玉殒：向行刑队送去飞吻 / 092

战典回响

关于处死过程的流言 / 094

沙场点兵

人物：**玛塔·哈莉**　　道具：**美色**　　战术：**谈情说爱**

目录 contents

⑦ 第七章

窃听风云——为正义奔跑的身影

前　　奏：二战初期的谍战英雄 / 098

初出茅庐：当左尔格遇上尾崎秀实 / 099

上海故事：与中国革命的关系 / 101

手眼通天：高速运转的拉姆扎小组 / 103

准确分析：苏联卫国战争的制胜秘笈 / 105

慷慨就义：血熄灭不了意志 / 110

战典回响

穿透铜墙铁壁的耳朵 / 112

沙场点兵

人物：理查德·左尔格　　道具：窃听　　战术：发展会员

⑧ 第八章

内线——把耳朵放到敌人的房间里

前　　奏：希特勒最喜欢的女明星 / 116

悲惨情事：爱上了一个花花公子 / 117

泪别故园：寻找新的生活 / 119

声名鹊起：全德国为之疯狂的明星 / 120

元首垂青：克里姆林宫的耳朵 / 122

身后迷雾：美艳绝伦的"沉睡者" / 123

contents 目录

战典回响

取得信任的力量 / 126

沙场点兵

人物：**奥尔加·契诃夫娃**　道具：**姻亲**　战术：**安插内应**

⑨ 第九章

交际花——用秋波代替电波

前　　奏：最动人的花蝴蝶 / 130
初涉谍海：外交官夫人要转行 / 131
风流记者：床笫与头脑的游戏 / 134
明争暗斗：辛西娅的神奇魔力 / 138
使馆窃密：她的嘴唇决定战争 / 141
传奇未完：美女间谍的模板教材 / 145

战典回响

在舌头上的胜负筹码 / 148
妖媚身姿的背面 / 148

沙场点兵

人物：**辛西娅**　道具：**身体**　战术：**床上的交易**

目录 contents

⑩ 第十章

咎由自取——无耻可悲的叛国之花

前　　奏：东渡日本的皇朝后裔 / 152
偷梁换柱：静园里抬出的棺材 / 153
翻手为云："金司令"名贯东北 / 154
内外通吃：与军统眉来眼去 / 156
妖花凋零：死去还是隐居 / 158

战典回响

"东方魔女"的美丽与哀愁 / 160

沙场点兵

人物：**川岛芳子**　　道具：**关系网**　　战术：**欲擒故纵**

⑪ 第十一章

刺杀——悄无声息的暗器

前　　奏：刺杀丁默村 / 164
名门之后：放弃学业，投身抗战 / 165
加入军统：封面女郎的另一面 / 166
谍战巾帼：让日本首相的儿子也着迷 / 168
刺杀计划：中统错失良机 / 170
撒手西归：留下一身的从容 / 172

contents 目录

战典回响

战火中的中国女人 / 174

沙场点兵

人物：郑苹如　道具：学识　战术：深入虎穴

⑫ 第十二章

保镖——在枪林弹雨中穿梭

前　　奏：保护反法西斯战士们的"白鼠" / 178
和平时代：法国的豪门贵妇 / 180
烽烟四起：开着救护车穿过法国边境 / 181
悬赏搜捕：翻越比利牛斯山成功逃脱 / 184
再次归国：接受专业的间谍训练 / 185
招募武装：毫无畏惧的女战士 / 187

战典回响

让盖世太保敬畏有加的女人 / 188

沙场点兵

人物：南希·韦克　道具：机敏　战术：声东击西

目录 contents

⑬ 第十三章

催眠师——美貌与智慧兼备的美女蛇

前　　奏：神秘的丽达 / 192
艰苦训练：克格勃里的特殊训练 / 194
偷渡澳洲：特工生涯的开端 / 196
求职活动：在澳洲声名鹊起 / 198
使用催眠：如痴如醉的追求者 / 200
全身而退：克格勃的"燕子"归巢 / 203

战典回响

冷战时期的间谍战 / 205
间谍战术的不断开拓 / 207

沙场点兵

人物：丽达·埃律特　　道具：美色　　战术：催眠术

⑭ 第十四章

破译密码——无线电上的暗战

前　　奏：美国黑室的传奇 / 212
手足无措：无法破译的密电 / 214
外国来客："密码之父"到重庆 / 215
世界叹服：发现珍珠港阴谋 / 217
疑云重重：中国黑室赴印作战 / 219
通知美方：截杀山本五十六 / 221

contents 目录

战典回响

"五·三"、"五·四"大轰炸 / 224

沙场点兵

人物：雅德利　　道具：无线电　　战术：密码

⑮ 第十五章

外线——只为理想奋斗的动力

前　　奏：风度翩翩的间谍王子 / 228
改变理想：在成长中的蜕化 / 230
随军记者：在战争的狼烟里奔驰 / 231
如履薄冰：双料间谍的暗战之路 / 233
危机四伏：计划赶不上变化快 / 235
化险为夷：三十六计走为上 / 237

战典回响

变化莫测的两张脸庞 / 239

沙场点兵

人物：哈罗德·金·菲尔比　　道具：记者身份　　战术：打入敌人情报部门

目录 contents

⑯ 第十六章

双面间谍——成也萧何，败也萧何

前　　奏：冷战时期的布莱克 / 244
青涩少年：在英国的训练 / 246
朝鲜被俘：转投克格勃 / 248
名单曝光：背叛者的命运 / 249
最大成功：黄金行动的彻底报废 / 251
越狱潜逃：在莫斯科的漫长时光 / 253

战典回响

冷战时期的"克格勃" / 256
乔治·布莱克的余生 / 257

沙场点兵

人物：乔治·布莱克　　道具：工作经验　　战术：曝光间谍名单

⑰ 第十七章

潜伏——行走在刀尖上

前　　奏：007 的原型 / 262
身份转变：从毛头小子到特工 / 263
进入德国：风趣的双料特工 / 265
头脑风暴：他不是个肌肉男 / 267
测谎血浆：玩世不恭下的钢铁意志 / 276
金蝉脱壳：险象环生的最后时刻 / 280

contents 目录

战典回响

个人魅力在谍战中的作用 / 282

沙场点兵

人物：达斯科·波波夫　　道具：谍报　　战术：打入内部

18　第十八章

阴谋爱情——冷战时期的"女沙皇"

前　　奏：精密设置的爱情陷阱 / 286

天罗地网：安妮娜的特务网络 / 287

必然邂逅：无处不在的美艳陷阱 / 288

非常危机：乔吉奥被怀疑 / 289

化险为夷：冷静的里纳尔狄夫人 / 290

战典回响

克格勃的前世今生 / 291

沙场点兵

人物：安妮娜　　道具：职业　　战术：建立间谍网

目录 contents

⑲ 第十九章

感情投资——爱情的杀伤力

前　　奏：贝扎克的风流计 / 296

千锤百炼：在"克格勃"的岁月 / 296

步入英伦：和费尔小姐的爱情火花 / 298

情令智昏：睡在身边的窃听器 / 300

真相大白：铁窗岁月和全身而退 / 300

战典回响

冷战岁月里的"蝶恋花" / 302

沙场点兵

人物：贝扎克　　道具：费尔小姐　　战术：感情投入

⑳ 第二十章

惯偷——谍报界的"狗仔队"

前　　奏：传奇惯偷勒鲁瓦 / 306

加入组织：勒鲁瓦的新一页 / 308

招兵买马：壮大第七处 / 310

出奇制胜：捡垃圾有大学问 / 311

争分夺秒：东方快车窃取邮包案 / 312

盛极而衰：忘掉巴黎的一切 / 314

contents 目录

战典回响

神通广大的第七处特工 / 317

沙场点兵

人物：勒鲁瓦　　道具：观察　　战术：偷窃情报

后　记 / 321

主要参考书目 / 322

第一章

美人计
——石榴裙下的阴谋

▲ "美人计"几乎算是最古老的间谍手段之一，而且千百年来从未退出过历史舞台。从古代的西施、貂蝉，到现代俄罗斯情报机构"克格勃"那些妖娆动人的"燕子"，不知道有多少把持不住自己的人倒在了这些美艳女子的裙下，不仅甘愿奉献出藏在心底的情报，还愿意把江山社稷都假手于人。或许正应了那句话，"英雄难过美人关"，英雄尚且如此，更何况是凡夫俗子呢？

前奏：春秋的暗战和烽火

东周初始，周平王的外祖父申侯与犬戎里应外合攻入洛阳，杀死幽王，拥护平王登基。但由此平王的威望一下降入谷底，诸侯皆认为他弑父谋权。周王朝日渐衰败，对各路诸侯的统治不足，大权旁落，以至于诸侯势力剧增，并开始互相讨伐征战。一些封地较小的诸侯早早地就被战火湮灭，几个实力较为强大的诸侯在局部形成了统一。

诸侯间的吞并也使得周王朝的地盘越来越小，周王室此时的统治已是岌岌可危。周桓王十二年，郑国与周王室由于边境划分而发生争执，周桓王一怒之下亲自率兵讨伐郑国。谁知，郑庄公不仅领兵迎战打败天子的军队，而且还一箭射中了周桓王的肩膀。自此，在众人心中，周王朝只是个名存实亡的天下共主罢了。

齐桓公即位后，开始稳步地发展齐国。他任用贤能，以管仲为相，在政治、经济等方面做了诸多改革。而且借助着先天的地理优势，齐国上下统一，很快就拥有了强大的实力。

随后，齐桓公以"尊王攘夷"的口号团结其他诸侯，抗击外族入侵，并遏制了当时的南方强国——楚国的再度扩张，由此齐国在众多诸侯国中树立了威信。齐国的霸主地位已经基本确立，在此后齐桓公组织的葵丘会盟上，各诸侯甚至周王室都派人参加，使得齐国的霸主地位得到正式的确认。

公元前633年，楚成王率领军队围攻宋国都城，宋国难以抵抗，于是向晋国求救。于是晋文公先后游说齐国和秦国，并取得了两国的支援，既壮大了自己的实力，也成功击败了楚国。晋文公在继位前，曾逃亡楚国，受到过楚王的殷勤款待。此次交锋，晋国自动撤退九十里，一来避免与楚国直面接触，便于同其他盟国军队会合，二来以此回报楚王款待之情。待到决战时，正是这退后的九十里，使得楚国陷入重围，被联军全部歼灭。

战后，晋文公请来周襄王，在践土和诸侯会盟，正式确定自己的中原霸主身份。

齐国的称霸抑制了楚国的北上，楚国转而向东吞并了数个小国，随后国力昌盛。公元前598年，楚庄王率军打败晋军，使得原本归附晋国的小国转而归附楚国，楚国成为了中原霸主。

这时的秦国在函谷关一带，兼并了十二个小国，国土达到千里而称霸。随后，东南的吴国、越国相继强大。公元前494年，吴王夫差攻打越国，将越王勾践围困于会稽，迫使越国屈服。吴国在黄池会盟诸侯称霸，越王勾践由此开始了卧薪尝胆的复仇生涯。几十年后，越国日渐强盛，转弱为强消灭了吴国，随后越王也成为霸主。

这五国的相互争斗，各自发展，接连称霸，史称春秋五霸。

功败垂成：吴国雄主的奋发

勾践本是大禹的子孙，周朝建立后，勾践的祖先奉命在会稽守宗庙，故建立越国。

春秋年代，每一位国主都希望壮大自己的力量，然后震慑诸侯，成为那个时代的霸主。而要成为天下的霸主，就要先让身边的敌人顺从。北方的晋与秦、赵与齐，都是连年征战；而在南方，楚与吴、越之间，是近邻，也是犬牙交错的对手，谁要取得天下，就先要降伏身边的邻居。伴随着一代雄主楚庄王时代的落幕，吴国和越国迅速崛起，开始尝试争夺时代的主导权。率先强大起来的是吴国，公子光利用刺客专诸刺杀吴王僚之后，登上吴国的王位，也就是吴王阖闾。靠刺客成为王的阖闾在不久之后就得到了两个最优秀的下属——伍子胥与孙武。正是靠着这两个人的努力，吴国迅速地强大起来，很快成为可以傲视天下的强国。

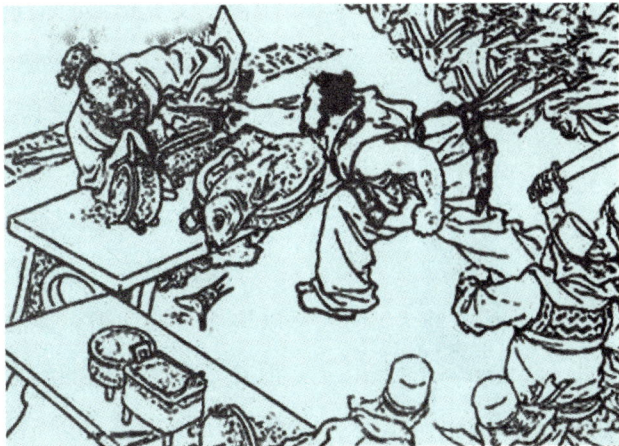

★ 专诸刺王僚

于是，吴王阖闾迫不及待地开始了席卷天下的计划，在伍子胥和孙武的辅助下，他击败了不可一世的楚国。吴军攻入楚都，伍子胥开棺鞭尸，吴国一时无两，震慑四海。降伏了楚国之后，阖闾掉转矛头，开始攻打新兴的越国。当时越国的老国君去世，勾践刚刚当上越国的国君，吴国就趁着这个机会攻打越国。越国人早就听说吴国的强大，人们乱作一团。

年轻的越王勾践并没有被吓倒，他想到一个"置之死地而后生"的计策。他派遣死士拿着剑冲入吴军的战阵，然后大喊着纷纷拔剑自刎，吴军看得目瞪口呆，不知道发生了什么事。趁着吴军摸不着头脑的时候，勾践指挥越军冲杀过去。在乱军之中，阖闾中箭，吴军不得不撤退。吴军撤回吴国之后，阖闾的生命走到尽头，一代霸主在弥留之际，召见了他的儿子夫差，紧握着他的手不断地重复着："必毋忘越！"

在垂暮的阖闾去世后，勾践不得不面对一个更加强大的对手，新任的吴王夫差。吴王夫差是天生的雄主，他的气魄并不输于他的父亲。他即位不久，就找来吴王最亲信的臣子伍子胥。夫差取出父亲喜爱的佩剑"胜邪"交给伍子胥，希望伍子胥能够帮助他击破越国，报杀父之仇，只要国恨家仇得报，夫差愿意与伍子胥平分吴国。

伍子胥闻言慌忙跪倒："老臣受奸人费无极所害，父兄遭戮，浪迹天涯。幸蒙先主不弃，委以重任，正该肝脑涂地，辅佐新王成就先主未竟之大业。大王要与老臣平分吴国，还不如治老臣之罪。"吴王夫差搀扶起伍子胥，从此吴国上下君臣齐心，发誓要攻破越国，一雪前耻。

吴国的国力本来就不弱，在春秋诸侯之中，可以说是一枝独秀。虽然被越国打败，阖闾也战死，但并不意味着他的国力开始衰亡。更何况在吴国，还有伍子胥这样的治世能臣，几乎在很短的时间里，吴国就恢复了霸主的气魄与势力。

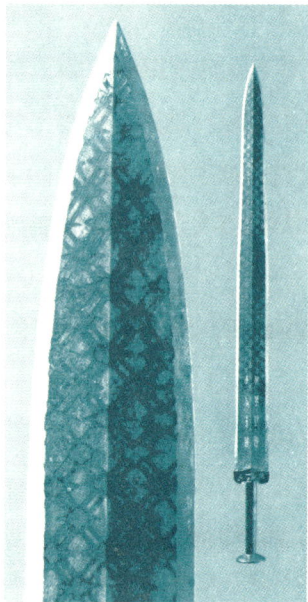

★越王勾践剑

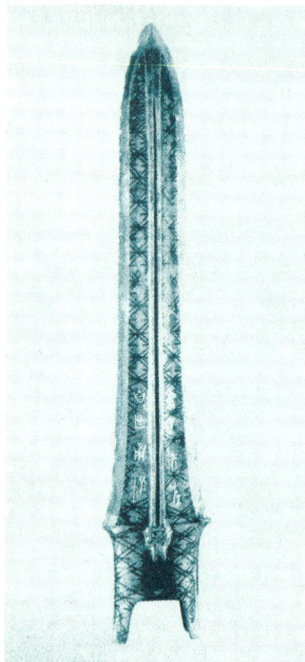

★吴王夫差矛

但是这一次，越王勾践不准备坐以待毙，他听说吴王夫差天天琢磨什么时候来攻打越国，就决定先发制人。范蠡听说之后赶紧来劝阻："大王，这样做不行啊！我听说兵刃属于凶器，攻战是违背德行的事情，率先发起战争是不明智的决定。谋算着违背德行的事情，动不动就使用凶器，做出不明智的决定，一定会遭受上天的反对，这一战恐怕难以取胜。"范蠡的话虽然说得绕口，其实还是说越国的国力现在还不如吴国，贸然出征肯定会失败，不如休养生息。但是越王勾践一意孤行，根本不听范蠡的建议，甩下一句"吾已决之矣"，带着士兵们就出征了。

吴王夫差听说以后，找来伍子胥商量，他们迅速征调全国的兵马一起迎击越国，在夫椒大败勾践和他的越国军队。勾践急忙撤兵，可是夫差并没有喊"穷寇莫追，小心埋伏"，吴军就一路追杀过去，越军连战连退，到最后，越王勾践带着为数不多的残兵败将困守在会稽山，他已经无路可退。

越王勾践不得不接受范蠡和文种的建议，向夫差投降，并且甘愿屈一国之尊，到吴国为吴王做一个卑微的奴隶。

范蠡为越王取得了生存下去的机会，伍子胥深知"斩草不除根，春风吹又生"的道理，但就是在这个时候，夫差已经越来越不愿采纳伍子胥的意见，在吴国内部的政治博弈里，伍子胥完全败给了太宰伯嚭。范蠡趁机大肆贿赂伯嚭，终于为越王勾践取得了回归越国的机会。当勾践跨上战马离开吴国的边境的时候，复仇的烈火就在他胸膛里灼烧，他不能忘记屈辱的日子，所以他采纳了范蠡和文种"伐吴九术"，并且卧薪尝胆，发誓要报仇雪耻。

在范蠡和文种构思的"伐吴九术"中，有两项是最为核心的，那就是除掉伍子胥和实施"美人计"。伍子胥可以说是吴国强大起来的最大功臣，伍子胥虽然在政治思维上很平平，但是若论治国与打仗，伍子胥是出类拔萃的人物，说是那个时代当之无愧的骄子也不为过。因此，要破强吴，必须先除掉伍子

★勾践的重要谋士文种

胥。为了除掉伍子胥，范蠡又开始在伯嚭身上做文章，利用伯嚭与伍子胥之间的争斗，贿赂吴国的官员竞相攻击伍子胥。但是，夫差毕竟不是一个昏庸的人，虽然对伍子胥很反感，但是在面对重大事情的时候，他还是会征询伍子胥的意见。

越王勾践回到越国之后，经过了"十年生聚，十年教训"，感觉越国的国力已经逐渐强盛，就想着要出兵攻打吴国，于是就找来范蠡商量，"现在伍子胥已经受到冷落了，夫差身边全是些奸佞小人，我们可以攻打吴国了吗？"范蠡却只是微笑着摆了摆手，简洁地回复道："不可。"

深闺三年：只为了惊艳地登场

范蠡告诉越王勾践，出兵吴国的时机还没有到。这是为什么呢？因为伍子胥还在，虽然当时伍子胥逐渐受到冷落，但是只要他在，吴王夫差的身边就是有人护驾，所以要攻破吴国并不是那么容易的事情。还有就是，吴国强大，越国经过战事还在恢复阶段，一需要争取时间，二需要掌握吴国的境况，三需要瓦解对方。这样，一旦开战，才有胜利的把握。为了达到这几个目的，"伐吴九术"中的"美人计"就显得尤为重要。

这次"美人计"的总指挥，就是范蠡。

★范蠡塑像

要选择一个美女献给夫差，并不是那么容易的事情。夫差是一国之主，吴国的美女他予取予求，所以一般的美貌女子根本难以打动夫差的心，范蠡必须要去寻找"极品"。因此，范蠡几乎走遍了越国的每一方山水，他就像是一个勤奋的星探，寻找着那块未经打磨的璞玉。

在经历了漫长的跋涉之后，范蠡在萧山临浦浣纱溪东的苎萝山寻访到了西施和郑旦。苎萝山下临浣纱溪，浣纱溪中有浣纱石。在这里，范蠡见到了两个正在浣纱的妙龄女子。穿过无数的歌台舞榭，穿过无数的市井楼阁，他终于在这山泽水畔遇到了足以让任何一个霸主都不得不动心的女子。西施和郑旦都拥有惊世的容貌，西施身体娇瘦，纤腰如同细柳一般，一双水眸里闪动着一种感伤的光彩。而郑旦则正好与西施相反，郑旦喜欢玩闹，而且还擅长剑术，算是半个侠女，为人性格比较直，相比西施要开朗很多。

之所以同时选择西施与郑旦，范蠡心中明白，两个人虽然都是美人，但是各有千秋，吴王夫差"淫而好色"，可到底好的是哪一口谁也说不清楚，同时献上两个性格迥异的美女，总有一口会投吴王所好。但是，找到了美女，并不是就意味着大功告成，越王勾践的宠妃认为，真正绝世的美女并不是只有一副脸蛋就可以了，还得具备三个条件：一是美貌，二是歌舞，三是体态。就是不只站在那里能沉鱼落雁，一颦一笑、举手投足都必须是风情万种。当然，除了这些，西施和郑旦的作用并不是两个花瓶那么简单，她们还肩负着更加不可告人的任务：成为越国安插在吴国的间谍。

自古以来，靠送美女拖垮敌人的战术已经屡见不鲜，吴国人又不是傻子，越国人愿意送出自己国内最美丽的女子，肯定会受到对方的怀疑。要完成迷惑吴王以及削弱吴国国力的目的，还要不被吴国人发现，不是靠搔首弄姿就能够达到的。连伍子胥那样久经风云的老江湖，都会在官场接连摔跟头，甚至把命都摔掉，更不要说两个弱女子了。

所以，学习歌舞和体态，对于西施和郑旦来说，不过是素质教育，她们真正要接受的常规课程，是在波谲云诡的政治局势里的生存及工作技能。在这段时间，范蠡向她们两个人介绍了吴国的一切，包括那里的风土人情，吴王夫差的喜好，以及夫差身边所有近臣的一切情况，重点向西施和郑旦介绍的，无疑就是夫差身边的两大臣子——伍子胥跟伯嚭，包括两个人的生平、喜好、特点及家庭情况等等，虽然西施和郑旦还没有到达吴国，但是她们两个人已经完全了解吴国了。

三年的时光荏苒，或许正是世人对

★ 西施浣纱

于这漫长三年经历的无限想象，才给予范蠡与西施一段刻骨铭心的爱情。按照现在的眼光，结合后面的历史来看，范蠡是个浪漫的人，他就像是一个成功的运营者，从官场到商场，将个人的价值发挥到了极致，乃至后世的无数来者都难以望其项背。范蠡与西施的爱情故事，以及后面的五湖泛舟一样，都成为后世的悬案。但即便是西施与郑旦以二八年华入宫接受训练，十九岁出使吴国，到吴国城破，夫差授首，郑旦早已香消玉殒不说，西施也已经年过三十，早已洗净铅华。那时的范蠡已经过了耳顺之年，即便五湖泛舟，也说不上多少浪漫了。更何况西施和郑旦不是去谈情说爱的，她们将要深入吴国，担当越国在吴国的"内应"，她们将牺牲自己的美好年华以及花容月貌，只为了换取吴国的衰败和越国的强大，只为了换得越国的兴起与一朝霸业。

好了！三年的培训到了结业的时候了，当范蠡带着他精心栽培的西施和郑旦再次出现在勾践面前的时候，卧薪尝胆的越王也被面前这两个绝世美女惊呆了。她们再也不是浣纱溪畔天真无邪的农家少女了，她们都脱去了一身的稚气，举手投足都带着难以言说的妩媚与艳丽，正应了"一笑倾人城，再笑倾人国"。越王为这两位美女准备了最华贵的车马，在浩大的仪仗队的护送下，浩浩荡荡向吴国都城进发。

那里是富贵温柔乡，那里也是龙潭虎穴。

西施悄悄握住了郑旦的手，中国历史上最有名的美女间谍开始了她们传奇而又凄美的故事。

当西施和郑旦出现在吴王夫差面前的时候，夫差完全被惊呆了。纵然是一代雄主，也终究是"英雄难过美人关"，更何况是沉鱼落雁、倾国倾城的美女。范蠡手捋着胡须，仰望着吴宫的飞檐斗拱，越国对吴国的反攻，从这一天就拉开了序幕。

进献吴王：爱江山更爱美人

面对两个绝世美女的到来，整个吴国都非常高兴，但是却有一个人站出来反对，那就是伍子胥，"大王，臣闻听得夏亡以妹喜，殷亡以妲己，周亡以褒姒。是美女者，亡国物矣，王万不可受。"

伍子胥反对，他的对家就会站出来支持，那就是伯嚭。伯嚭说妹喜亡夏、妲己亡商，那是因为桀和纣都不是贤明的君王，你现在拿吴王对比桀纣，那可是大逆不道啊！

此时的夫差眼睛盯着西施，对伍子胥的话充耳不闻。在这个时候，伍子胥稚嫩的政治思维再次暴露无疑，而伯嚭的话则完全被西施和郑旦听在了耳朵里。进宫不久，这两个吴宫中的新宠就开始想尽办法笼络伯嚭。伯嚭这个人，在治国和带兵上不如伍子胥，但是在政治手腕上，却要比伍子胥高明得多。他虽然对西施和郑旦也颇多怀疑，但是考虑到自己的处境，还是愿意与后宫多有一些联系。毕竟自己不过是个臣子，而西施和郑旦可是睡在吴王身边的人，自己对吴王再了解，也肯定不如吴王一个枕头上的人更了解啊。而且以当时越国的整体实力，以及越王对吴王的恭敬程度，伯嚭也相信，越王就算是真想有什么举动，恐怕也是没有办法奈何吴国的。

得了权势又得利，伯嚭何乐而不为呢？

而西施与郑旦进入吴宫之后，两个人的命运也是截然不同的。一段时间之后，吴王夫差就逐渐更宠幸西施一些，而对郑旦则逐渐失去了兴致。后来，吴王干脆把郑旦留在吴宫，接受与平常妃嫔相同的待遇。一个是歌台舞榭、万千宠爱，一个是寂寞深宫、流年虚度，更可怕的是，一个在身后名列"四大美人"之首，一个却籍籍无名。

对于郑旦来说，流落深宫除了失去吴王的宠爱之外，最重要的就是失去了一个间谍的价值，她逐渐沦为美女西施的陪衬和助理，甚至更多的时候她都会被人遗忘。在进入吴宫的初期，她和西施一起挤掉了吴王身边的姹紫嫣红，独占雀巢，如今受到冷落，自然也成为其他妃嫔攻击的对象。在后宫孤守深闺的日子里，郑旦的日子是无比艰难的，以至于过了不久，她就去世了。吴王夫差将她安葬在黄茅山之后，在势单力孤的吴宫里，就只有西施一个人战斗下去了。

吴王夫差为了西施可谓一掷千金，在姑苏建造了春宵宫，宫中筑造了一潭大池，池中放置一叶青龙舟，每日与西施在此戏水玩耍。不多时日，为了能尽情观看西施的歌舞表演，夫差又命人建

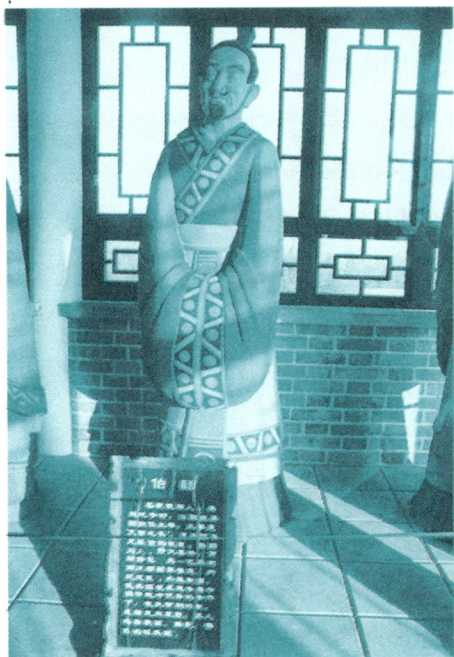

★ 吴国奸臣伯嚭（蜡像）

造了馆娃阁、灵馆等。西施擅长跳响屐舞，夫差的聪明才智便全部用在了这上面，他亲自同人一起设计"响屐廊"。响屐廊用数以百计的大缸铺底，在大缸上用木板铺盖，平时走在上面都铿锵作响。建成后，西施穿木屐在"响屐廊"起舞，裙子上系着小铃铛，舞步间铃声与大缸的铿锵声声声回响，"铮铮叮叮"地交叠在一起，声声悦耳，使得夫差如痴如醉，难以自已，终日流连于西施身旁，不理朝政。

吴王夫差整日和西施在一起，穿梭在春宵宫与馆娃阁之间，西施就开始给夫差吹枕边风。于是吴王将朝廷政事全部交由伯嚭管理，伯嚭收受了越国的贿赂自然不关心越国。但伍子胥看到越国渐渐富强起来，不免心生担忧，数次觐见吴王，看到的都是吴王与西施嬉笑玩乐，视伍子胥的危言于不顾。

这个时候，伍子胥和西施的矛盾逐渐表现出来，这也成了西施在吴宫中最为危险的一段时间。她几乎可以看到伍子胥望向自己时，那双眼睛里射出的利剑般的寒光。西施也深知伍子胥在吴国的地位，如果自己直接与伍子胥剑拔弩张，一来可能会引起吴人的敌视，甚至有可能成为群臣的众矢之的；二来万一引起吴王的怀疑，多年的努力就会付诸东流，越国也就陷于危难之中。

聪明的西施想到一招"借刀杀人"，她要将自己与伍子胥的矛盾，转移为伯嚭与伍子胥的矛盾。于是，她开始更加笼络伯嚭，甚至在吴王面前赞扬伯嚭。伯嚭曾经是楚国的臣子，后来离开楚国投奔吴国，在吴国灭楚的战争中起到了举足轻重的作用，受到阖闾、夫差两代吴王的重用。尤其是夫差，因为伯嚭总是投吴王所好，夫差对伯嚭尤其宠信。宠妃与宠臣的联手是可怕的，如果这种联手再成为默契，那就更为可怕。

但是，伍子胥这个时候只看到了危险的西施，并没有看到危险的伯嚭。西施暗示伯嚭，伍子胥要杀掉自己，其实就是为了除掉伯嚭。随着伯嚭与西施的联系日渐紧密，伯嚭也相信，一旦西施失势，自己也很有可能受到牵连。伯嚭保护西施，也就是在保护自己。然而伍子胥并不知道，在不知不觉之间，他已经成为西施与伯嚭共同的敌人。

再加上伍子胥这个人自视甚高，他是两代老臣，几乎一手创造了鼎盛的吴国，阖闾临终的时候，叮嘱夫差要像敬重父亲一样敬重伍子胥，伍子胥觉得自己在吴国有"一人之下，万人之上"的资本。正是这种跋扈的性格，让朝中很多的臣子都开始疏远他、敌视他，加上伯嚭笼络人心的手段高明，伍子胥开始逐渐走向势单力孤的旋涡里。

挑拨离间：伍子胥的末路长息

其实伍子胥的政治思维稚嫩的原因，是有遗传的。伍子胥的祖父叫伍举，他可以说是楚国伍氏一族辉煌的开创者。伍举当官的时候，楚国的统治者正是那位"不飞则已，一飞冲天；不鸣则已，一鸣惊人"的一代雄主楚庄王。楚庄王是一个有帝王之心的国主，曾经向周朝的臣子询问过九鼎的轻重，他饮马黄河，南方诸侯无不臣服，北方诸侯无不震慑，可以说是春秋时代真正的最后霸主。楚庄王有着帝王的心，也有着帝王的胸怀，所以当时的楚国有很多臣子是以敢于直谏而著称的，无论国主爱不爱听，他们都可以毫无顾忌地进谏。而楚庄王向来是权衡利弊、从谏如流。伍子胥的祖父伍举就是在这个时候，凭借他的刚直谏诤在楚国得到了尊贵的身份和地位。但是让伍举想不到的是，正是他身上这种刚直的性格，害了他的后人们。伍子胥的性格也非常刚强、耿直，可惜的是，楚平王不是楚庄王，夫差也不是阖闾，所以伍子胥必将面对悲剧的人生。

此时的伍子胥无论在生命和政治生涯上，都已经走到了最后。自从周景王二十三年（公元前522年）离开楚国开始浪迹天涯，七年后入吴辅佐阖闾，到吴夫差十二年（公元前484年），三十八年的人生弹指而过，从过昭关时的少年白发到现在的垂垂老矣，伍子胥感觉时日无多。在群臣对他不理不睬时，他就知道自己在与伯嚭、西施的斗争中失败了，吴国覆灭的命运恐怕难以更改。

他开始经常称病不朝，躲在自己的宅院里回忆自己的人生，他的思绪经常被吴王夫差的欢笑和西施身上的铃声打断。他离开楚国时，还曾鞭挞楚平王的尸体，楚人已经不容他；他在郑国受人追杀，郑人也容不得他；如今在吴国，他恐怕也没有立足之地，天下虽大，他已经无处可去。伍子胥以为他能在自己的宅院里挨到生命的最后，但是他的政敌们却并不想就这样放过他，西施也不能这样放过他：有伍子胥一天，越国就不能来攻打吴国，自己就必须强颜欢笑继续做间谍。

有的臣子就开始上言，说伍子胥不

★伍子胥画像

来上朝不是因为他真的病了，是他对吴王不满，所以才借此威胁吴王。伍子胥听说以后吓得一头汗，赶紧来上朝，结果吴王夫差一看，伍子胥的身体真的不如他说得那么差，心里更加怀疑他。

公元前485年，吴王夫差为了完成霸业，准备率领鲁、邾、郯等国大举攻打北方的齐国。伍子胥听说以后急忙出来进谏，"老臣以为不妥。老臣听说勾践食不重味，与百姓同甘苦。此人若不死，他日必为我国大患。越国对吴国来说，是心腹之患；而齐国对吴国来说，不过如同一块疥癣。希望大王能暂时放弃攻齐，先行伐越。"吴王夫差根本没有听进去伍子胥的建议，带着大军攻打齐国。

结果吴国陆上的大军虽然在艾陵大破齐军，俘虏了齐国的高国氏回国，但是海上作战却失利，因此陆上也不得不撤军。回到吴国之后，伍子胥又来劝夫差，这让好大喜功的夫差觉得没有面子，因而更加反感伍子胥。这一切都被西施看在了眼里，而西施看到的，也就是越国看到的，夫差和伍子胥的关系到底到了一个什么样的境地？没过几天，越国的大臣文种就来借粮。夫差痛快地把粮借给了文种，听到这件事以后，伍子胥暴跳如雷，他绝望地说："王不听谏，三年后吴国必会成为一片废墟！"伍子胥根本不知道，他这个时候已经身在一个巨大的陷阱里，所有的人都在等着抓他的把柄，一听到他说这句话，吴国的官员们都赶紧把它一个字不差地传到了夫差的耳朵里。政治头脑本来就不发达的伍子胥感觉到自己在吴国微妙的境况，在出使齐国时想把自己的儿子委托给鲍氏。伍子胥的这个举措，让吴王夫差大怒，加上群臣的进言，夫差最终把长剑加在这位吴国强盛的缔造者的脖颈上。

公元前484年，吴王夫差派人送了一把名为"属镂"的剑给正在齐国的伍子胥，让他自刎。一代名臣伍子胥半生颠沛，本来以为遇到吴王阖闾这样的英主可以一展抱负，想不到他的儿子夫差轻信谗言，他苍凉地大笑，并且告诉他的心腹，"你

★伍子胥墓园

们等我死后，要将我的眼珠取下来挂在吴国都城东门之上，我要亲眼看着越军破吴！"

吴王夫差听到伍子胥临死前的话以后更加恼怒，他命人把伍子胥的尸体装进皮革袋子里，投到江中。吴国人听说伍子胥死了，都非常伤心，纷纷到江边去祭奠伍子胥，还在江边为他修建了祠堂，把附近的一片地方命名为胥山。伍子胥的去世，实际上标志着吴国中流砥柱的坍塌。

在伍子胥去世两年之后，趁着吴、晋黄池之会，越王勾践带着矢志复仇的越国军队杀到了。距离勾践惨败于夫差已经过去了二十余年，勾践终于等到这一天了，他将夫差围困在姑苏，一围就是三年之久，直到吴王夫差力不可支，派王孙祖衣膝行向勾践求和。同样的境况，勾践却选择了与当年夫差不同的方式，他没有鸣金收兵，而是继续敲响了进攻的战鼓。吴王夫差仰望天穹，知道无路可退，拔剑自刎，临死前高呼："吾无面以见子胥也！"

"吴王亡身余杭山，越王摆宴姑苏台"，就在越王大宴群臣庆祝自己成就霸业的时候，主导这场间谍战的范蠡却没有了踪迹，他带着家小泛舟五湖，功成身退。伴随着范蠡转身离去的，是西施。这个被吴国人痛恨不已、在越国无法容身的美女间谍，随后也在历史中失去了芳踪。是沉河、落水、被杀，还是跟着比她年长四十岁的范蠡一起泛舟五湖去了？无人得知。

战典回响

关于吴国战败前的报告

夫差输掉国家之前，曾经有过一次大的胜利，就是在讨伐齐国的时候。当时的吴国大臣伍子胥在吴王夫差讨伐齐之前进谏："吾国与齐国，不同言语，不同习俗，即便最后大王能取得胜利，也不能役使齐国百姓。如此一来得不偿失。而我们与越国边境相连，语言风俗相近，也相对易于征服。反之，越国对吴国也是如此。如若一日，越国昌盛必反戈一击。今日大王弃越国而攻齐国，这就像是担心老虎会杀了自己而去攻打野猪一样。即便最后胜利，但老虎的危患一直存在。"伍子胥的话音刚落，太宰伯嚭便说道："越王勾践，两年来为吴王养马，刷洗马厩；在吴王患病之际，尝粪便为吴王治病。我想他们必然是真心归顺了，我们去打一个归顺国，于情于理都讲不通。大王移师齐国，攻下齐国，而齐国的邻国晋国恐大王威吓必定臣服于大王，此一举两得之计。"

吴王听后，认为太宰伯嚭的建议更为有利，随即出兵伐齐。在军队出征之际，伍子胥说道："如若上天想亡吴国，就让大王大胜而归吧；如若上天不想亡吴国，就让大王打不了胜仗。"这一句话无疑在出征前打压了士气，吴王从此记恨伍子胥。

吴王亲率大军大胜齐国，班师回朝，首先就要杀死伍子胥。伍子胥听后仰天长叹一声："我死后，请把我的眼珠挖出来挂在城东门上，我要看看越寇是如何杀入吴城的。"果不其然，伍子胥死后两年，越国兵强马壮，彻底击溃吴国，将其占领。吴王在会稽山上感叹道："死后该如何面对伍子胥啊！"

★沙场点兵★

人物：西施

西施是中国古代四大美女之一，本名施夷光，春秋时期越国人，今浙江诸暨市城南苎萝村。

越国正值臣服于吴国的时候，越王勾践发展国力，为了能有朝一日复国雪耻。在此之际，西施被范蠡选中，忍辱负重，苦心训练，与郑旦一起被送往吴国，进献给吴王夫差。夫差见到美貌的西施，从此再不问国事。西施成功地为越国的发展起到掩护作用。

吴国灭亡后，西施也从此杳无音信。

道具：美色

美色是美人计中的关键，可以说是此计中的主心骨。首先要有天生丽质的美，足够吸引眼球；其次要有仪态万方的姿色，使人深陷其中不可自拔。都说"色"字头上一把刀，这话绝对没错。"色"使一个男人沉迷之后再沉迷，即便拥有铁壁铜墙，在"色"面前也不免土崩瓦解，毫无抵御之力。

在美人计中，越王勾践正是"对症下药"，摸清了吴王的命门，一则使之顾不及越国的暗中发展，二则为日后的进攻瓦解敌人的防御力。越王这把美色剑轻而易举地刺破了吴王的盾，使得吴王在大兵压阵时毫无抵御之力。

战术：乱政

乱政是使敌人在内部被慢慢腐蚀。就像菜虫爬进苹果中，苹果表面依然红润光净，但内部早已腐烂不堪。乱政的最高等级就是使敌人的力量得以削弱，本方的力量得到相对提升。这样，无论是进攻还是防守，对方对本方的威胁都将大大降低。

勾践在使用美人计时，只为了转移吴王的注意力，而使本国可以快速发展、壮大，以有足够的实力与吴国抗衡。这样看来，越王勾践的目的已经达成，而且同时使得吴王大量耗费国力和精力在美人身上，以致国家发展止步不前，而且国力遭到大量损耗。这在无形中为越王一举歼灭吴国带来了正面作用，使得越王顺利地征服了吴国。

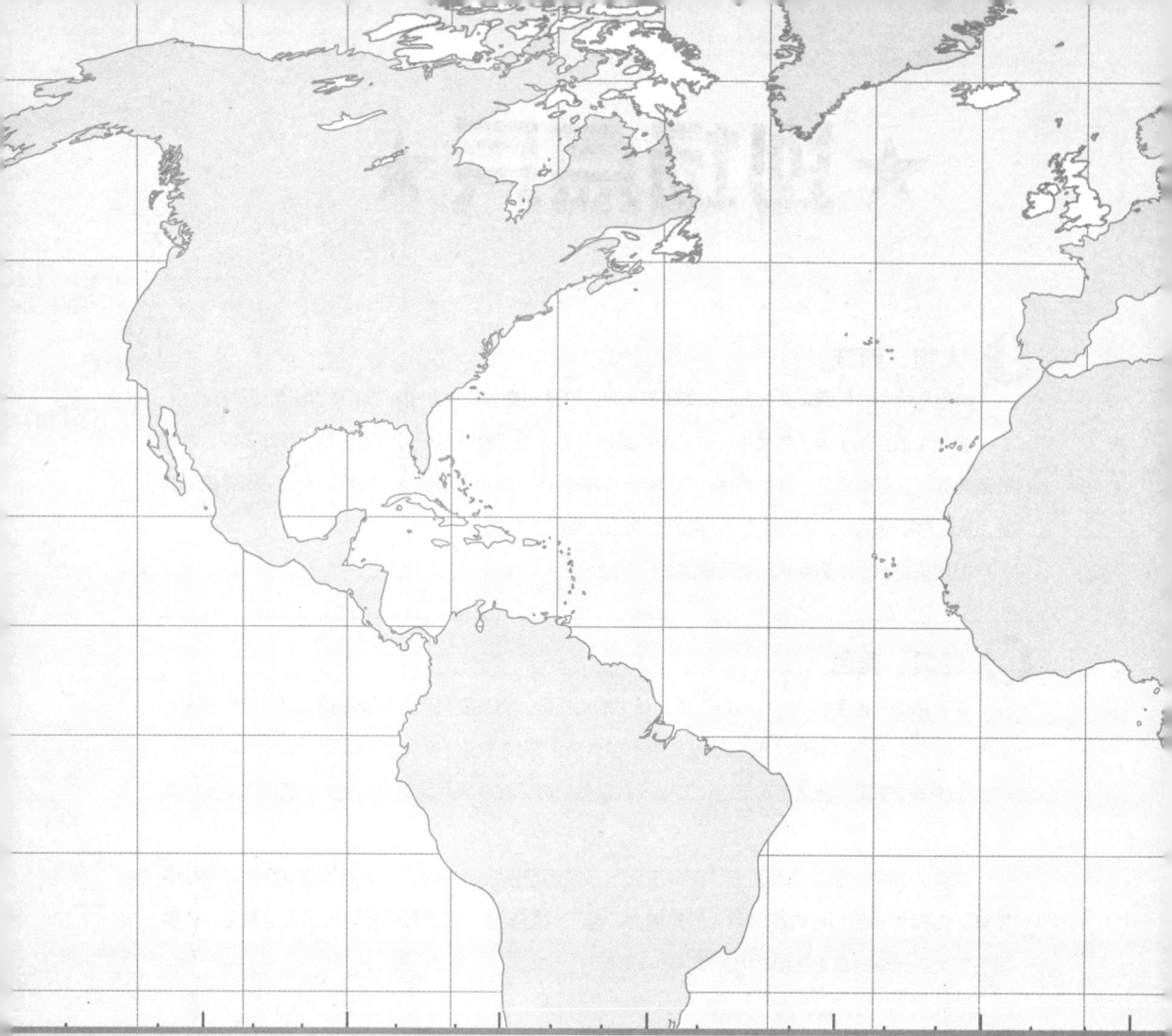

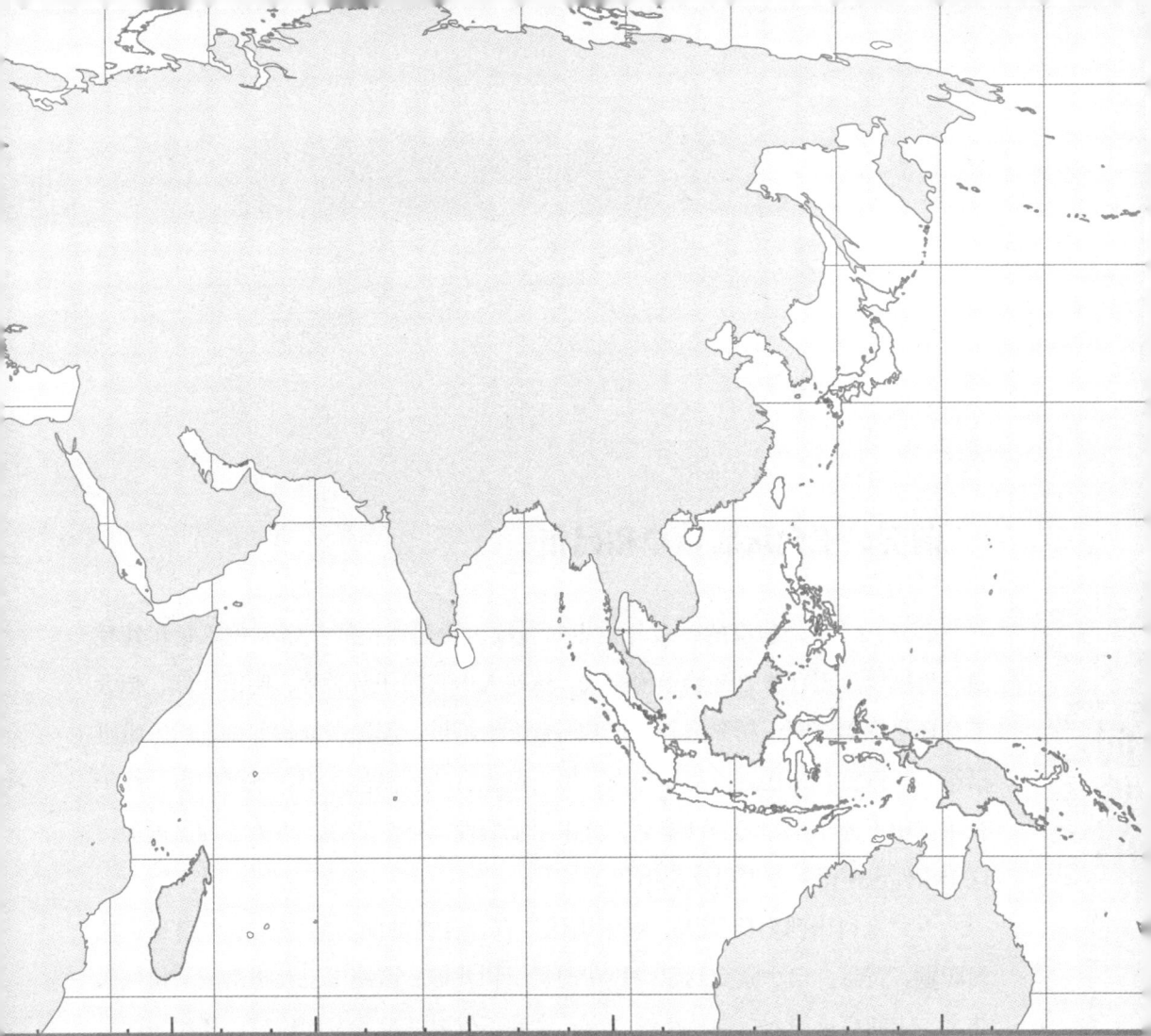

第二章

祸起床笫
——都是三角恋惹的祸

　　▲王允的"连环计"其实应该是"美人计"的改良版，也是有史记载的第一个使用三角恋进行谍战的故事。在传统观念里，间谍只是为了盗取敌方的情报，但其广义来讲，间谍的意义还是要以损伤敌人、提升自己为目的的。所以，哪怕是特工在谍战过程中取得了再多的情报，如果结果不能取得胜利的话，那都是白费时间。毫无疑问，貂蝉是为了谍战的结果而去的，她要的就是胜利。

前奏：王允玩转董卓和吕布

公元121年，东汉的朝政开始走向衰败。此后即位的皇帝无一不是年幼登基，外戚以及宦官势力开始干预朝政。这些人中有的任贤举才，明德知理，但大部分还是优柔寡断，利欲熏心，朝政日益衰败不堪。汉灵帝刘宏即位之后，唯唯诺诺，任宦官在朝廷之上胡作非为，他自己也沉迷于酒色之中，不理国事。终于在东汉中平元年（公元184年），黄巾之乱爆发，整个朝廷上下无不为之震惊，这个事件也使得王允得以施展抱负。

王允来自山西名门望族，家中世代为官，在当地颇有威望。王允自身也极为聪颖、智慧，自小就受到家中长辈的赏识和栽培。这使得王允出落成一位气质非凡、志向高远的人。他从小就立志："我不仅要继承先辈的传统，还要为国尽忠，死而后已。"此后，生活在名门望族的王允，并没有贪图享受，而是充分利用当时的优越环境完善自己。他不但研习知识，还崇拜霍去病等武将的勇猛，从而坚持习武强身。没过多久便成为一名远近闻名、文韬武略的全才。

★东汉末年黄巾大起义（连环画）

王允的才能得到了众人的一致肯定，十九岁那年他就被保举成为郡吏。所谓"新官上任三把火"，王允上任初便发现，当地有一人赵津仗着自己在朝廷中有靠山，目无王法，在当地横行霸道，胡作非为，百姓敢怒

间谍战

THE CLASSIC WARS

智慧与勇气的激烈碰撞

不敢言。王允气愤地对手下衙役们说："天子犯法尚与庶民同罪，此等刁民在此地为非作歹岂能熟视无睹，一经查办，格杀勿论！"随即便逮捕赵津，押至刑场斩首示众。除掉此人也就除掉了百姓的心头大患，民众个个拍手称赞，拥戴王允。此后，王允更是秉公执法，为民除害。没过多久，朝廷也注意到了王允的才能，于是拜其为侍御史，统领重兵镇压黄巾军农民起义。

王允广泛地征求了各个出征将领和士兵的意见，制订了周密的作战计划，并且亲自披挂上阵，彻底击溃盘踞在当时豫州一带的黄巾军。战胜后，王允率将领接受受降的十万黄巾起义军。在此过程中他发现，当朝掌权的宦官张让与黄巾军来往密切。王允并没有急于把这件事情报告给朝廷，而是细心盘查，进一步侦缉，掌握了全部证据后，写成奏折呈报给皇上。但惩奸除恶、正义敢言的王允并没有得到应得的回报，取而代之的却是牢狱之灾。

张让本是汉灵帝最宠爱的宦官之一，事情败露后，张让不仅矢口否认，反而倒打一耙扬言王允诬陷。皇帝昏庸无能，只听得张让的一面之词便不追究。但此事使得张让怀恨在心，先后以不同的莫须有的罪名，关押王允入狱。

这时，一直深知王允品性的司徒杨赐劝告王允说："明眼人都看得出来，张让是有意要置你于死地，性命难保啊。大丈夫为了大计以及自己的志向，何不暂且退让以求东山再起？"但王允严于律己，并且认为自己是天子赐罪，受到法律的制裁，理当受罚。但这牢狱一坐就是两年。两年间张让始终从中作梗，使得王允未能得到皇帝的赦免。直到最后，与王允交好的何进等几位官员联名上奏，恳请汉灵帝赦免王允，王允才得以脱身。此后，王允隐姓埋名，离开都城，辗转他乡。

何进秘密联络了凉州豪强董卓、士族豪强袁绍入朝，同时又召回王允，计划消灭强大的宦官势力。但不料宦官先下手为强，不仅杀死何进，还挟持汉少帝和陈留王刘协出宫。当时宫中大乱，群龙无首，只能眼睁睁地看着皇帝被掳。王允适时地站了出来，当即

★王允画像

★陈留王刘协怒斥董卓（连环画）

派尚书卢植带领部分士兵保护皇上。

就在洛阳北门之外，宦官带着皇帝与前来救驾的董卓碰到一起。汉灵帝保住了性命，但面对蛮横的董卓，灵帝犹如鼠蚁，唯唯诺诺。此时的陈留王刘协却严厉地呵斥董卓："既然是前来救驾，为何见到皇帝却不下跪？"这一句话灭了董卓的威风，杀了他的锐气，但也让董卓不禁对这个小孩子有了好感。于是，董卓进入朝廷便废掉无能的汉灵帝，立陈留王刘协为皇帝。

当众人都兴奋于王室恢复平静，天下太平之时，谁也没有想到，董卓重蹈覆辙控制了朝政，这个刚刚上任的小皇帝形同虚设。而此时能够被汉献帝依赖的，只有以王允为首的有志之士。面对董卓的烧杀掠夺、残忍蛮横，一场铲除奸臣的好戏就开始了。

董卓专权：方天画戟的神话

董卓生于豪强之家，系属岷县边远地区，与西北部少数民族羌族相邻。由于生于权贵，董卓自幼便养成了放纵任性、粗暴野蛮的性格。但董卓并不是单单粗野凶悍，他同样具有不俗的智谋，以至在他掌握国家权力的时候，同朝廷中的官员们玩弄权术也丝毫不落下风。

董卓依仗着自己家族的富足，对当地的羌人也是非常热情，而且常去羌族居住的地方游玩，这使得他和羌人之间建立起很好的联系。每当有羌人登门时，董卓都杀牛杀羊热情款待。一次，有个羌人登门后发现，董卓家中所剩的牛羊已经不多，于是没过多久就派人赶来千余头牛送给董卓。董卓发现羌人对自己这般敬畏，于是便寻找机会控制他们，在羌人中培植亲信，使自己在以后的发展当中能有所基础。

另外，董卓喜欢充当仗义疏财的角色，搜罗各类落魄失意的地痞无赖，使得他们满是感激，并死心塌地地追随。就这样，董卓的势力慢慢地扩大起来。

董卓的这些动作朝廷并不是没有看到，或者不去管制，而是当时的社会背景使然。东汉末年，中央对政权的掌握渐渐衰弱，各地起义不断，地方豪强趁机在各自的地盘上壮大实力。朝廷对此也是无能为力，甚至有些时候还需要依靠这些豪强的力量。由于农民起义的不断兴起，朝廷的阻击能力不能控制住农民起义的发展。于是，朝廷开始安抚像董卓这样的豪强，让他们帮助朝廷阻击农民起义。由此，董卓一下成为官吏，出任州兵马掾一职，负责维护地方治安。

没过多久，西羌的暴乱又给董卓制造了壮大势力的机会。由于羌族人不堪忍受汉朝地方官员的剥削和压迫，于是他们奋起抗争，使得朝廷不得不求助于豪强来缓解西羌危机。于是，朝廷派董卓担任羽林郎，而后又升任为军司马征讨羌人。征战中，董卓极力地表现自己，充分地发挥他骁勇善战的优势，纵横沙场，战绩卓越。

董卓因抗击外侵有功，被封为台乡侯，食邑千户。

虽然董卓再一次得到晋升，但不久后朝廷又萌生压制董卓之意。对他明升暗降，意在夺走他手中的军权。可让所有人都没有想到的是，董卓竟然拒绝了，独自领兵回了河东。这一回也没让董卓等得太久，公元189年4月，汉灵帝刘宏驾崩，少帝刘辩即位。此时的少帝年幼无知，尚不能管理朝政，虽然有何太后临时主政，但此时的宦官和外戚开始了更为明目张胆的夺权斗争。少帝刘辩的舅舅何进此时为了夺权，暗自召回了远在河东的董卓。董卓接到何进的密令后，连夜赶去京城。但就在董卓即将到达洛阳的时候，何进在一场动乱中被杀死。何进的对手张让等人连夜带着少帝逃出京城，谁知董卓发现事情有变，早已在此等候多时。

董卓威风凛凛地走到少帝面前，带着质问的口气说道："董卓前来救驾，这是怎么回事？"少帝语无伦次，显然被董卓的气势所吓倒。但比少帝小五岁的陈留王刘协此时大声呵斥道："大胆！既然是前来救驾，为何不行君臣之礼？"董卓虽然被这小孩子教训了一下，但他不怒反喜，心中认为刘协相对于刘辩来说更有能力做皇帝。

初进京城的董卓还没有什么实力，但长期征战的经验告诉他，要想震慑他人必须要有足够的军事实力。匆忙来京的董卓只有三千多人的兵力，这远远不足以震慑住任何人。于是，他一边暗暗地招兵买马，一边上演了一出暗度陈仓的

★董卓祸乱洛阳

好戏。每当深夜，他让他的士兵悄悄地溜出城门，等到第二天清晨再浩浩荡荡，大摇大摆地从城门走进来。如此一来，别人都以为董卓的兵马源源不断地涌进洛阳，使得其他想争夺政权的对手都给自己捏了一把冷汗。董卓又通过吴匡对何进弟弟何苗的怨恨，帮助吴匡杀死何苗，轻而易举地取得了原本何进的部队。

董卓在洛阳的势力逐渐雄厚，他开始扶植党羽，排除异己，并废少帝刘辩，改立刘协为天子。许多官员敢怒而不敢言，从此董卓更加有恃无恐，纵容他的军队在洛阳城烧杀掠夺、奸淫掳掠，还美其名曰是"搜牢"。在朝中，他则大量册封自己的亲信，甚至连律法都是由他来制定来的。董卓的这种行径最终招致了诸侯的讨伐，号称"四世三公"的袁绍，联合当时名震一时的诸侯曹操、公孙瓒、孙坚、韩馥、刘岱等一起起兵反对董卓。

由于联军的势头越来越猛烈，董卓不得不依靠迁都来争取时间。于是，他挟持年少的汉献帝迁都长安，还将洛阳的宫庙、官府和民居都放火焚烧掉，逼迫数百万的民众随他们一同迁徙，致使洛阳周围两百里内荒无人烟。

而联军方面，就在董卓迁都的这段时间里开始瓦解。各地的诸侯当时是出于讨伐董卓的目的才联合在一起，但是都各自有着各自的主意。随着乱世局面的拉开，皇帝的旨意其实已经失去了它原本的威严，汉献帝成为权谋家手中的道具，谁都不再避讳诸侯各自为战的真实情况，各家诸侯随即就纷纷散去。数百年的大汉江山转眼变为焦土，由武将左右的时代由董卓拉开了序幕。

环环相扣：貂蝉和吕布的风花雪月

联军的瓦解让在汉献帝身边的汉臣们感到失落无助，而来到西安的董卓就如同回到巢穴里的狼，做起事情来更加肆无忌惮。在朝廷上，如果有哪个朝臣敢对董卓的意见提出异议，董卓立刻就会派人把这个朝臣拖下去杀掉，这让在朝的官员人人自危，经常寝食难安。

就是在这样被恐怖氛围笼罩的时候，王允开始显露他的峥嵘。初平元年（公元190年），王允取代杨彪成为司徒，终于位至三公。到董卓专权时，王允依然被委以重任。史书上说，董卓"朝政大小，悉委之于允"，可见对王允是非常信任的。

董卓对王允信任有加，王允对董卓的态度却截然相反，虽然表面上言听计从，但是在心里却是想要除掉董卓。董卓这样残暴血腥的人，越是在他身边的人越是知道他的喜怒无常，越是过得担惊受怕。让这样的人来管理偌大的汉室江山，那不等着覆灭还等着什么？而且每天看着身边的臣子因为一个动作或者一句话就身首异处，王允未尝不会有兔死狐悲、兔死狗烹的感受。于公于私，王允都必须除掉董卓。但是平心而论，就王允这两下子，恐怕都近不了董卓的身，更不要说除掉他了。

王允做不了的事情，并不代表这个世界上所有的人都做不了。有一个人就可以，那就是董卓的爱将，也是他的义子——吕布。吕布曾经是丁原的义子，董卓非常赏识他，就派自己的部下虎贲中郎将李肃去游说吕布。吕布最终杀掉丁原，带着丁原的部队投靠董卓。吕布胯下赤兔马，手中方天戟，于万军之中取上将首级如同探囊取物，是东汉末年天下驰名的第一武将。

要除掉董卓，必须吕布出手。可吕布是董卓的义子，如何才能让吕布冒着"弑父"的罪名向董卓出手呢？就在王允为这件事情犯愁的时候，一个最佳人选来到了王允的面前，那就是他的义女貂蝉。古人说得好，"英雄难过美人关"，董卓和吕布都算得上是英雄，而貂蝉偏偏又是美人中的极品，王允相信，再没有人

★李肃游说吕布杀丁原降董卓（连环画）

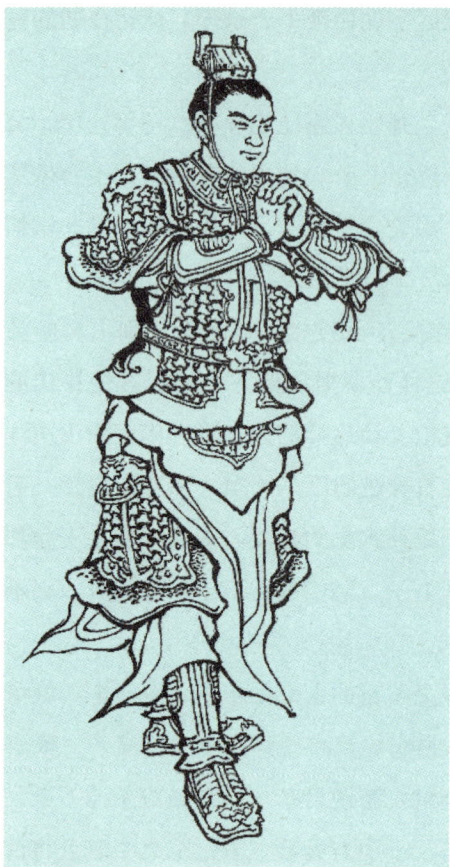

★董卓手下猛将吕布画像

比貂蝉更合适的了。接下来就是做足貂蝉的思想工作，其实这也不必去做，乱世中的女子，本身就是飘泊无依的，纵然有千百个不情愿，但终归是无法左右自己的命运的。于是，貂蝉就被扣上"忠义"的帽子，开始强颜欢笑地周旋于权力与男人之间。

世上的人都知道，吕布是董卓的爱将，也是义子，董卓的膝下也有子女，但是都不如对吕布这样的疼爱。而吕布的勇武也是天下尽知。虎牢关前，吕布几乎是以自己的一根方天画戟挡住了逼近洛阳的联军。

因此，朝中的大小官员见到吕布，无不忌惮三分，给吕布送礼的人也是络绎不绝。作为董卓的宠臣，王允给吕布送礼实在是再自然不过的事情。而吕布也知道王司徒对于董卓是非常重要的人，所以这边王允给吕布送了礼，吕布就免不了要到王司徒府上去还礼。

吕布这一来，就正好中了王允的下怀，王允急忙出去迎接吕布，非常激动地将吕将军请进府邸，一会儿备茶一会儿摆宴，然后赶紧吩咐侍从让自己的义女貂蝉出来见客。在中国古代四大美女里，貂蝉是"闭月羞花"中的"闭月"，就是月宫中的嫦娥看到她，也会自感姿色不及，羞愧地隐到云后去。月宫仙子尚且如此，更何况是肉眼凡胎的吕布。就是这么一个照面，吕布就被貂蝉迷住了。王允一看貂蝉眉目含情，吕布一见倾心，也不说什么还礼的事情了，直接成了两个人的相亲大会。

于是，王允对吕布大谈自己的义女如何美艳，如何乖巧，如何贤惠，又对貂蝉讲吕布如何少年英雄，如何一个人在虎牢关前力敌千军。说得貂蝉和吕布一个有情，一个有意，王允一切看在眼里，当即就来了个顺水推舟，要撮合吕布和貂蝉，并且说过几天就找董卓商量这件事。吕布千恩万谢地才讪讪离开，看着吕布提着方天画戟消失在长街尽头，王允知道第一步总算是成功了。

三角拼图：貂蝉的娴熟演技

吕布离开以后，王允立刻派人请来了董卓。跟吕布来时一样，貂蝉依然风情万种地上菜倒酒。琼浆玉液也不及美人的几个眼神易醉，没多久，董卓便微醺状，再看着那端来酒杯的玉手，微微跷起的兰花指，一时间难以自已。董卓并不像吕布般含蓄，貂蝉退却下去，董卓便开口向王允问道："此女子是何许人也？"

王允赶紧回答："此女乃在下的义女。"

董卓话中有话地赞叹道："此女子真是人间不可有，仙女下凡也。不可多得，不可多得啊！"

"多谢太师夸奖。"王允一边应和着，一边暗自偷笑，"小女常向我诉说对太师的爱慕之情，赞叹太师非同凡响，乃当今的英雄。"

董卓一听此话心中大喜，王允看时机已到，便顺势说道："不知将小女赠与太师为妾，意下如何？"董卓毫不客气，照单全收："那就多谢王公了。"

几句简单的寒暄过后，王允就备了马车让貂蝉随董卓回府。貂蝉坐上去往董卓府邸的马车，王允计划中最精彩的部分就开始了。得到了貂蝉这样的大美人之后，董卓天天在屋子里怀玉温香，好几天连上朝都没有去。董卓不出现，朝中的君臣们都难得轻松了几天，倒是吕布按捺不住了，他以为是董卓忘了自己的婚事，急忙跑过来找董卓商量。

董卓耐着性子打开门，见到吕布后没好气地说道："义子何事如此匆匆？"

吕布未曾开口，先是向房内张望了一下，没想到却见自己日思夜想的貂蝉一脸哀怨地坐在床边。这下子吕布蒙了，他本来就是找董卓商谈他和貂蝉的婚事，却看到自己未过门的妻子居然躺在了义父的床上，一时六神无主，也不知道该说些什么，只得草

★董卓画像

草地说了句：“几日未见义父，特来向义父请安。”董卓轻哼一声说道：“无事便退却吧。”吕布头也没回地走了，回府的路上暗自咬牙，他怎么也想不到，朝思暮想的美人竟然被自己的义父抢去，他要去找王允问个究竟。

哪知还不等他开口，王允已经一把眼泪一把鼻涕地开始诉苦了，说将军您哪里知道啊，那天我本来是叫董大人来商量你跟貂蝉的婚事，可董大人一进来就看上了貂蝉，说什么也不放手。我王允也就是个小小的司徒，哪敢违抗当朝太师的意旨。其实貂蝉也是不愿意的，但是她也不过是个弱女子，只能委身于太师了。

一日，董卓迫于朝政赶去上朝，吕布得知后火速赶到董府约见貂蝉。就在董府的凤仪亭里，貂蝉见到吕布，一下子变成了个泪人，眼泪如断线般潸潸而落，她哭诉道：“那日，那老儿来到义父府上，小女子出来倒酒，没想到竟然被老儿生生抢走。义父苦无办法，小女子更是无能为力。”说着貂蝉的哭声更大了，一下子瘫倒在吕布身前，“义父早已将小女子许配将军，小女子曾誓伴将军左右，心中早无他人。”吕布好言相劝良久，貂蝉才渐渐平复，但貂蝉的这一番话使得吕布心中七上八下好不是滋味。

正在这时，回府的董卓将这一幕看在眼里，想不到自己宠爱的义子居然对自己的女人动手动脚，顿时怒火中烧，对着吕布一阵大骂。吕布当时也是怒气难平，将方天画戟横在了面前。此时躲到吕布身后的貂蝉开始用那双楚楚可怜的目光望向对面的董卓，俨然是在遭受欺凌之后期待救援。

★ 吕布和貂蝉

此时可谓剑拔弩张，董卓见吕布动了兵刃，非但没被吓倒反而更是愤怒：“大胆！尔要忤逆不成！”吕布暗暗压下怒火，赶紧向董卓请罪，然后负气而去。

看着吕布逐渐走远，貂蝉一下子扑到董卓怀里，又是一阵的痛哭流涕：“太师为小女子做主，小女子不图荣华富贵，只愿能一世服侍太师。将军此一来便要小女子随他而去，小女子不从。多亏太师回来得及时，否则……”

董卓大喝一声：“好个吕布，岂有此理！”

这一场发生在凤仪亭的风波没有多久就传到了王允的耳中，貂蝉表演的效果比他预想的还要好。

内忧外患：王允的那些作料

但是，就靠目前局势的发展，还不足以让吕布动起杀掉董卓的想法。毕竟在乱世中，女人不过是武将的附属品，远远没有功名和土地来得重要。貂蝉要做到的，就是要勾起吕布对董卓的不满之心，就如同是一个引子，她的出现不过是为了引起下文。西安是董卓的老巢，董卓的西凉军队就是从西北开始壮大的，吕布虽然"好勇无谋"，但却不是一个傻子，他纵然有"万夫不当之勇"，也不敢在这个地方造次。

这个时候要杀掉董卓，需要的应该是援助，只有让吕布知道，不是只有他一个人对董卓不满，不是只有他一个人想要杀掉董卓，才能给他勇气。从前，吕布归顺董卓，是因为董卓给了吕布很多好处，现在要吕布杀了董卓，就是要让吕布知道董卓给了他多少坏处。

随着时间的推移，吕布与董卓的矛盾似乎又逐渐淡化了，但是貂蝉的工作并没有结束，她依然趁董卓不注意的时候，用自己那哀怨的目光笼罩着吕布，依然在吕布面前表演着她是如何的"痛不欲生"。在董卓面前，吕布依然是唯命是从，但是，当他面对着貂蝉那哀怨的目光时，愤怒已经无法克制地涌出他的身体。

他需要借酒消愁，或者找个人聊聊。但是放眼长安城，这个深埋在心底的秘密是没有人可以分享的，只有找王允，差一点儿成为他岳父的人、明白他内心苦楚的人。于是，吕布和王允掏心挖肺，跟王允讲董卓，讲貂蝉被抢走让他现在如何的痛不欲生。而王允呢，则顺着吕布的话往下说，从貂蝉说到董卓，从董卓说到虎牢关，从虎牢关说到曹操，从曹操说到袁绍，从袁绍说到当今天下的局势。

看看时机成熟，王允终于装作无意地说出了他蓄谋已久的想法，"将军你天生神力，又远见卓识，我看当世没有几个人能比得过你。你看那个想靠偷鸡摸狗行刺董卓的曹操，招兵买马，现在已经雄踞一方，大有虎视天下的姿态了。你看那个做事总是瞻前顾后的袁本初，现在河北那一带都是他的了。将军啊，现在咱们生逢乱世，却不能左右自己的命运，想一想，真是枉为大丈夫啊！"

说者貌似无心，听者也貌似无意，吕布却实实在在地把王允的这席话记在了心里。回去以后，他躺在床上翻来覆去地睡不着。是啊！我平时老跟别人说我在虎牢关前如何如何神勇，一个人跟刘备、关羽、张飞三个人打依然不落下风，可现在我却在董卓这里寄人篱下，连自己喜欢的女人被抢走了都不敢做声。现在是乱世，只要是有实力的人都能够成为一方霸主，董卓凭什么比我强，我凭什么就非要待在这样一个人旁边，给他当牛做马呢？

好事的人总觉得，王允对吕布掐得太准了，其实是吕布这个人的性格缺陷太明显，他从来不是一个安于现状的人，他总是希望获得更多的东西。从丁原到董卓，以及到后面的人生局面，都证明了这一点。

在之后的时间里，吕布就开始注意身边的人。他发现不仅他对董卓不满，还有很多人对董卓也有不满，只是很多时候，人们恐惧董卓，还不如说是恐惧董卓身边的吕布。凡是想对董卓下手的人，一想到当世第一猛将吕布就日夜守卫在董卓的身边，多少都有几分忌惮。吕布开始在心里盘算，只要他杀掉董卓，这些对董卓怀恨的人就会为他所用，这样一来，他也会像袁绍、曹操、刘备一样，拥有自己的势力。而且他就在皇城，只要他挟持着皇帝，天下就没有人敢不服从他的指令。

在一个细雨霏霏的黄昏，吕布将自己的想法偷偷告诉了貂蝉，貂蝉一边装作惊恐地告诉吕布这样做不行，一边利落地将这个消息告诉给王允。已经很多天不眠不休的王允终于长出了一口气，这盘酝酿了很久的大餐终于就要上桌了。

杀意难平：父子刀兵相见

失去了民心的董卓在长安城早已经是四面楚歌，城里面的很多官兵都想杀死他，而城外的天下早已经是一片乱世，各地的诸侯都在忙着割据，所有人都在想着拥有足够的土地和士兵之后就进攻长安。

经过一段时间的思考，初平三年的春天，长安城连日遭受暴雨侵袭，正是天赐良机，借着登台祭祀祈神降雨的机会，吕布终于和王允、士孙瑞、杨瓒等坐在了密室里，商讨如何对付董卓。但是，就在这个关键时刻，吕布又有些迟疑了，董卓毕竟是他的义父，他一旦杀掉董卓，势必就会背上"弑父"的罪名。

王允一眼就看出他心中的顾虑，"将军姓吕，而老贼姓董，本就不是骨肉至亲。况董卓乃国贼，人人得而诛之，将军一世英名，怎能认贼作父？如今生逢乱世，将军正应该登高一呼、替天行道，一旦匡扶朝纲，将军就立下了不世之功。"王允走到吕布身边，拍了拍他的肩膀，"将军与董贼纵然没有夺妻之恨，也有家国之仇啊！将军对董贼有不忍之心，但是那董贼向将军掷出刀戟时，但是把你当子嗣看待过吗？"

正是王允的这番话，如同醍醐灌顶，让吕布握紧了手中的刀。于是，众人就商定利用董卓觐见皇帝的时候，铲除掉他。就算是董卓身边没有了吕布，骁勇的西凉军也不是轻易就能解决的，而一旦让董卓逃出去集结起军队，就算是吕布也无计可施。所以必须一击必杀，否则后患无穷。众人一步一步计划着具体的实施过程。事后王允亲自去皇帝那里请来了密

★吕布击杀董卓

旨，并且安插好了内应，以便里应外合，做到万无一失。而吕布则拉拢来董卓的下属李肃，李肃曾经劝说吕布离开丁原，归顺董卓，可是之后就一直没有得到重用，郁郁不得志，如今吕布来找他，马上一拍即合。

四月，天子大病初愈，通知百官集合到未央宫来恭祝天子安康。吕布事先已经跟郡骑都尉李肃等人带领十几名心腹亲兵，穿上宫廷侍卫的衣服潜伏在宫殿侧门的两边。董卓像往常一样大摇大摆地走上大殿，就在这时，殿门忽然关闭，十几名全副武装的侍卫向他冲杀过来，董卓当时穿着宽大的朝服，根本不好行动，他一边慌忙地向后跑，一边惊呼"我儿奉先何在"。

伴随着一个熟悉的声音，他的救星吕布吕奉先出现了，但是那柄冰冷的方天画戟并不是来救他性命的，而是为了夺取他的性命。吕布打开盖有皇帝玉玺的密旨，告诉董卓他是"奉旨杀贼"，说完就抄起手中的方天画戟，一代乱世枭雄，就这样身首异处。但这并不是故事的全部。就在董卓死后不久，他的旧部开始攻打长安。吕布虽然勇武过人，但他不懂兵法，最后长安城被董卓旧部李催、郭汜、樊稠等率军攻破，他带着兵将投奔刘备而去。可怜的王司徒则没有那么幸运，他和他的家人都被杀死，只留下美女间谍貂蝉的真伪成为一桩历史悬案。

战典回响

"三角恋"在谍战中的成功运用

情敌相见分外眼红，哪一个人也不愿意将自己的心爱之物与别人分享。董卓和吕布本以父子相称，但终究逃不过为女人的争夺。

董卓生性粗暴，利欲熏心。他从陇西发迹，到率军进京操纵中央政权，无不在考虑如何将自己的利益最大化。为达目的，董卓不择手段玩弄权术，无视法律，践踏经济，危害人民。他的恶行，造成了东汉末年政权的极度混乱，使国家和社会背离稳定团结。东汉政权日趋衰败、最终彻底覆灭，即便这其中的因素多种多样，但是，董卓无疑加速了东汉政权的衰败。董卓最终遭受到应有的惩罚，民间谚语说道：董卓戏貂蝉——死在花下。

吕布向来是以骁勇善战闻名，但不可不说他勇中无谋，不得不多次寄人篱下，更是在最后为自己惹来杀身之祸。纵观历史长河，吕布只是个小角色，他对历史的进退发展影响甚微。但对于当时的王允来说，能使董卓和吕布分离就是自己最大的胜利，毕竟吕布是可以以一敌百的猛将。

貂蝉使得这两个好色之徒分庭抗礼，从而站在了不同的立场。这在间谍战中，无疑是成功的，以自我小的牺牲，换来敌人力量的分散。

★ 沙场点兵 ★

人物：貂蝉

貂蝉是中国古代四大美女之一，在中国的民间传说及《三国演义》中出现，在正史上并无详细记载。

貂蝉是汉朝司徒王允家的歌姬，自幼被王允抚养，并收为义女。为了拯救危亡的汉室，在王允的授意下，貂蝉甘愿献身完成"连环计"。最终，董卓与吕布因为貂蝉反目，王允借助吕布杀死了董卓。之后，貂蝉成为吕布的妻室。吕布被董卓旧将李傕击败后，貂蝉跟随吕布来到了徐州。

经过下邳一战，吕布兵败被俘，在白门楼被曹操斩杀，此后貂蝉便了无踪迹。

道具：爱慕

爱慕可以说是连环计中最要命的武器，既有"爱"，就是让你投入足够的感情，就是所谓"倾心"。而紧随着的"慕"字亦说明，虽然"爱"，但却不能得到。当一个男人，面对心仪的女子时，这种若即若离的感觉是最让人心痒的，由爱生妒、由妒生恨是最残酷的利器。

在"连环计"中，王允正是看到了"爱慕"的厉害，才利用貂蝉破坏董卓与吕布的联盟，使得吕布由妒生恨，最终与董卓决裂，杀死董卓。可以说，拿捏"爱慕"是整个"连环计"中最关键的环节，而"爱慕"所造成的杀伤力也是足够惊人的。

战术：借刀杀人

使用"借刀杀人"，往往是出于两方面的考虑：一是不想耗费自身的力量，而利用别人的手去除掉敌人；二是自身的能力不足，所以不得不依靠第三方去除掉敌人。但不论是哪种，实施的那方都必然是第三方，而取得的结果是对己方最有利的。在"借刀杀人"中，最高的等级就是造成敌人的内部争斗，这样，不论敌人阵营中哪一方最终胜出，其结果都是双倍利于己方的。

王允所使用的"连环计"的战术指导，就是希望能够达到"借刀杀人"的最高境界，造成董卓与吕布的火并，使得己方成为最大的受益方。从短期效益来看，王允的"连环计"确实达到了这样的效果，董卓阵营内部最终出现了巨大震荡。事实证明，董卓和吕布都受到了重创，所以说"借刀杀人"可谓是最让人叫绝的计谋。据说，此计是根据《周易》六十四卦中《损》卦推演得来的："损下益上，其通上行。"这里的"损"和"益"相辅相成，故有以自己的小损，获本方大益的战术意图。

THE CLASSIC WARS

战典

智慧与勇气的激烈碰撞

THE CLASSIC WARS

间谍战

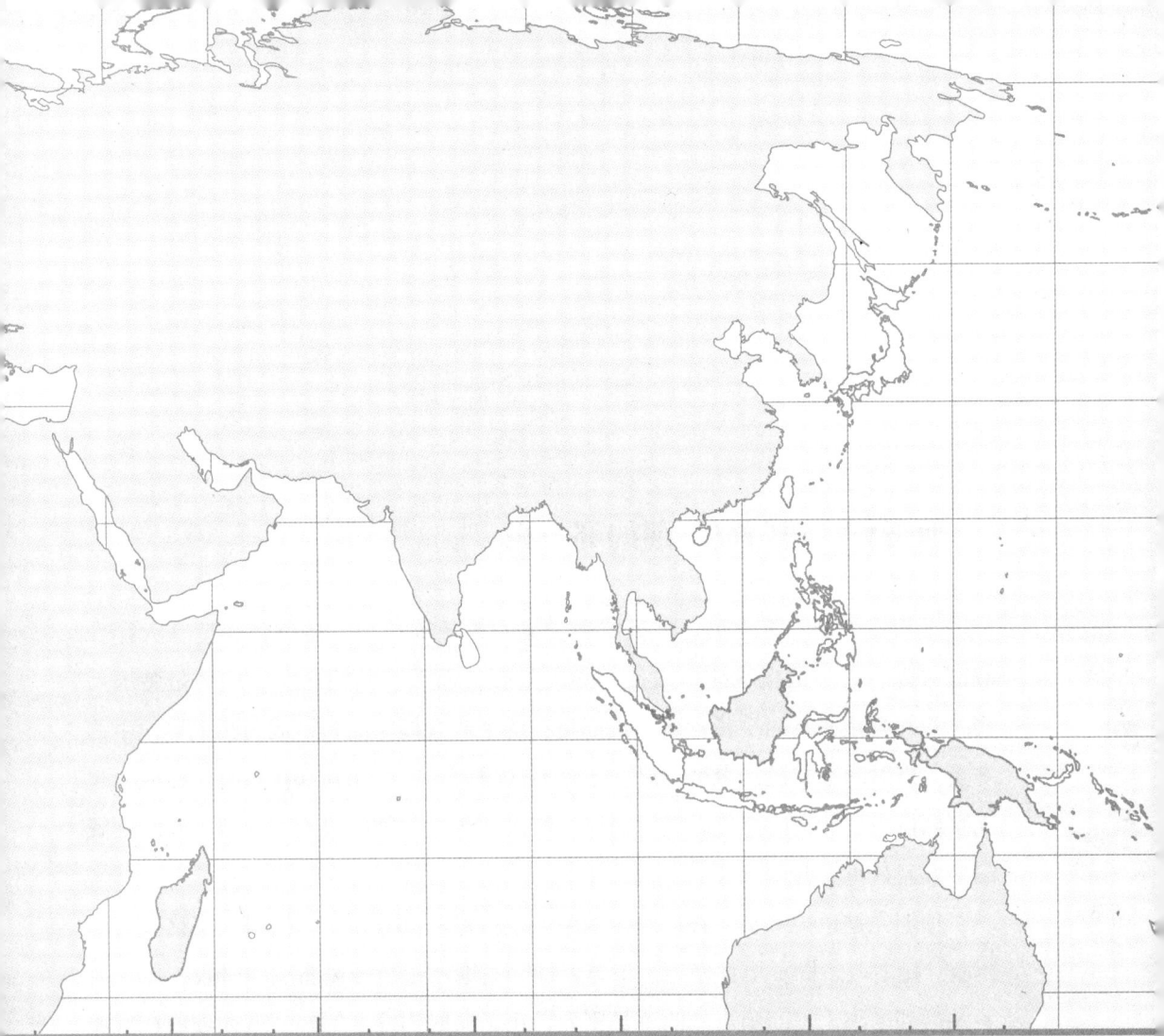

第三章

"安钉子"
——钉死你的要害

▲世界上最方便的培养间谍的方法，不是让己方的人打入敌方，而是直接从敌方挖掘。像项伯这样的间谍，是敌方的亲属，项羽就是怀疑谁也不会怀疑到他。关键在于项伯对敌方非常了解，这一点是任何间谍都无法替代的。所以张良在鸿门宴为刘邦找了一个最好的帮手，他就是直接站出来替刘邦挡着刺来的剑，项羽也不会怪罪他误了大事。

前奏："鸿门宴"前的那一夜

秦始皇统一天下之后，狂征暴敛，老百姓不堪压迫，陈胜、吴广在大泽乡登高一呼，天下云集响应，致使"秦失其鹿，而天下共逐之"。项羽是楚国后裔，刘邦则是沛县的亭长，两个人都是在这个时候揭竿而起，成为秦末诸侯中的一员。当时的秦朝已经奄奄一息，于是诸侯盟会，项羽和刘邦在当时已经成为起义军队伍中最壮大的两支。经过商议，诸侯"盟主"项羽决定和刘邦一起西进咸阳，推翻秦朝统治。

项羽先是杀掉宋义，在巨鹿之战中破釜沉舟，大破楚军，使得天下诸侯莫不臣服。接着收章邯，坑秦卒二十余万，掠夺秦地。正是威风凛凛的时候，却在函谷关遇到了阻击。而阻击他的不是别人，正是同时出发的刘邦。就在项羽在巨鹿与秦军杀得难解难分的时候，刘邦绕开所有胶着的战场，带着自己的汉军长驱直入咸阳城下，秦王子婴听闻之后，带着玉玺开门献降。刘邦就此屯兵霸上，封锁函谷关，坐拥帝都。

驰骋天下的项羽在函谷关撞了一鼻子灰，让他非常生气，他急忙派人给刘邦修书。就在这时，刘邦的部下左司马曹无伤悄然到访。他告诉项羽，刘邦之所以占据函谷关阻击项羽，是想在汉中称王，刘邦准备封子婴为国相，

★巨鹿大战前项羽破釜沉舟

占有咸阳城内的所有珠宝。

项羽的谋士范增早就觉得刘邦这个人非常危险，正好想趁着这个机会除掉他。于是过来跟项羽说："刘邦在山东的时候，贪财好色。可现在进入关中，却不取财物，不喜美姬，可见他的心思不仅在汉中这块地方。我认识个术士，他曾经帮我看过刘邦，说这个人身上有龙虎之气，呈五彩，乃是帝王之气。眼下正是良机，赶快杀掉他，否则后患无穷。"

★ 汉高祖刘邦

项羽这边的人在谋划着杀掉刘邦，而刘邦那边对此还完全没有准备。当时项羽的大军是四十万，而刘邦屯在霸上的兵不过十万，而且项羽的军队刚刚经过巨鹿之战，士气正在最旺盛的时候，刘邦怎么可能是项羽的对手？很快，项羽的大将英布就攻克了函谷关，进驻新丰、鸿门，要与刘邦决一死战。

刘邦当然也知道自己不是项羽的对手，可是谁都知道汉中是块肥肉，让他就这样拱手交给项羽，他也不愿意，煮熟的鸭子怎么还能飞了呢？楚军已经到了门外，张良、萧何、陈平等一干谋士都在劝刘邦早下决断，可是，刘邦始终不知道该如何是好。

★ 西楚霸王项羽

这一天夜里，项羽在摩拳擦掌地等着置刘邦于死地，而刘邦则躺在床上辗转反侧，不知道是该弃汉中还是守汉中。那一夜过得无比漫长，也没有人能意识到第二天将是改变楚汉命运的一天。在夜里，项家的老臣们必定还如平素一样见面寒暄几句，讨论讨论明天将有可能拉开的战事，然后彼此鼓励一番就早点儿回到营帐里休息了。

立志要除掉刘邦的范增必定在这一夜入睡之前也见到了项伯，甚至有可能还聊了几句话，但是范增绝对不会知道，他已经忽略了左右楚汉命运最关键的人。历史从来都不只是大人物对抗的舞台，那些不起眼的配角往往会涂上浓墨重彩。

范增不知道，项伯就是这样的一个角色。

前尘往事：项伯与张良不得不说的故事

随着夜幕降临，楚军营帐里的官兵大多已经休息，只有项伯依然坐立不安。他深知楚军现在士气高昂，以汉军的战斗力根本不足以阻挡楚军的虎狼之师。而就在不久前，项羽刚刚坑杀了二十余万秦军士兵，他对待敌人的凶残程度，连自己这个叔父看着都不禁胆寒。项伯在屋子里不停地踱着步，就在对面的汉军营帐里，有一个人，是他最为挂念的，那就是他的朋友张良。

张良是刘邦的第一谋士，刘邦说他能够"运筹于帷幄之中，决胜于千里之外"。后人说到刘邦建汉，往往也把第一功放到张良的身上。一个是汉军中独一无二的谋士，一个是楚军领导者的家属，两个人是如何认识的呢？那还要从张良的成名事迹说起。

张良之所以能够年纪轻轻就名动天下，不是因为他的机智，而是因为他的胆略。张良是韩国的后裔，秦始皇灭韩之后，他时时刻刻不忘刺杀秦始皇，复兴韩国。于是，张良专门到东方拜见沧海君，寻找到了一个大力士。接着张良散尽所有家财，铸成一个重达120斤的大铁椎。

公元前218年，张良得知秦始皇东巡的消息以后，就带着大力士埋伏到秦始皇的车队必经之处——古博浪沙。按照当时对君臣车辇的规定，"天子六驾"，就是说天子所坐的马车是有六匹马拉着的，而一般的臣子所坐的马车只有四匹马。但是，那天张良所看到的巡游车驾，都是四匹马拉着，这下张良不知道如何是好，于是，他只好让大力士把大铁椎砸向车队中最豪华的那一辆。

★张良画像

结果，秦始皇逃过一劫。行刺没有成功，张良就成为通缉犯，这使得他不得不浪迹天涯，躲避官兵的追击，躲来躲去，他就来到了当时有很多隐士出没的下邳。就是在下邳，张良遇到了项伯，和张良的遭遇相同，项伯也是为了躲避官府的追击才来到下邳。

项伯是项羽最小的叔父，名缠，全名叫做项缠。项伯的哥哥叫项梁，他们兄弟俩年轻的时候脾气都比较烈，动不动就喜欢对别人拳脚相加。于是，终于有一回因为下手过狠，背上了人命案子。秦朝的法律之残酷是不用赘述的，项梁和项伯兄弟二人就不得不背井离乡，项梁带着侄儿项羽逃去了吴中，项伯则逃去了下邳。那时候的项伯和张良都是年轻人，而且一个是楚国的遗将，一个是韩国的落难公子，获悉彼此的身份之后，免不了有一番惺惺相惜。再加上张良又是刺秦的英雄，项伯对张良除了钦佩，自然也多了几分仰慕。

正是在下邳的这段时间，项伯在张良的影响下开始了解天下的势态，也有可能跟着张良学习了一些文化知识，加上是落难时候，估计彼此身上都没有多少钱，吃饭住店的时候免不了就会同挤一张床、共饮一碗粥。人们说"患难见真情"，难保那时候的张良和项伯不会有"日后富贵相见"的约定。

更重要的是，就是在下邳，张良从黄石公手中得到了后来帮助他呼风唤雨的《素书》，从而完成了从一个韩国公子到大汉军师的蜕变。毫无疑问，见证张良蜕变的人正是项伯。正是这一段浪迹天涯的岁月，成就了项伯与张良的友谊。哪怕是青春早已不再，哪怕是在战乱的年月里，哪怕张良早已不是当年单纯的青年，项伯依然牢记着这份友谊。因为在他看来，混迹江湖讲究的就是个"义"字，眼看情势危急，他必须要赶去汉营搭救他的兄弟。

项伯压根不会想到，讲义气能够救人，讲义气也能够害死人，而害死的这个人就是他的亲侄子——项羽。

缔结姻亲：血缘关系造就间谍

为了顾全自己与张良的义气，项伯借着蒙蒙的夜色，找了匹快马，奔汉营而去了。当时，虽然两军还没有完全撕破脸，但是也正在对峙的时候，对方的高级将领项伯忽然造访，让张良颇感意外，但张良还是热情地接待了这位相识多年的朋友。张良忙着跟项伯客套，项伯却没有时间跟张良寒暄。

"子房，项羽已经听说了刘邦现在要自己霸占汉中称王的事情，明天他就要带着楚军杀过来了，你别待在这里跟刘邦一起送死了，赶紧跑吧。"项伯擦着汗对张良说。

张良一听项伯这番话，顿时陷入沉思。想不到此时的局势如此危急，而刘邦这方面的人显然还被蒙在鼓里。项伯看着张良站起身来慢慢踱步，以为他还在为是否离开或者怎样离开举棋不定。殊不知，张良的脑子运行得显然要比项伯所想到的快得多。张良想着必须要解决眼前的危局，而不是跟着项伯一走了之。要解决危局就必须得从项羽身上下手，因为其他人是没有办法的。可是怎么去安抚项羽呢？张良悄悄瞟了瞟一旁的项伯，立刻想到这个人就是上天赐给他摆脱危局的关键人物。

张良对项伯说："我是为了韩王来送沛公的，可是，如果眼下我自己跑了，就是不忠不义，你和我认识这么多年了，你说我能是那种人吗？"

张良这么一说，项伯顿时就被噎住了。项伯说那该怎么办啊，他也没有了主意。张良说你别着急，我进去跟沛公商量商量，解铃还须系铃人，这个事情没准不用刀兵相见，就能够大事化了。也不等项伯再说什么，张良就去了刘邦的营帐。项伯这一下有点儿慌了神，可是已经身在汉营，他也是毫无办法。

张良进了刘邦的营帐，将整件事情告诉了刘邦，刘邦一听就傻了眼，就自己现在的这十万部队，哪里是项羽的对手，楚军的四十万人，一人一口唾沫都能把自己淹死了。但是，没了主意的刘邦还是有办法的，他又一次拿出了他的法宝，用无辜的眼神看着张良问："且如之奈何？"据后世的史学家统计，"如之奈何"这句话是刘邦的口头禅，在一生中他最爱说的就是这句话。正是这句话，在无数个紧要关头救了他的命，这一次也毫无例外。

其实张良早已经有妙计在胸，他只简单地对刘邦说了一句话："一会儿您就告诉项伯，说您是不敢背叛项羽的。"

这一下，刘邦心里也有底了，他慢慢冷静了下来，借着夜色里昏黄的烛

★ 项伯告密

火，他看了一眼对面的张良，问了一句在当时的情境下颇有意味的话："君安与项伯有故？"正是这句话，展现出了大汉开国皇帝刘邦的双面性。首先，他是狡猾而又多疑的，当然，这是自古开国君王的通病。而在张良将他和项伯的陈年旧事告诉刘邦之后，刘邦立刻表现出对这件事确认无疑的态度。在这里，他表现出的是沉稳和老练。

刘邦问张良："项伯与你谁更年长些？"

张良回答："项伯比臣年长。"

然后，刘邦再次说了一句更有意味的话："君为我呼入，吾得兄事之。"短短的十个字，已经将刘邦的人物形象活脱脱地表现了出来。他这里所说的"兄事之"，既是要事之给项伯，也是要事之给张良。贿赂项伯的同时，他还起到了安抚自己人的意图。

项伯跟着张良走进刘邦的大帐，不等项伯给刘邦施礼，刘邦已经惶恐地拉住项伯的手，把他请到了座位上，"项大哥你有所不知啊！我自入关以来，一直安抚民生，保护城中的财产，一砖一瓦都没有动过，我做这些不为别的，其实就是在等项王来。当年我跟项王相约一起伐秦，其实在我心里早就对项王马首是瞻了。虽然当时说谁先入关谁就能称王，但是我知道项王的实力，他是有帝王之相的。人家是将门之后、楚国贵胄，而我不过是区区一个亭长。等项王入关以后，我肯定拥护他称王，天日昭昭，绝无二心。"

刘邦是天生的演员，他说这话时满脸委屈，拉着项伯的手更是哭得一把鼻涕一把眼泪，一下子就把项伯给感动了。项伯当时就应下，愿意为解除项羽和刘邦之间的误会从中斡旋。刘邦一听非常高兴，就叫人端上来一些酒肉，与项伯多聊了几句。从天下的局势，刘邦聊着聊着就聊到了家长里短。项伯说起自己的家事，自己常年在外东奔西走，女儿老大不小了还没有出嫁呢。刘邦一听非常高兴，说这事儿好办，我的儿子也没有结婚，咱们干脆结亲好了。刘邦的家世虽然不能和名将之后的项氏相提并论，但现在的刘邦可是一方诸侯，虽然不能称王，但是封侯是不成问题的，能够攀上这样的亲家，项伯当然高兴。

就这样，刘邦和项伯都没有来得及看到对方子女的模样，就拍着胸脯定下了这桩姻缘。项伯看天色不早，就准备起身告辞。刘邦把项伯送到营外，再三叮嘱，咱们现在可是一家人了，我跟项羽这点儿误会您可要多费心。

项伯说那还用您吩咐，我一定会尽力而为的。说罢，项伯跃上战马，高高兴兴地回营去了。而刘邦和张良也没有闲着，赶紧准备礼物，明天去见项羽。

觐见霸王：项伯的一举一动

项伯回到楚军的营寨之后，也顾不上鞍马劳顿，就赶紧跑去面见项羽。若是一般人半夜三更的，别说是项羽，连项羽的营帐都近身不得。但是项伯是项羽的叔父，那是同宗同姓的自家人，所以侍卫也不敢阻拦。项羽刚刚宽衣，准备搂着虞姬睡觉，听闻叔父到了，只得赶紧穿上衣服又坐了起来。

一见到项羽，项伯就开始大喊"误会了，误会了"，接着就把自己在汉军营帐里遭遇的前前后后都跟项羽讲了一遍，"人家刘邦派人守卫函谷关，不是为了阻挡你，而是为了帮你看着咸阳城里的珠宝；人家屯兵在霸上，而不是直接驻扎在咸阳城里，就是为了等候你；人家说你能当皇上，所以一直都尊敬你、拥护你、效忠于你。"

听到项伯的这番话，项羽的心情平复下来。经过巨鹿之战，天下的各路诸侯都已经对他俯首称臣，以刘邦一个区区沛县亭长是不可能强于那些诸侯的，所以在他的心里，无论曹无伤和范增如何说刘邦，他其实都不大愿意相信，一个沛县的亭长能够与他楚国名将来一争天下。而且，刘邦在他眼里，就如同一只蝼蚁，似乎只要他伸出一只手，就能够将刘邦碾死。当项伯走到项羽面前与他陈述时，项羽觉得项伯说的这才是真正的刘邦，那个沛县的小亭长不过就是个反复无常的小人，他怎么配与他堂堂的项氏后裔相提并论？

当然，最为关键的是，范增纵然深得项氏的信任，但终归是外人。而项伯则不同了，他与项羽是同宗同脉的亲人。没有人会相信自己的家里人能够胳膊肘往外拐，也没有人会相信自己的亲人能够出卖自己，这种事情实在是人之常情。当然，项羽忘掉了一件事，这时正值乱世，而不是在过家家。

但无论如何，项羽不再准备攻击刘

★戏剧舞台上的项伯形象

邦了，他在鸿门这个地方驻扎下来，等待着哆哆嗦嗦的刘邦跪到他面前来请罪。最崩溃和失落的人首当范增，深谋远虑的老谋士无论如何也不会想到，只是在一夜之间，项羽就改变了本来已经确定无疑的决策。范增再去规劝项羽，已经无能为力，因为项羽与刘邦的这次见面是项伯从中斡旋，范增就是再傻，心里也明白自己在项氏心中的地位肯定是没有办法跟项伯相提并论的。这样的话，也好，你沛公既然敢来鸿门赴宴，那我就让你有来无回。

范增去张罗布置伏兵，刘邦和张良已经带着礼物走在了到鸿门的路上。要说刘邦这个人，最厉害的就是脸皮厚，来到项羽的营帐，看见项羽的时候，他装得一脸委屈，把在函谷关抗拒楚军的责任推了个一干二净，说那些都是手下的兵将肆意妄为，与自己毫无干系。以自己的区区之才，怎么敢跟项将军为难？如今项将军来到咸阳，他日若是称王，他刘邦一定第一个支持，"我跟将军您一起攻打秦国，您大战河北，我挺进河南，我也是实在想不到自己能够攻入咸阳，在这里与将军见面。现在必定是有小人在将军面前诬陷我，才使得将军与我之间有了隔阂。"

这话让项羽十足的受用，"我跟你有什么隔阂，只不过是你的手下曹无伤来这里说你'欲王汉中'。不是这样的话，我怎么会生气呢？"

"误会"消除了，项羽与刘邦就开始喝酒吃菜，席间也是谈笑风生。可是范增等不及了，他好多次假装无意间举起所佩戴的玉玦，示意项羽尽快在席间杀掉刘邦，可是项羽只是默默地喝酒，并没有什么表示。这一下范增可就急了，刘邦可是一只猛虎啊，一旦放虎归山，那可是后患无穷。范增心知这次的机会要是错过，恐怕就再难杀掉刘邦，于是他站起来悄悄走了出去。

鸿门惊梦：幸得项伯拔剑舞

范增走出营帐之后，就叫来项羽的弟弟项庄。关于项庄这个人，史书上提到的并不多。虽然出场的次数不多，给人的印象却非常深刻。项庄早年跟随项梁及项羽南征北战，是一位非常勇猛的战将。他和项羽不同，他对亚父范增非常尊敬，在很多事情上都愿意听范增的教导。

范增对项庄说："君王为人心肠太软，如今刘邦就在眼前，他却不忍心下手。现在你进去假意祝酒，祝酒之后就请求舞剑助兴，趁机杀掉刘邦。否则，他日我们必会成为他的俘虏。"

项庄知道事情非常急迫，所以答应下了范增。范增回到大帐里没有多久，项庄就带着剑进去了。他说今天项王跟沛公在鸿门设宴，真是千载难逢的事情，可是现在我们出征在外，又没有什么事情可以娱乐，就让我舞剑来为大家助兴吧。于是，项庄就拿起剑来开始舞，这舞着舞着，项庄就开始向刘邦的座位那边慢慢挪动了，他的剑锋不时从刘邦的面前划过，这可惊出了刘邦一身的冷汗。

这时候，最精彩的一幕出现了，本来是项羽这边的项伯也拔出剑舞起来，而且他挡在了刘邦的面前，用剑牢牢守护着刘邦。项伯是项庄的叔父，以剑术而论，项庄必定不是项伯的对手，加上项庄没有项羽那样的天生神力，所以一时对刘邦无可奈何。可以说，正是项伯的登场，救了刘邦一命。当时在刘邦左右的都是文臣和谋士，以剑术而言都不可能是项庄的对手。如果没有项伯，刘邦的小命恐怕真是要丢在鸿门这个地方了。

项伯并不知道，他恐怕是历史上最不明所以的间谍，他不仅在无意之间将楚军方面的重要情报泄露给了汉军方面的统帅，而且还在关键时刻保护了汉军的统帅，可以说是间接地帮助了对手、损伤了自己。

张良看着这个情景，已经知道发生了什么事情，于是赶紧走出帐来。在大帐外面，张良也叫过来一个人，那就是樊哙。樊哙是刘邦的连襟，也是秦末汉初一位著名的战将，虽然没有项羽千人

★鸿门宴场景——项庄舞剑意在沛公

敌的神力，但是也曾有一个人斩杀数十人的战绩，可以说是秦末仅次于项羽的名将。张良对樊哙说，现在里面的局势很危急，项庄进去舞剑，但其实他是想要刘邦的命。樊哙听完之后，非常生气，就拿盾牌击倒把守帐门的侍卫，闯了进去。

面对突然闯入的搅局者樊哙，项羽非常错愕。

贸然闯入统帅的营帐，这如果放在别的时代，像樊哙这样的人肯定会落得或被斩首或被刑杖。但是项羽不同，项羽是一个直率的人，他最喜欢的就是像樊哙这样耿直、豪爽的汉子，所以他不仅没有责备樊哙，反而对樊哙产生了浓厚的兴趣。他不仅赐给樊哙酒肉，而且还给了樊哙相当高的评价："壮士"。可不要看这个简单的称谓，项羽是当时天下独一的战将，而且他眼界甚高，像刘邦这样的人他都不看在眼里，能得到他的赞誉，可以说是难能可贵的。

樊哙也就不客气地喝酒吃肉，他的这份无畏和率真颇对项羽的脾气。同时，项庄也就没有办法继续舞剑了，前面有项伯阻挡，现在又增加了这个可以以一敌十的猛将樊哙，他就是再冲动也知道，凭借一己之力是没有办法击杀刘邦的。于是，范增就开始想别的办法。

就在范增开始想办法时，刘邦假装要上厕所，走出了项羽的营帐：狡猾的刘邦自然比谁都清楚现在局势有多么危险，他得找张良商量商量，尽快离开这个是非之地。

逃出生天：最横的"钉子户"

刘邦去上厕所，樊哙也就跟着出来了。刘邦想要开溜，但是他又怕没有跟项羽打招呼，项羽会怪罪他。这时的樊哙表现出他粗中有细的一面，"做大事的人不用顾及小的细节，讲大礼节不用顾及小的责备。现在人为刀俎，我为鱼肉，此时不走，更待何时？"刘邦听了这番话，觉得非常有道理，于是就让樊哙护着从小路逃跑了。

刘邦去上厕所，很久没有回来，项羽就派人去请。结果，第二个间谍就登场了，他叫陈平。陈平，河南阳武（今河南省原阳东南）人，陈平原来是魏王咎的人，后来因为受到谗言的诬陷，才跑到项羽这里来。但是在项羽这里，陈平一直得不到重用，这让他非常愤懑。就是在鸿门宴上，他见到了沛公刘邦。陈平发现，原来刘邦才是真正能够成就大事的人，所以，在这个时候，陈平就已经有了要投奔刘邦的心思。但是陈平毕竟还是在项羽手底下，没有办法公开叛逃。但是让他出来找刘邦，找的结果就可想而知，他知道刘邦早已经逃跑了，但是并没有及时把这个消息告诉项羽。

直到刘邦跑得很远了，陈平才跟着张良一起进去。得知刘邦已经逃跑了，范增长叹一声，自知已经无力回天。项羽做事拖拖拉拉，刘邦则毫不含糊，回到霸上之后，第一件事就是把曹无伤杀了。

鸿门宴之后，项羽进入咸阳，并没有像刘邦那样秋毫无犯，而是火烧阿房宫、杀秦王子婴，然后将楚怀王发配到了江南，自立为西楚霸王，定都彭城（今江苏省徐州市）。同时分封十八路诸侯，刘邦被封为汉王，管理巴蜀及汉中，并故意封秦降将章邯、司马欣、董翳为雍王、塞王、翟王，领关中地，用意就是要遏制刘邦。刘邦四月领兵进入汉中以后，烧毁栈道，表示再也无意出兵，以此麻痹项羽。项羽也就率军东归了。

六月，齐国贵族后裔田荣不满分封，赶走齐王，杀胶东王，自立为齐王。这时的刘邦乘乱重返关中，击败章邯，迫降司马欣、董翳，并用计欺骗项羽，使其相信自己取得关中后已心满意足，再也不会东进了。项羽放心去攻打田荣，对西边的刘邦没有加强防范。十一月，刘邦挥军东出，任韩信为大将，明修栈道，暗度陈仓，公开声讨项羽，拉开了为时四年的楚汉战争的序幕。

刘邦一边命汉军在巩县驻守，阻击楚军前进，一边命韩信攻击齐王，派人进入楚国腹地，协助彭越进攻睢阳（今河南商丘南）、外黄等地，从而迫使项羽引兵回救。公元前203年十月，刘邦收复成皋，项羽的大将曹咎自杀。

项羽在击败彭越后，欲寻汉军主力决战，不成，屯兵广武（今荥阳北）与刘邦形成对峙之势。不久，韩信在潍水之战中歼灭齐楚联军，构成对楚侧翼的战略迂回，又派灌婴率军直奔彭城。这使得项籍腹背受敌，兵疲粮尽，只得与汉订盟，以鸿沟为界，中分天下，东归楚，西归汉。公元前

★京剧霸王别姬

203年10月，项籍引兵东归。楚、汉订盟后，刘邦本想退兵，但在张良、陈平提醒下，当即下令全力追击楚军。公元前203年11月，两军在固陵（今淮阳西北）开战，项羽小胜。公元前202年1月，刘邦大肆封赏笼络韩信、彭越、黥布等，于是垓下一战重创楚军，逼得霸王项羽自刎于乌江（今安徽省和县境内），终于结束了这场为期四年的楚汉战争。

在为期四年的楚汉战争中，韩信、陈平都曾是项羽的手下，而最让人颇为歙歙的是那位项伯。在项羽兵败之后，项伯反而得到了升迁，刘邦封他为"射阳侯"。史书上记载他被封侯的原因是"以破羽缠尝有功"，在与项羽作战的楚汉战争中"尝有功"，项伯还真是称得上"大义灭亲"啊。

战典回响

项伯的最后生命

项羽败亡后，刘邦收复土地建邦，国号汉。随即刘邦开始分封当年有功的建国者，刘邦封项伯为射阳侯，封地在今江苏省淮安县，并赐其姓刘。古人素有同姓不婚的禁忌，刘邦借此举，不知是赏以同姓之尊，还是要借故取消以前的婚姻之约。

项伯受封三年后死去，本应继承其爵位的嗣子因有罪而未能继承，项伯的后人也变成了平民百姓。

决定楚汉战争的关键

楚汉战争历时四年之久，双方互有输赢。而战地之辽阔，规模之巨大，用兵韬略之丰富，前所未有。之所以有这样的胜景，皆是因为两人，一为楚霸王项羽，二则是刘邦帐下名将韩信。这两人在用兵上的对弈，选择战时战地的对弈，无不彰显其韬略。

韩信本是项羽帐下一名士兵，有人多次向项羽推荐其才华，而项羽毫不理会。于是韩信出逃，至刘邦帐下。刘邦闻得韩信的才能随即重用，也因此摆脱了先前溃败的局面。但在没有得到韩信之前，刘邦未被打败的很大一部分原因是来自项伯。

项伯曾在鸿门宴前，晓之以理，动之以情，说服了项羽。然而使大多数人都难以理解的是，在楚汉之战打得如火如荼之际，项伯还是站出来为刘邦说话。

在项羽带领的楚国与齐国打得不可开交之时，刘邦趁机攻打楚国，随即获得大胜。但闻讯火速赶来的项羽，以少敌多打败刘邦，使得刘邦仅带十几名骑兵突围逃脱。这期间的项伯必是为刘邦开脱，也许是因为项家的传统，向来把道义放在最前面。

★ 沙场点兵 ★

人物：项伯

项伯，名缠。为项羽最小的叔父，早年杀了人后，跟随韩公子张良在下邳（今江苏睢宁西北）躲避。项羽统兵后，他任左尹之职，为令尹的副职，随项羽一起进入关中。

他始终未忘张良当年收留自己的恩德，在得知项羽要攻打刘邦之时，特意前来劝告张良逃命。因此，项伯成为改变历史的一位关键人物。

道具：姻亲

古时候素来就有以和亲联姻的方式化敌为友，这种本来是人与人之间组成家庭的方式，被充分运用到了国家与国家之间，成为一种政治手段。

刘邦此时为了攀附项伯，许诺把女儿嫁给项伯的儿子，想以此成为亲人。但是，在刘邦打败项羽建立汉朝后，刘邦给项伯封侯，并赐其姓刘，古人又有同姓者不为婚的禁忌。刘邦的一个小小手段，又把自己当初许诺过的姻亲一笔勾销。

战术：安插内应

这个内应也许可以说是送上门来的。原本刘邦听信小人之言守住了函谷关，不予通行，确实意在关中称王。而项伯的出现使刘邦意识到当初的错误决断和危险的即将降临。刘邦善透人心，手段高明也非徒有虚名，只是一夜的对话就让项伯对刘邦好感倍增。

不论刘邦给了项伯什么好处，抑或根本没有好处，只是几句甜言蜜语。项伯在此后的鸿门宴为刘邦挡剑，四年之久的楚汉战争，项伯依然在庇护刘邦，这使得刘邦不想胜利也难了。

战典
THE CLASSIC WARS

智慧与勇气的激烈碰撞 间谍战

THE CLASSIC WARS

第四章

献计
——是"蜜枣"还是"大棒"

▲人才就是这样，你如果不善加利用，他就会为敌人所用。这样你遭到的就不只是双重的打击，而是致命的。谋士的计策往往是把双刃剑，如果你不能善加利用，他一旦变成对方手里的兵刃，就非常危险。指挥者用了许多年的时间培养的谋士，可能就因为其一念之差成了对方的间谍，这或许就是谍战的未知和诡谲。

前奏：官渡之战的天平

"苍天已死，黄天当立；岁在甲子，天下大吉。"这是东汉末年黄巾军起义时，黄巾军领袖张角宣扬的口号，但轰轰烈烈的黄巾军起义最终还是被东汉末年的地主武装剿灭了。黄巾军被灭，天下却已经不可避免地陷入乱世，各地的地主武装拥兵自重，早已不再随意接受皇帝的指派。当时割据的地主武装中，主要包括河北的袁绍、河内的张杨、兖豫的曹操、徐州的吕布、扬州的袁术、江东的孙策、荆州的刘表、幽州的公孙瓒、南阳的张绣等，这些地主武装大多是在东汉末年的乱战中逐渐积攒力量成长起来的。

公元195年，曹操与吕布在巨野大战。最终，曹操击败吕布，然后带兵长驱直入，进入帝都长安。随后，曹操将汉献帝挟持到许昌，"挟天子以令诸侯"，在各地武装中率先取得了政治上的优势。取得了传国玉玺的袁术在公元197年春，于寿春（今安徽寿县）称帝，曹操随即以"奉天子以令不臣"的名义出师讨伐，进而消灭了袁术势力。几乎就在同时，北方的另一股重要势力袁绍集团也在不断地征战。公元199年，袁绍击败公孙

★东汉末年军阀割据示意图

瓒，从而获得了青州、幽州、冀州和并州，占据了河北的大部分地方。

198年，曹操东征徐州，进攻一直与他为敌的吕布，最终击败吕布，控制了徐州。紧接着，曹操利用张杨部的内讧轻易取得了河内郡。从此以后，曹操的势力西达关中，东到兖、豫、徐州，黄河以南，淮、汉以北的大部分地区几乎都已经被他控制，从而与袁绍形成了沿着黄河下游对峙的局面。

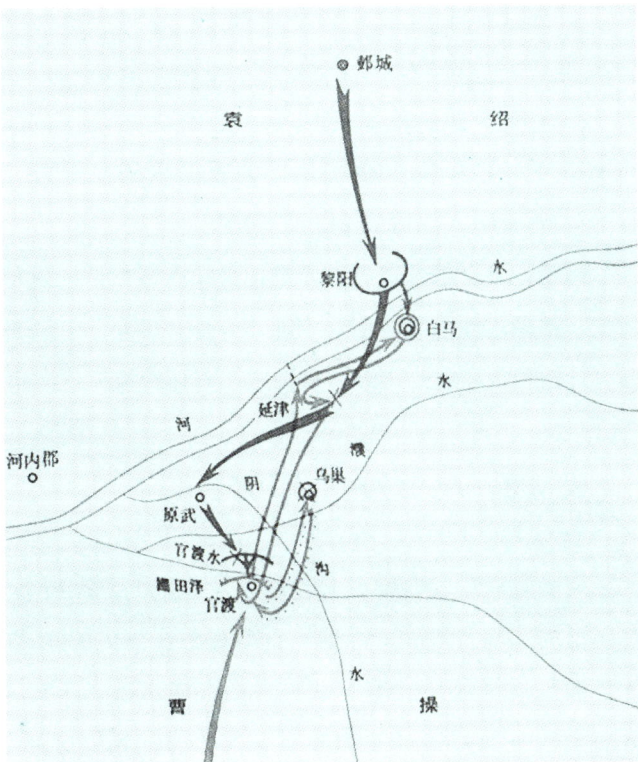

至此，黄河以北只

★ 官渡之战示意图

剩下曹操和袁绍这两股最强大的势力，他们彼此都明白，谁想统一黄河以北，都必须先击败对方，这一战已经在所难免。但是曹操并不想先动手，因为当时曹操的兵力不过数万人，是没有办法跟袁绍十万大军抗衡的。曹操需要做的是养精蓄锐，等自己羽翼丰满了再与袁绍决战。但是，曹操的成长速度太快了，袁绍已经不能再等下去了。公元199年，袁绍挑选精兵十万，战马万匹，拉开了官渡之战的序幕。

袁绍出兵的消息传到许昌，群臣惊骇，当时不少人都劝曹操不如投降，或者退出许昌，避其锋芒。关键时刻，曹操麾下的谋士郭嘉站了出来。郭嘉经过对曹操和袁绍的仔细分析，认定袁绍虽然兵多将广，但是袁绍志大才疏，胆略不足，刻薄寡恩，刚愎自用。虽然兵多，但是指挥不明、将骄而政令不一，郭嘉尖锐地指出："绍有十败，公有十胜，虽兵强，无能为也。"

曹操非常赏识郭嘉的话，从而力排众议，出兵迎击袁绍。曹操派臧霸率精兵由琅邪（今山东临沂北）入青州，占领齐（今山东临淄）、北海（今山东昌乐）、东安（今山东沂水县）等地，用以牵制袁绍，巩固自己的右翼，防止袁绍军队从东面袭击许昌。曹操则亲自率兵进据冀州黎阳（今河南浚县东，黄河北岸），令于禁率步骑2000屯守黄河南岸的重要渡口延津（今河南延津北），协助扼守白马（今河南滑县东，黄河南岸）的东郡太守刘延，阻止袁绍军队渡河而长驱南下，同时以主力在官渡（今河南中牟东北）一带筑垒固守，用以阻止袁绍从正面发动攻势。另外，他还专门派人镇抚关中，极力拉拢凉州，以稳定自己的翼侧。

可是，就在他部署着准备迎击袁绍的时候，后院却着了把火：徐州的刘备忽然叛变，随即占领下邳，屯兵小沛（今江苏沛县）。刘备的军队迅速增加到数万人，并且开始积极与袁绍接洽，准备联手对付曹操。这一下，可让曹操有点儿慌神。

大战前夕：谁的心里更有底

刘备跟袁绍、曹操、公孙瓒以及其他的割据势力不同，他不是地主阶级，没有自己的武装力量，所以他一直都是跟在强大的割据力量身后。虽然一度拥有徐州，但是最终还是被地主武装力量吕布击败，不得不归顺曹操。刘备终究不甘愿久居人下，更何况他的手下还有关羽、张飞这样"勇而有义，皆万人之敌"的虎将，出身卑微的刘备一直希望能够成为像袁绍、曹操、刘表那样可以虎踞一方的乱世枭雄。就是趁着袁绍和曹操开战的关头，刘备不再准备等下去了，他带着关羽、张飞明刀明枪地要跟曹操开战了。但是，刘备过高估计了他的合作对象袁绍。就在曹操亲自率兵东击刘备时，袁绍并没有抓住这个千载难逢的机会，利用曹操带兵出征的机会袭击他的后方许昌，而是以儿子有病不宜出征为由，选择了按兵不动。

虽然拥有关羽、张飞这样的猛将，但是孤立无援的刘备最终不是曹操的对手，下邳和小沛接连陷落，自己不得不跑去投靠袁绍。而关羽为了保护刘备的家眷，则不得已投降曹操。曹操击败刘备之后，也毫不慌张，从容地兵发官渡，准备跟袁绍决战。

公元200年的正月，袁绍请名士陈琳

★ 成都先主庙内的刘备塑像

为他起拟了征讨曹操的檄文。这篇历数曹操罪行，宣称"是以有非常之人，然后有非常之事；有非常之事，然后立非常之功"的檄文让曹操恼羞成怒。在发出檄文之后，袁绍就进军黎阳，准备跟曹操的主力部队进行决战。为了顺利渡过黄河，袁绍派大将颜良进攻白马的东郡太守刘延，以夺取黄河南岸要地，保障他的主力部队渡河。曹操不能坐视袁绍取得主动权，随即亲自率领精锐兵马北上驰援。

颜良是河北名将，在袁绍部下屡立战功。曹操的谋士荀攸认为应该采

★三国名将关羽画像，他帮曹操解了白马之围。

取声东击西的战术，先让曹操带兵去延津，做出要渡河攻击袁绍后方的假象，使袁绍不得不分兵向西，然后在这个时候派遣轻骑攻其不备，快速袭击正在进攻白马的袁绍军队，一定能够斩杀颜良。曹操采取了荀攸的计策，果断派兵去延津，袁绍果然中计，急忙向西分兵。曹操就趁机率领轻骑，以猛将张辽、关羽作为前锋，奇袭白马。关羽跃马阵前，远远就望见了颜良的麾盖，然后催动战马杀了过去。《三国志》上记载，当时关羽闯入万军之中，袁绍军中诸将"莫能当者"，关羽刺死颜良后，斩落他的首级而归。

曹操解了白马之围后，袁绍依然率兵强渡过河，大军行至延津南，然后派遣大将文丑和刘备去迎击曹操军队。当时曹操方面只有六百骑兵，而文丑和刘备所率领的先锋部队就有五六千骑，更何况后面还有大量步兵在跟进。但是，面对实力悬殊的较量，曹操显得异常冷静，他果断命令士兵解鞍放马，

053

故意把辎重丢弃在道路两边。后面追击上来的袁绍军队果然中计，纷纷抢夺财物。曹操在这时发动进攻，袁绍军队被杀得大败，刘备趁乱逃走，文丑则死于乱军之中。

刚愎自用：许攸的选择题

袁绍先后折损了颜良、文丑两员大将，损失惨重，恼羞成怒，决定带大军跟曹操决一死战。这时，袁绍的谋士田丰站了出来，他向袁绍提出了据险固守、分兵抄掠的疲敌策略。袁绍没有接受，田丰心知袁绍如果一意孤行，恐怕会功败垂成，所以多次强谏，袁绍不仅没有听从田丰的策略，还将他关押起来。

随后，袁绍兵进杨武（今河南中牟东北），准备进攻许昌。八月，袁绍军队逼近官渡，依着沙堆立营，营帐东西绵延数十里，曹操也立营与袁绍对峙。九月，曹操率先对袁绍军队发起进攻，但是这一波攻势并没有起到预想的效果，曹操心知无法取胜，不得已退回营中，采取坚守的策略。

曹操的第一轮攻击结束之后，袁绍开始对曹操进行攻击。袁绍军队在阵前构筑楼橹，将土堆得如同小山一样高，从而居高临下，用弓弩俯射曹军营帐。曹军从下往上，吃亏很多，没有办法进行行之有效的还击。曹操几乎要决定将营寨后撤，这时他手下的谋士刘晔想出了一个办法。刘晔根据曹营在低处、袁军在高处的特点，设计了一种以抛石进行攻击的装置——"霹雳车"。曹军利用"霹雳车"将巨大的石块抛向袁军，把袁军的楼橹砸倒了，袁军也没有办法继续在阵前做其他的攻击设施。

无法从高处对曹军进行打击，袁绍方面的谋士又为袁绍出了个主意，就是往曹军的营寨挖地道，从地下攻其不备。但是袁绍方面掘土挖地道的事情很快就被曹军知道了，曹操的士兵就在自己的营寨前方挖出一条巨大

★袁绍出征图

的深沟，这样袁绍的士兵就算是把地道挖过来，也只会挖到深沟里，从地道里钻出来的袁军就会成为曹军弓弩的目标，袁军因此不得不放弃地道进攻的策略。

这段时间的试探性进攻之后，曹军和袁军进入了漫长的对峙期。在此后的三个月里，双方互有攻守，相持不下。但很快，曹操就觉得力不从心了。袁绍方面拥有强大的后勤保障，兵精粮足，后方也非常稳定。而曹操则不同，他的处境越来越困难，前方兵少粮缺、士兵疲乏，朝中很多大臣都对他不满，在反对他，所以后方也不稳定。曹操随即

★ 支持曹操对抗袁绍的荀彧画像

写信给留守在许昌的荀彧，准备退兵回许昌。作为曹操的第一智囊，荀彧迅速给曹操回了一封信，鼓励他继续坚持下去，"公以十分居一之众，画地而守之，扼其喉而不得进，已半年矣。情见势竭，必将有变，不可失也"。正是荀彧的这番话，让曹操的心安定下来，继续维持着眼前的危局，等待着战争的转折点。

就在这时，曹操方面又出现了问题。曹操派去许昌筹办粮草的人被袁绍的士兵抓住了，随军的谋士许攸经过仔细分析，认定曹操屯兵官渡日久，军粮紧缺证明他的后方必定出现了问题，此时的许昌必定空虚，于是他向袁绍提出了一个大胆的进攻方案：就是兵分两路，绕过曹军直取许昌。此时曹操士兵疲惫，听闻许昌陷落必定军心涣散，到时候就可以击败曹操了。

这样绝妙的计策，袁绍不仅没有同意，反而还认为许攸跟曹操以前是旧故，现在是在联合曹操一起蒙蔽他。是的，袁绍觉得许攸就是曹操派过来的间谍，盗取本方情报的同时，还要将自己的军队带进万劫不复的境地。袁绍的理由很简单，曹操那样谨慎又狡猾的人，他派去催办粮草的人怎么可能这么轻易就被自己的士兵抓住？这是阴谋，这肯定是阴谋。就这样，许攸的计划不仅没有被采纳，他的项上人头还险些不保，他不禁仰天长叹，想到田丰的下场，也就不敢再多说什么了。

周公吐哺：光着脚的曹孟德

荀彧从许昌为曹操运来粮草，但是粮道依然会受到滋扰。于是，曹操为了加强对粮道的保护，命令负责后勤补给的任峻以十路纵队为一部，将运输队伍的前后距离缩短，并将负责押运粮草的护卫队的阵型变为复阵。在加强了自己后方补给的安全性之后，曹操就开始派人去骚扰袁绍的粮道。他派遣手下的大将曹仁、史涣截击袁绍运送粮草的军队，烧掉了袁军数千辆粮车，给袁绍的后勤补给造成了不小的麻烦。

为了保护好自己的粮道，袁绍也加派了人手，派去的人就是淳于琼。这个淳于琼虽然在史书和《三国演义》上都出场不多，但其实也是一个东汉末年非常著名的将领。东汉末年，汉灵帝为了加强洛阳城的防护，同时分化外戚大将军何进的兵权，在洛阳西园沿袭汉武帝的制度建立了"西园八校尉"。加入"西园八校尉"的都是当时的重臣，有汉灵帝宠信的宦官蹇硕，有大将军何进，有"四世三公"的虎贲中郎将袁绍，议郎曹操，还有荡寇将军赵融等，可以说个个是汉末的风云人物。而淳于琼担任的是"西园八校尉"之一的右校尉，可以说也曾是权倾一时的人物。只是后来到了乱世，淳于琼有些失意，最后只能跟着袁绍打天下了。

但不管怎么样，即便是"虎落平阳"，淳于琼也依然是一头猛虎。袁绍虽然刚愎自用，疑心病严重，也深知粮草对于战争的重要性，在大将颜良、文丑都阵亡之后，淳于琼无疑已经是他手下数一数二的名将了。随着袁绍东征西讨这么多年，淳于琼的能力自然也是有目共睹的，淳于琼也是去督粮的不二人选。

通过曹操的偷袭，袁绍意识到了粮道的重要性，而许攸看到的却不只是如此。偷袭粮道虽然是一件可以给敌人造成最沉重打击的事情，但同时也是高风险的，很可能会中敌人的埋伏，血本无

★ 许攸画像

归。曹操甘愿冒着这么大的风险派人来偷袭袁绍的粮道，就证明曹操的后勤补给确实很吃紧，他偷袭袁绍的同时，就是在"以攻代守"，缓解自身后勤补给线上的问题。通过曹操的几次滋扰事件，许攸更断定曹操的后方空虚，现在如果去攻击许昌，绝对是唾手可得。

★曹操赤足迎许攸（连环画）

但是袁绍根本不会听许攸的计策，每想到这里，许攸心里都一阵难过。许攸是南阳人（今河南南阳），年轻时曾经在四方游历，与曹操很早就认识。在袁绍与曹操一起担任"西园八校尉"时，袁绍与曹操关系不错，许攸得以经常与曹操见面，两个人的关系非常好，经常一起讨论天下大势。那时袁绍每次与许攸谈起曹操，许攸都深为曹操的气魄与见地佩服有加，如今战前对峙，还真是恍然如梦。

也许就是在这段时间里，许攸开始产生了叛袁投曹的心思，但是让他预料不到的是，他随后就被命运向前推了一把。许攸有两个毛病，一个是容易居功自傲，一个就是贪财好利。许攸贪财的毛病最为严重，久而久之，也就把这个毛病传染给了自己的家人。谁知就在官渡对峙这个关键的时候，许攸的家人因为贪财惹出了祸端。

刚刚说过，许攸还有一个毛病，就是容易居功自傲，这个毛病是很容易得罪人的，跟许攸同为谋士的审配对他早已不满，恰巧许攸家人的案子到了他的手上，他就借着这件事大做文章。本来就疑心许攸与曹操暗地里串通一气的袁绍，这一下更怀疑许攸了，差点儿要了许攸的脑袋。这一次，许攸算是彻底绝望了，这样跟着袁绍还能有什么好日子过？狠一狠心，许攸收拾了几件衣服就悄悄离开了袁军的营寨。

许攸离开袁绍以后，一不做二不休，就干脆奔着曹操的营寨去了。袁本初你不是怀疑我是间谍吗？那我就去当个真正的间谍好了。作为袁绍方面的主要谋士，没有谁比许攸更了解袁军的底细了，光凭这一点，他对曹操的价值就不是一般人可以相提并论的。果然，曹操听说许攸来了，高兴得连鞋子都顾不得穿就跑了出来，高兴地大叫着"子远来得好啊"，热情地把许攸请进了营帐里。享受着曹操热情招待的许攸，当时就下定决心，要帮助曹操击败袁绍。

先断粮道：袁绍的死穴

当初袁绍出兵攻打曹操时，就是战是退，曹操的左右大臣们曾展开激烈的争论。认为袁绍强大，曹军难以抗衡的孔融认为："田丰、许攸，智计之士也，为之谋；审配、逢纪，尽忠之臣也，任其事；颜良、文丑，勇冠三军，统其兵。殆难克乎！"袁绍手下有田丰、许攸这样的谋士，有审配、逢纪这样的忠臣，有颜良、文丑这样的大将，曹操根本不是袁绍的对手。

但是，针对孔融的话，曹操的第一谋士荀彧给予了坚决的驳斥："田丰刚而犯上，许攸贪而不治，审配专而无谋，逢纪果而自用，此二人留知后事，若攸家犯其法，必不能纵也，不纵，攸必有变。颜良、文丑，一夫之勇耳，可一战而禽也。"田丰因为刚直经常犯上，许攸这个贪财好利、不懂得约束自己遵守律法。审配和逢纪都是死板的官吏，一旦许攸家的人犯法，他们一定不会宽容，这样许

★ 曹军火烧乌巢（连环画）

攸肯定会离开袁绍。颜良和文丑都不过只有匹夫之勇，只要一战就能够打败他们。后来的事实证明，官渡之战所发生的一切都被荀彧言中了，许攸来到曹操的营帐里，曹操对荀彧打心眼里更是佩服有加。

许攸告诉曹操，袁绍的粮草都囤积在袁绍大营以北的故市（今河南盐津县内）和乌巢（今河南延津东南），现在只有淳于琼带着万余人在那里守卫着，只要曹操轻骑突袭乌巢，烧掉袁绍的辎重，使袁绍的数十万大军没有粮草，到时候军心必定涣散，再引大军攻打袁绍的营寨，一定可以取得胜利。曹操听到许攸的计策之后非常高兴，立刻留下曹洪、荀攸看守营寨，自己亲自率领五千步骑，人衔枚马缚口，冒用着袁绍军队的旗号，各带一束柴草，利用黑夜从小路偷袭乌巢。

到达乌巢后，曹操立即下令放火。袁绍听闻乌巢起火之后，果断命令大军攻打曹操的营寨，另一方面安排轻骑驰援乌巢。曹操临出发之际，早已经安排好营中的一切，也做好了防御的准备，所以袁军虽然攻势猛烈，但没有办法在短时间内攻下曹营。而另一方面，乌巢起火后，士兵们忙于救火，兵力本来就分散，而袁绍派来驰援的也都是轻骑，曹军退无可退，都拼命死战，最终击败了援军，斩杀了淳于琼，烧掉了袁绍的粮草后迅速支援曹营。

曹营久攻不下，故市和乌巢粮草都被焚烧的消息传到阵前，袁军的士气立刻受到打击。而就在这时，曹操带着轻骑回援曹营，曹军的士气顿时高昂，袁绍的大军随即溃散，曹军乘胜追击，袁军损失惨重。袁绍一看败局已定，匆忙带着八百骑退回河北，曹军在官渡之战中先后歼灭和坑杀袁军达七万余人。官渡之战自此以曹操的胜利结束。

公元202年，袁绍因兵败忧郁而死，曹操借机挥兵进入河北，消灭了袁绍集团。五年后，曹操又向西征服了乌桓，从此统一了北方。而在官渡之战中起到关键作用的许攸，却也难逃一死。在归顺曹操之后，许攸仍然改不了居功自傲的毛病，最终因为经常口出狂言，被曹操的部将许褚所杀。

战典回响

曹操结束北方的战乱

官渡之战是曹操奠定霸主基础的一战，是当时中国北部趋于统一的关键性战役。官渡之战后，曹操最大的敌人、实力最雄厚的敌人袁绍死了，这也意味着北方的战场基本已经平定。汉末以来战乱频发的黄河流域在曹操的治理下进入了一段相对安定的时期，为日后晋朝统一全国打下了坚实的基础。

曹操歼灭袁绍余党

建安七年（公元202年），袁绍病死，袁绍的两个儿子袁谭、袁尚不和，发生火并。袁谭不敌袁尚，向曹操乞降。

建安九年（公元204）二月，曹操趁袁尚出兵攻打袁谭之机，进军围攻邺城。袁尚率军回救，被曹操击败，邺城遂被曹操攻破。

第二年正月，曹操又以负约为名，攻灭袁谭，冀州平定。于是，曹操让还兖州牧，改任冀州牧。袁尚兵败后，逃奔幽州刺史袁熙。不久，袁尚、袁熙又逃奔三郡乌桓。

建安十二年（公元207年），曹操为了肃清袁氏残余势力，也为了彻底解决三郡乌桓入塞为害问题，决定远征乌桓。八月，两军相遇，乌桓军大乱，曹军阵斩蹋顿，大获全胜。胡、汉降者二十余万，袁尚等人逃奔割据平州的公孙康。不久，公孙康斩杀袁尚、袁熙，并将其首级献与曹操。曹操攻破三郡乌桓，也彻底肃清了袁氏势力。

★ 沙场点兵 ★

人物：许攸

许攸（？—204年）字子远，南阳（今河南南阳）人。本为袁绍帐下谋士，官渡之战时，其家人因犯法被捕，袁绍也早已怀疑许攸为曹操奸细，对其的策略充耳不闻。一气之下，许攸背袁投曹，并向曹操建议偷袭袁绍军屯粮之所——乌巢的计策，袁绍因此在官渡之战以失败收场。随后，许攸随曹操平定冀州，因屡屡口出狂言，居功自傲，终因触怒曹操而被杀。

道具：计谋

两军对垒，素来以智取胜，历史长河中有许多以少胜多的经典战例。一方统领最重视的就是谋士。刘备曾三顾茅庐求诸葛亮出山，曹操更是赤脚迎许攸。

一个谋略也许就可以决定一场战争的胜负。何为出奇制胜，"奇"便是用敌人想不到的方式，趁其不备而攻之。曹操对谋士的重视众所周知，正因为如此，袁绍在战争中也只能吞下被己方谋士打败的恶果。

战术：临阵倒戈

此时的曹操粮草将尽，不出数日必将溃败。曹操差人从速置办粮草，谁知半路被袁军所捉。许攸见此粮书，心中大喜。他急忙找到袁绍，告知曹操粮草已尽，他现在屯兵官渡，许昌必已空虚，趁此机会攻其不备必胜之。谁知袁绍惧怕曹操诡计，以为这是其诱兵之计，不敢出兵。许攸多次劝阻无果，更是被袁绍喝退。不多几日，许攸家人因触犯法律被袁绍囚困，许攸一气之下临阵倒戈，投奔曹操。

许攸这一去，因掌握袁军弱点，立刻为曹操出一计。顷刻间，曹操变劣势为优势，随后一举击败袁绍。

第五章

心理战
——无形的绳索

▲纵然这个案例在历史上并不曾出现，但是我们也不能对它视而不见。历史已经证明，这个流传了无数年的故事，最后真的被执行者们搬上了历史舞台，从而使它成为反间谍战案例中的经典。每一个指挥者在大战当前的时候都会小心翼翼，这种小心既可能成为谨慎，也可能成为怀疑，而谍战中最重要的就是如何利用敌方的心理，因为谍战是一种更为讲求战术的战争。

前奏：古老的借刀杀人游戏

纵观历史，我们会发现，在曹操一生的敌人当中，以刘备最难缠。在曹操眼里，刘备这个人成不了什么大事，但却是一个生命力极强的对手。袁绍、袁术、吕布……这些东汉末年的强者，都被曹操打败，从此一蹶不振，最终瓦解。只有刘备，屡败屡战，总是能够从夹缝中求得生存，在战败之后以最快的速度再次崛起。所以在统一北方之后，曹操宁肯不顾身后马超、韩遂关西军的威胁，而亲率精兵出师荆州，并不是为了老弱的刘表，而是为了栖息在刘表手下的猛虎刘备。

★荆州牧刘表画像

在著名的"煮酒论英雄"里，曹操对刘备说"天下英雄，唯使君与操耳"，这既是英雄相惜的肺腑之言，也确实是肯定了刘备的能力。

公元208年，荆州牧刘表病逝，后妻蔡氏的妻族蔡瑁得权，废黜了刘表的长子刘琦，而改立次子刘琮。曹操听说之后，亲自统率最精锐的青州兵，从许都出发，向南逼近荆州。在东汉末年，刘表也堪称是一代雄主，在孙权与周瑜的谈话中曾提到"老贼欲废汉自立久矣，徒惧二袁、吕布、刘表与孤耳"。刘表能够成为与袁绍袁术兄弟、吕布、孙权并列的豪雄，足见他并非是泛泛之辈。

但刘表在东汉末年之所以不如其他

几个人那么招摇，是因为他从不主动出击，他"坐地自守，而无四方之志"。刘表从不远征，只是固守着荆州的地方，在那里称王称霸。但虽然只负隅自守，刘表也不时有惊人之举，孙策、孙权的父亲孙坚就是死在刘表的手上。孙坚曾经把董卓认为剽悍的西凉兵杀得丢盔弃

★蔡瑁献荆州

甲，而能够战胜孙坚，可见刘表的荆州兵也是非常骁勇的。而在曹操"挟天子以令诸侯"之后，他的军队也是经常在荆州吃败仗，南征北战的曹操对这位荆襄霸主一时也是无可奈何。

但是相比较刘表的雄才，他的儿子就要差很多了，刘琦自不必说，刘琮更完全是蔡氏一族的傀儡。听闻曹操率兵南下，蔡瑁根本没有跟蔡氏和刘琮商量，就带着荆州兵马向曹操献上降书。刘表费尽心思经营的荆襄之地，转眼成为了曹操的囊中之物，屯兵新野的刘备听到这个消息之后，赶紧带着军队和民众弃城而去。曹操听说以后，即刻命令自己的精锐部队五千"虎豹骑"日夜兼程追击刘备。虎豹骑"一日夜行三百余里"，终于在长坂追上了刘备的部队。

曹操在长坂将刘备杀得大败，"获其二女辎重，收其散卒"，连女人带士兵全被曹操带走了，曹操又一次轻而易举击败了刘备。站在长坂坡上的曹操，看着刘备带着老弱残兵逃窜。这个时候或许是南下太顺利了，曹操已经不只要夺取荆、襄，杀败刘备了，他决定一鼓作气，杀过长江去，击败他最棘手的对手——孙权，完成统一南北的大业。

其实，曹操很早就在为南下伐吴作准备了，他在统一北方之后，就修建玄武池训练水兵。即便如此，曹操也知道，以自己训练的水兵的战斗素养，是无法跟东吴水兵一较高低的，一切的转变都源于蔡瑁和张允的到来。荆州水兵的加入让曹操的水上作战能力迅速提高，也让他有了与东吴在长江上一决胜负的资本。

曹操在长江北岸虎视东吴，派人给孙权送去了"会猎于吴"的战书，而退居

江夏的刘备方面则遇到了来荆州打探消息的鲁肃。于是，共同的敌人让刘备跟孙权走到了一起，诸葛亮遂跟着鲁肃乘扁舟过江，劝说孙权共同抗曹。

继续南下：荆州来的降将

曹操要跟孙权在长江上拉开架势打仗，是因为他拥有足够的资本，而这资本就是曾经让他的青州兵吃过无数次苦头的荆州兵马。《孙子兵法·军争篇》上讲道："故其疾如风，其徐如林，侵掠如火，不动如山，难知如阴，动如雷震。"曹操的青州兵的特点就是"其疾如风"，刘备数次败给曹操，都是因为曹军的一个"快"字，而风怕碰到的就是山林，所以荆州兵的特点就是"其徐如林"。因为连年与荆襄兵作战，曹操甚知荆州兵马的骁勇，所以有了这样一支精良的兵马，他顿觉如虎添翼。

而统领荆州兵的就是荆襄最赫赫有名的将领蔡瑁和张允。蔡瑁是刘表后妻蔡氏的弟弟，张允则是刘表的外甥，两个人都是荆州的名将，深谙水战，归顺曹操之后，曹操就把训练水兵的任务交给了这两个人。

周瑜觐见孙权，为孙权分析曹操的缺陷，一共有四项：第一是"今北土未平，马超、韩遂尚在关西，为操后患"，曹操的后方并不安稳；第二是"而操舍鞍马，仗舟楫，与吴、越争衡"，就是说曹操不懂水战，贸然出兵南犯，准备肯定不充分；第三是"今又盛寒，马无蒿草"，气候也不利于曹操作战；第四则是"驱中国士众远涉江湖之间，不习水土，必生疾病"，就是说北方人忽然跑到南方来，肯定会水土不服，生病。

可以说，作为赤壁之战孙刘联军的真正统帅，周瑜的分析全面又客观，可以与荀彧在官渡之战前给曹操作出的分析不遑多让。但是在这里，周瑜说曹操"舍鞍马，仗舟楫，与吴、越争衡"是值得商榷的，因为曹操在荆州收编了以水战出众的荆州兵，只要经过蔡瑁、张允这样熟悉水战的将军的悉心调教，曹操的北方兵马即便不能成为以一当十的水师精锐，也至少会成为合格的水兵。对于这一点，经常与荆州兵互有攻守的周瑜

★周瑜画像

闻谍战
THE CLASSIC WARS
智慧与勇气的激烈碰撞

★周瑜与曹军初次交手（连环画）

不可能不知道。所以，从准备跟曹操开战的那一天起，周瑜就在算计着蔡瑁和张允的项上人头了。

这样，双方在赤壁的遭遇战既成了周瑜与荆州水师的初次试探，也成为周瑜对蔡瑁、张允能力的一次考验。孙权听了周瑜的计划之后，就决定联刘抗曹。他封周瑜为左都督，封程普为右都督，封鲁肃为赞军校尉，率精锐部队三万人上至夏口，与刘备的两万军士会和。随后，孙刘联军乘船北上，行到赤壁与曹军相遇。

曹操迫切想知道荆州水师的威力，所以立刻让蔡瑁、张允带兵出战。荆州水师与东吴水师在赤壁上短兵相接，结果，荆州兵被杀得大败，周瑜顺利取得赤壁之战的第一场胜利。这一场失败让曹操开始重新审视荆州兵和长江南岸的周瑜。他从许都出发，一路南下势如破竹，所当者如刘备溃不成军，但是在赤壁，他知道自己遇到了强劲的对手。

他一面命令蔡瑁、张允继续训练水师，一面也开始思索新的作战方法。但是，有一点是不会改变的，那就是，他依然对荆州兵充满自信，因为他曾经多少次败在这支军队的手里，他深信能够击败他曹孟德青州兵马的军队在东吴军队面前不能如此不堪一击。但同时，他在心里对蔡瑁、张允这两个贪生怕死、卖主求荣的降将开始生出不安跟怀疑。

而另一方面的周瑜，则通过这一战了解到了荆州水师的战斗力，同时也认识到，虽然荆州水师的战斗力平平，但是曹操方面兵多将广，如果蔡瑁、张允真的能把曹军训练得通熟水战，曹军依然是一股不可轻视的力量。周瑜必须要除掉蔡瑁、张允这两个眼中钉，他需要派人去曹军的营帐里做这件事，可是派谁去呢？

对峙赤壁：曹操与周瑜的博弈游戏

在经过赤壁的第一次正面接触之后，曹操方面意识到自己水兵的作战能力与东吴方面仍然有非常大的差距，所以曹操并没有急于进攻，而是督促蔡瑁、张允加紧对水师的训练。而因为处于数量上的弱势，周瑜也没有选择贸然进军。这样，曹操军队与孙刘联军就在赤壁形成了对峙的局面。曹操的水寨在北岸乌林（今湖北蒲圻西北）一线排开，于禁、张辽、张颌、朱灵、李典、路昭、冯楷七军留屯要地，随时提防着东吴军队进犯。

而周瑜在取得胜利之后，也没有放松警惕，他将水师驻扎在赤壁南岸，与曹

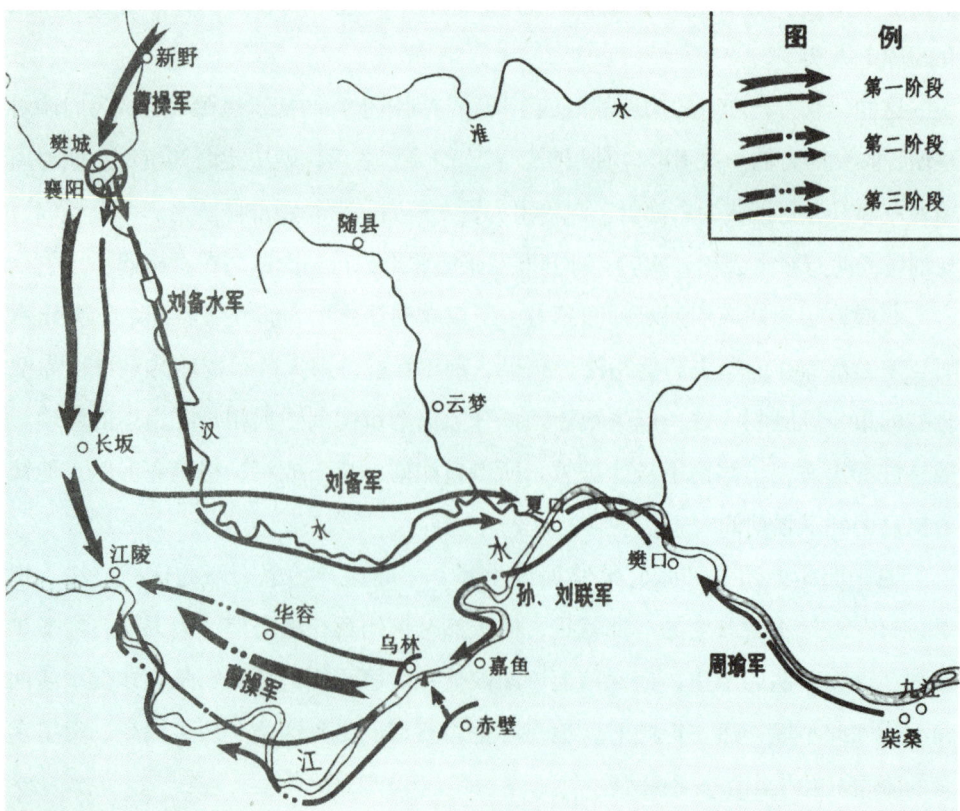

★赤壁之战示意图

军隔江相望。虽然初战告捷，但是周瑜心里比谁都清楚，之所以能够取得胜利，是因为曹操的北方士卒还没有熟悉水性，而且荆州兵马久疏战阵，所以才会被他一击得手。借着江上蒙蒙的夜色，周瑜带着手下众将士登上高处远眺曹营。只见曹营火光映天，战船井然，于是他决定一船渡江，到曹营去一探虚实。

这下可吓坏了周瑜身边的东吴将领们，主帅要只身去探看曹营水寨，这是多么危险的事情！一旦主帅有什么不测，那这场仗还没有开打，本方就已经先输一阵了。但是周瑜依然谈笑自若，"我去看看就回，料也无妨，诸位不必担心"，言罢，周瑜换上便服，随身带着两三个士卒，还有弓弩，驾着一叶扁舟向北岸而去。当时已是深夜，江上弥漫着雾气，而且任曹军的士兵们怎么也不会想到，对方的首领胆敢在如此紧张的时候过江探看。

小船划到岸边之后，周瑜命令士卒下碇，然后到岸上认真观看曹营水寨。曹营水寨布置得井然有序，沿江一带分二十四座水门，大船排列在外面，小船安置在内，这样，小船就可以在大船之间穿梭，非常灵活机变。以青州兵马为主的旱寨更是旗帜鲜明，布防有序，绵延三百余里。曹操能够以青州兵马席卷北方，连破强敌，足以说明青州兵在当时确实是训练有素，且战斗力数一数二的精锐部队。虽然后来曹操在赤壁输给吴军，但是当吴军从旱路进攻时，就完全不是曹军的对手了。这也就是为什么张辽能够带八百士卒杀得十万吴军溃败，青州兵恐怖的战斗力可见一斑。

而刘表的荆州兵能够在乱世中有一席之地，也并非浪得虚名。蔡瑁和张允在治军上虽然不及刘表，但是荆州兵的作战能力尚在。看过蔡瑁、张允布置的水师之后，周瑜给他们两个人很高的评价："此深得水军之妙也！"虽然短时间内曹军的水师不是东吴水军的对手，但是长此以往，这个对手很可能就会强大起来。

就在这个时候，巡夜的曹军士兵终于发现了周瑜他们搭乘的小船，急忙去向曹操报告。但是在曹军赶到之前，周瑜已经坐在了小船上。当曹操知道周瑜探营的事情时，周瑜的船早已经起碇，顺着风势驶向了南岸。

听说周瑜驾着一叶扁舟就敢来夜探自己的水寨，曹操也不能不在心里惊叹周瑜。一直以来，他都以为东吴的周郎不过是个徒有虚名的人，现在看来，他不仅是个劲敌，也是个当代名士，这样的气魄与雅量足够让人折服。这是乱世中难得一遇的对手，也是乱世中难得一遇的人才。曹操是个爱才惜才的人，他深知，如果能得到周瑜，不要说区区东吴，整个天下其实也就在他的股掌之间了。

曹操听说周瑜夜探营寨之后，不仅没有生气，反而流露出惊讶与哀叹，身边熟悉了解曹操的人，早就知道他心里在想什么了。于是，一个人站了起来，对曹操说："丞相，如果你能得到周瑜的话，那天下之势其实就已经定了。"

曹操一看，说话的人是蒋干。

独闯江东：披着书生伪装的莽夫

蒋干是九江（今安徽寿县）人，乃是东汉末年的名士，"有仪容，以才辩见称，独步江、淮之间，莫与为对"。在江淮的地方，蒋干的才学几乎是无人可以相比的。曹操不仅是一个乱世的枭雄，同时还是一位杰出的诗人，他也喜欢跟文人雅士在一起喝茶聊天。在官渡之战时，袁绍曾经拜托陈琳撰写征讨曹操的檄文。曹操看到陈琳所写的檄文时，恼羞成怒，可当曹操大败袁绍捉到陈琳时，却没有杀掉他。曹操为什么不杀掉让他恼羞成怒的陈琳呢？因为曹操爱惜陈琳的文采，能让曹操这样的枭雄暴跳如雷的檄文，写得当然非常出色。曹操不仅没有杀掉陈琳，还委任陈琳为司空军师祭酒，跟阮瑀一起负责记事，此后曹操的檄文多出自他们两个人之手。

像陈琳这样的人曹操尚且爱惜，更何况是蒋干这样的江淮名士。但是蒋干也知道久居人下，光是吃人家的喝人家的，却没有丝毫的功劳，事情是说不过去的。终于等到这一天，蒋干当然迫不及待地要请缨。蒋干和周瑜都是安徽人，小时候曾经在一个地方求学。周瑜风雅，蒋干才辩，两个人的相貌也都非常英俊，经常在一起喝酒、抚琴、聊天，关系非常不错。

但是关系好归关系好，现在毕竟还是不一样了。周瑜如今是东吴的大都督，手握东吴的军权。孙权的哥哥孙策去世时，叮嘱孙权"内事不决问张昭，外事不决问周瑜"，加上周瑜与孙策的关系亲近，孙权对待周瑜就像是对待自己的哥哥一样。在赤壁之战前，周瑜力主决战曹操，而张昭却坚定地站在投降派的一边，这可以说是让东吴的王公阶层非常失望，所以到赤壁之战时，孙权其实不论内事外事都听周瑜的指挥了。周瑜在东吴其实已经算是"一人之下，万人之上"了。而蒋干呢？虽然是周瑜的同窗，虽然是江淮名士，可说到底还不过是曹操的一个幕僚，而且别说跟荀彧、荀攸差着距离，就是和陈琳、阮瑀相比也有不少差距。

蒋干能说动周瑜吗？恐怕连曹操心里都有一个问号。要是换了别的人，也多半不会请缨去完成这个任务，可蒋干不是别人，他"以才辩见称，独步江、淮之间，莫与为对"，就是靠着这张嘴混饭吃的。而且如果说别的人，他不了解，心里面还没有什么把握，可是周瑜是他的同窗，是跟在他屁股后面长大的，他确信自己了解周瑜，至少在这张嘴上他不会吃亏的。

所以，蒋干信心满满

★蒋干渡江会周瑜（连环画）

地告诉曹操："丞相请放心，我这次去江东，肯定能够把这件事办成。"

曹操问："那你去江东，需要带什么东西吗？"

蒋干回答："只需要一个书童跟着我，再有两个驾船的人就行了，别的不需要。"

在一切准备就绪之后，蒋干头戴葛巾，身穿布衣，坐在一叶扁舟上顺着风势南下赤壁，去见已经多年不曾会面的老同窗了。但是，才辩出众的蒋干并不知道，时下的周大都督早就不是从前的小周郎了，就在蒋干到达东吴的同时，周瑜已经想到了一个绝妙的计策，这最终让蒋干成为古今最经典间谍战中一个可悲的棋子。

见到蒋干的第一面，周瑜一把拉住蒋干的手臂，当头说道："子翼劳苦，远涉江湖为曹氏作说客邪？"周瑜的第一句话，就完全把蒋干唬住了。这个时候，蒋干终于明白，眼前的周瑜早就不是那个学堂里的顽童，他咄咄逼人的视线已经对蒋干说明，你纵然有三寸不烂之舌，在这个时候也已经没有用武之地了。

蒋干不得不尴尬地笑一笑："吾与足下州里，中间别隔，遥闻芳烈，故来叙阔，并观雅规，而云说客，无乃逆诈乎？"我跟你是同窗，这次我来到附近，听说你在这里，是特地赶过来跟你叙旧的，你怎么能说我是专门来做说客的呢？

周瑜笑了笑说："吾虽不及夔、旷，闻弦赏音，足知雅曲也。"算是将这尴尬的气氛一笔带过。接下来，蒋干根本不知道，好戏开始上演了。

降书疑云：醉里挑灯看周郎

既然蒋干说自己不是来做说客的，那周瑜也就不多追问了。周瑜就拉着蒋干的手，像平常生活里那些久未见面的同学一样，一起吃饭、喝酒，聊聊从前

★蒋干盗书（连环画）

美好的青春往事，说说这些年的艰辛和跋涉，周瑜言谈之间非常高兴，本来以才辩著称的蒋干却不知道该怎么办了，因为他来东吴水寨的目的就是说服周瑜，如今眼看着任务根本没有办法完成，蒋干一时六神无主，也不知道该怎么办好。与领兵征战的周瑜相比，蒋干毕竟是个书生，如果是讨论四书五经、诗词歌赋，蒋干的才辩或许确实不在周瑜之下，但是在官场上，蒋干在周瑜面前无疑就是个门外汉。

接下来，周瑜似乎也不再过问军务了，每天都忙着陪自己的老同窗在东吴到处走动，在水寨里散步、聊天，似乎他们所在的并非是一触即发的战场，而是旧日的学堂里、寻常的巷陌间。可是大战当前，蒋干哪里有那么多闲情逸致，他看着面前谈笑风生的周瑜，心中更是钦佩不已。大战之前，还能这样镇定自若，确实有大将之风。

蒋干就这样在东吴住了几天。忽然有一天，周瑜的兴致出奇地高。这天晚上，他告诉蒋干说，他晚上要大肆庆贺一番。然后派人去邀请东吴的各位将领和名士，聚集到东吴水寨里来。当天晚上，周瑜大摆筵席，东吴的各路豪杰都到了，他将佩剑交给东吴的名将太史慈，让他担任监酒，席间只许叙旧，不许谈曹操与东吴军旅之事。这下子，蒋干的一颗心是沉到底了，周瑜几乎不给他任何可乘之机。

这天的宴席一直持续到很晚才结束，周瑜已经喝多了，有些醉意，蒋干只好扶着周瑜回营帐去。在路上，醉意满怀的周瑜对他的昔日同窗蒋干说了一番真心话："丈夫处世，遇知己之主，外托君臣之义，内结骨肉之恩，言行计从，祸福共之，假使苏张更生，郦叟复出，犹抚其背而折其辞，岂足下幼生所能移乎？"蒋干终于明白，原来从一开始周瑜就知道他的来意，周瑜用这一番话告诉蒋干，他已经与东吴祸福与共，就算是苏秦、张仪、陆贾、郦生这样的人来了，也不能够说服他，更何况是一介书生的蒋干呢？

回到营帐之后，周瑜倒头就睡着了，蒋干内心起伏，难以入眠，索性便到案上，随意翻看着桌上的书籍。就在蒋干翻看书籍时，忽见里面有一封书信，仔细一看，是曹操的水军都督蔡瑁、张允写给周瑜的降书。蒋干看罢，大吃一惊，慌忙把信藏在衣内。正要继续翻看其他文书时，却听周瑜梦中呓语："子翼，我数日之内，定叫你看曹操首级！"蒋干随口应承着，连忙吹了灯，匆匆睡下。

但注定这是蒋干的不眠之夜，他躺在榻上，怎么也睡不着。到了清晨，有人入帐叫醒周瑜，说道："江北有人来……"周瑜急忙示意其停下，警觉地看了看蒋干，蒋干只装熟睡。周瑜随来人轻轻走出帐外，才听得来人低声说道："蔡瑁、张允说，时机未到不宜下手……"声音越来越低。不一会儿，周瑜回来躺下睡了。

躺着假睡的蒋干想，周瑜是个何等精细的人，等到天亮了以后，找不到蔡瑁、张允的书信，一定会怀疑到他。所以他等周瑜睡熟之后，就偷偷爬了起来。他悄悄溜出东吴的水寨，跳上自己的一叶扁舟，回江北去见曹操。

蒋干当然不会看见，就在他起身出去不久，本来鼾声大作的周瑜忽然翻身坐了起来，他的嘴角还挂着一抹得意的微笑。

后患无穷：假设的东吴间谍

不论是史书上还是演义里，都经常会提到曹操的疑心很重。这其实并不只是曹操的毛病，古代很多的枭雄、帝王都有类似的问题，而且曹操的疑心病与后来的赵匡胤、朱元璋相比，真是小巫见大巫。尤其是明朝的开国皇帝朱元璋，他的疑心病几乎到了无以复加的地步。正是因为他的疑心病，明朝开国的文臣武将几乎都被屠戮干净，以至于他的孙子朱允炆登基时，天下已经没有几个可以出征的武将。

蔡瑁和张允对于曹操来说，本来就处于一种很微妙的关系。且如前文所

★蔡瑁、张允被曹操斩首（连环画）

★赤壁之战场景图

讲，在第一次与周瑜的接触战中，蔡瑁和张允的水军被杀得大败，这就让曹操更满怀疑窦。因为实在没有几个人能够真正切肤领会过荆州兵的骁勇和威猛。可是，荆州兵为什么到了周瑜面前就那么不堪一击呢？真的是周瑜确实太厉害了，还是什么地方出了什么问题？周瑜就是再大的胆子，也不敢深夜只驾着一叶扁舟就来到己方的水寨前，那么有恃无恐，那么淡定自如，似乎是有什么人在暗中保护着他。

说到这里，虽然在书中并没有提到，但是毫无疑问，曹操在潜意识里已经在怀疑自己的水寨里出现了细作。

就在曹操的疑心病到达顶峰的时候，蒋干回来了，带回了从周瑜营帐里偷的那封蔡瑁、张允的降书。曹操拿来蔡瑁、张允的文字一核对，发现字迹完全一样。生平最恨别人叛变的曹操果断地说了一声"斩"。如果放在别的领导者那里，手底下的人肯定会思考一下，也可能会有人出来劝阻一下，但是曹操手底下人太明白了，叛徒是曹操最无法容忍的事情，尤其是在两军交战之际，尤其是在曹操的疑心病最严重的时候，没有人出来劝阻。但几乎就是在蔡瑁、张允人头落地的那一刻，聪明的曹操已经知道中了周瑜的计，纵然只有仰天长叹，徒呼奈何？

没有了荆州名将蔡瑁、张允训练水兵，曹操只好选择用锁链连接战船，以保持水面上的平稳。也正是因为没有了蔡瑁、张允这两个熟悉荆襄天时、地利的名将，曹操才在东风里败给了孙权、刘备的联军。

唯一遗憾的是，关于蒋干盗书的故事，只是存在于《三国演义》里面，正史中并无这样详细的记叙。目前最主要的三国史书是《三国志》，但是因为《三国志》的作者陈寿是根据魏国方面来记叙的，所以对于魏兵吃了败仗的赤壁之战记叙得语焉不详，以至于现在赤壁究竟在什么地方还处于争论当中。而历史上的蒋干也并没有盗书，在东吴劝降周瑜不成的蒋干，倒是完全被周瑜的气质所折服，回到曹营之后对曹操说，周瑜是"雅量高致，非言辞所间"。

蔡瑁和张允也没有死在赤壁，尤其是蔡瑁，他不仅没有死在赤壁，后来还官至长水校尉、汉阳亭侯。不过，无论怎么说，在赤壁之战中，蔡瑁和张允这两位来自荆州，熟悉水战的降将，并没有发挥出他们的本领。当曹操做出以铁索连接大船的方法时，他们似乎也没有任何的劝阻，明知东南风可能会来，他们也没有像周瑜那样作出判断。是确实能力所限，还是别的原因，已经无从考证了。

但是无论如何，这段故事却经久流传，直到现在。而周瑜在故事中所使用的"反间谍战"战术也成为了间谍战战术中的经典战例，并不会因为它是否来源于历史而显现黯淡。在此后的历史中，周瑜的这次成功案例被许多名将效仿。清朝的皇太极就是使用这种违背常规的"反间谍战"策略，除掉了心腹大患袁崇焕。

战典回响

逆向思维的成功典范

逆向思维是一种重要的思维手段，也是创新中常用到的思维方式。逆向思维在战争中也可以是本方走在敌人前面，不被敌人牵制，从而使战争带有主动性，在敌人出手前打乱他的阵势。

此战中，周瑜就是先知道蒋干的来意，而后把他的来意转化为自己的进攻武器。在这场间谍战中，周瑜就占据了主动性。看似是蒋干在发现，实则是周瑜在引领蒋干发现。

蒋干的罪与罚

蒋干并不是成事不足败事有余的腐儒，但恰恰是这一次的失败，使得蒋干的一生都生活在阴霾当中。蒋干也不是没有学问，自幼跟周瑜同窗苦读，四书五经烂熟于心，琴棋书画也是样样精通。但有学问和会做事却不可放在一起说。

蒋干有过两次过江，而这两次过江使得曹操丧失了百万大军，甚至差点儿把曹操的小命留在了赤壁。只能说，蒋干的过错所造成的后果是蒋干本人都无法想象的。

★ 沙场点兵 ★

人物：蒋干

蒋干，字子翼，汉末三国时期的人物，九江（今安徽寿县）人。历史上的蒋干是当时的名士。在赤壁之战中，向曹操毛遂自荐，去东吴劝降周瑜。谁知却被周瑜识破来意，立刻心生一反间计，使得蒋干误以为蔡瑁、张允要叛变投敌，从而带给曹操错误的信息，使得曹军在赤壁之战中大败而归。

道具：降书

周瑜深知蒋干来到东吴是为了充当曹操的说客，所以提前说出不谈战事的要求。这使得蒋干心中着急，怕不能完成自己当初许诺给曹操的事情。周瑜随即大胆地将蒋干拉到自己帐中同榻而眠，为的就是给蒋干机会，让蒋干自己发现那封降书。

周瑜在降书上也做足了文章。他把降书藏于文书之间，使得蒋干深信是自己偶然发现的；还有就是，周瑜找人专门模仿蔡瑁和张允的笔迹写成，可谓在降书上做得天衣无缝。

战术：反间计

反间计，就是巧妙地利用敌人的间谍反过来为我所用。间谍战可谓互通有无，你来我往。《孙子兵法》特别强调间谍的作用，认为将帅打仗必须事先了解敌方的情况，即知己知彼方可百战百胜。而反间计中最为重要的一点就是把对方的间谍为我方所用，第一保证了对方对信息的信任度；第二即便计谋被识破，我方也毫无损失。

所以说，反间计是间谍战中最为上乘的计谋，在实际运用时也需要多方配合，面面俱到。

第六章

生意人
——我的眼里只有钱

▲有的间谍参与谍战，是为了国家、民族以及战争的胜利，这样的间谍是值得人们尊敬的。但是随着历史的发展，更多的间谍愿意出卖自己换取情报，往往是出于对权与钱的追猎。而这种间谍的特征是，一旦他们被他人发现，他们的信念很容易因为所追猎的物质而发生动摇。所以，用物质换来的间谍既是最安全的，也有可能是最危险的。

前奏：玛塔·哈莉的纸醉金迷

20世纪初，尽管三国同盟与三国协约对抗的态势已形成，欧洲两大政治、军事集团彼此剑拔弩张，第一次世界大战的阴云正在欧洲上空慢慢地越积越厚。但从表面上看，古老的欧洲大陆依然安享着第二次工业革命所带来的空前繁荣的物质文明，一片歌舞升平的景象。1904年，春天的花都巴黎，这个全世界最为奢华的城市到处是涌动的物欲。入夜后，到处是炫目的灯光，到处是惑人心魄的歌声，一如既往地吸引着来自四面八方的人。他们有的怀揣大把的金元，随时准备在这个"销金锅"一掷千金，买来肉欲和虚荣的满足；还有则是那些失意者，他们往往身无分文，所拥有的只是一个梦想，他们眼中的巴黎，是一个魔幻的舞台，富翁一夜之间可能变成乞丐，麻雀也能飞上枝头变凤凰。

在这个春天，巴黎的一家剧院，一个名叫玛塔·哈莉的舞女第一次登上了舞台，随即便吸引了台下无数色迷迷的目光。这个女人有着一头东方人才有的乌黑油亮的长发，体态丰盈，凹凸有致，洁白细腻的皮肤在舞台灯光的照耀下闪烁着象牙般的光泽。当她在缓缓拉开的帷幕后亮相的那一刻，几乎所有人都屏住了呼吸，他们在恍惚中觉得自己看到的是古希腊神话中的爱与美之神阿佛洛狄忒降临人间。

伴随着有浓郁的东方异国神秘风格的音乐响起，台上的玛塔·哈莉开始随着节拍扭动她的腰肢，她那摆动的腰肢如同熏风中摇曳的柳枝，将人的心神牵扯；白皙秀美的脚踏在舞毯上，如同在柔软的夜晚坠落在花瓣上的微雨，点点滴滴踩在人的心弦上；婆娑的舞姿夹杂着细碎的铃声，耳目里充满了新鲜的感受，每个人的眼前只剩下一个窈窕的影子在婆娑起舞，仿佛漫天的樱花翩翩飞舞；还有那魅惑的眼眸，在座的宾客都觉得缠绵多情的目光投向了自己，谁的心里不是如清波荡漾呢？台下见多识广的寻欢客们仿佛都傻了一般，他们从来没有见过这样的舞蹈，那么美轮美奂，充满了魅惑的力量，他们不由得觉得喉咙发干，胸中似乎有一团火，情欲的火在燃烧着。一曲舞罢，雷鸣般的掌声在剧院中久久回响。有些花花公子迫不及待地跑到后台，他们想方设法地打探这个舞女的底细，表达对她的敬仰与渴慕。就在头场演出的当天，据说后台送来的鲜花就可以装满三家鲜花店。

玛塔·哈莉很快成为一百年前全巴黎，乃至全欧洲最耀眼的艳舞明星。关于她的形形色色的传说在市井之间人人谈论，甚至有人说她是古老的印度皇室

★轰动巴黎的舞女玛塔·哈莉

的后代，她的舞蹈就来自东方古老神祇的启示，拥有神秘莫测的力量。她演出的门票价格迅速飙升，各地远道而来的游客都以能亲眼观看一次她的演出而感到不虚此行。闻风而动的新闻界和评论家们也毫不吝惜溢美之词，1905年的《巴黎日报》说："只要她一出场，台下的观众就如痴如醉。"《布尔克报》的评论员更是称她的舞蹈为早已颓废的欧洲艺术带来了新的生机。一位为她所倾倒的艺术家为了表达对她的敬意，甚至把自己的一座圆形美术馆赠送给她。从此，玛塔·哈莉就在这里接见她的崇拜者们，这个地方很快成为了巴黎社交界的热点。

那些对玛塔·哈莉垂涎三尺的富豪、高官很快发现，这是一个很容易上手的女人，当然前提条件是有足够的钱。每当他们把钻戒、项链送到她那里去的时候，她的眼睛便显现出满意和欣喜的神色。接下来的一切都顺理成章，玛塔·哈莉迅速成为了很多显贵人士的情人，其中有工商业巨子、政府高官、外国到巴黎来游历寻欢的贵族，甚至荷兰首相、德国皇太子都拜倒在她的石榴裙下。为了讨得她的欢心，获得一夜风流的机会，他们大把大把地挥霍着金钱。玛塔·哈莉成为那个充满腐朽与享乐氛围时代的一个象征性的符号，在很多人看来她就是不可遏制的情欲本身。

在玛塔·哈莉演艺生涯的黄金时期，她生活的奢华程度超乎很多人的想象。她花钱如流水，她频繁出入巴黎最高档的时装店和珠宝店，总是大包小包地出来，她的餐桌上永远不缺乏各地的珍馐美味。她喜欢摆阔，随手就向侍者施赏几十法郎的小费。从那些有钱情人那里获得的馈赠又被她不断地挥霍到她相中的小白脸身上。这个混血女人在心底赞美着巴黎：这就是天堂啊！

改头换面：化身为巴黎的眼睛

玛塔·哈莉其实并不是什么印度皇室的后代，她是20世纪初巴黎娱乐界有意制造出来的一个神话。这个女人其实有着一个极其不幸的过去。

她原名叫德·玛格丽特·泽勒，1877年8月7日出生在荷兰北部的一个小镇上，父亲是一个普通的制帽商人，她的母亲是来自当时荷兰的殖民地印度尼西亚的爪哇岛人。这个混血儿有着西方人的白皮肤和东方人的黑头发，她自幼就表现出很强的音乐感和节奏感。刚学会走路的时候，她每次听到音乐响起，就会跟着节拍起舞，是个活泼可爱很招人喜欢的小姑娘。

可惜，十五岁那年，她的父母离异了，紧接着母亲抑郁而死，父亲再婚。被视为拖油瓶的玛格丽特被送入师范寄宿学校，从此远离了家庭的温馨。祸不单行，这个刚刚出落成小美人的玛格丽特在学校竟然被禽兽不如的校长盯上了。在一个噩梦般的星期六，玛格丽特这株含苞待放的郁金香被校长强暴了。失去父母庇护的玛格丽特不堪忍受屈辱，逃离学校，前去投奔伯父，又饱尝寄人篱下的艰辛苦涩。

1895年初的一天，十八岁的玛格丽特看着报纸上一则征婚启事若有所思。这则启事是一个驻印度尼西亚的荷兰军官刊登的，此人是个上尉，名叫鲁道夫·麦克·里奥德，三十九岁，自称具有不少男人的美德。玛格丽特觉得找到了一条摆脱自己困顿不

★起舞的玛塔·哈莉

堪状况的阳关道。她马上写信给里奥德，两人随后建立起了联系，并很快决定结婚。

渴望通过婚姻改变命运的玛格丽特很快发现自己想错了，里奥德性情粗鲁，嗜酒如命，酒后经常无端对玛格丽特老拳相向，在玛格丽特怀孕期间也是如此。1897年，里奥德奉命前往印尼复职，夫妇二人带着刚出生不久的儿子来到爪哇岛——玛格丽特母亲的祖居地。在那里，他们又生了一个女儿简·鲁依茨。

在异国他乡，里奥德暴戾的脾气越发不可收拾，他更加肆无忌惮地对玛格丽特施虐，还当着她的面跟当地的土著女人通奸。最终让玛格丽特绝望的是，里奥德的禽兽行径直接害死了她亲爱的儿子——里奥德与保姆通奸，遭到保姆男友的报复，这个愤怒的印尼人杀死了玛格丽特年仅两岁的儿子泄愤。爱子的惨死，使玛格丽特从此破灭了关于温暖家庭的梦想。

就在心如死灰的时候，她在随丈夫参加当地庆典活动的时候，第一次观看到那种后来带给她极大命运转折的土著舞蹈。这种舞蹈名叫"神湿婆"，是印度教祭祀湿婆神的舞蹈。湿婆神是印度教中旺盛的生殖力的象征，这种舞蹈是为了赞美繁殖的伟大，充满情欲的色彩。舞娘的舞姿分外妖娆妩媚，那柔软的腰肢，轻舒的玉臂，加上迷离的眼神，不觉间就将人引入一种神秘恍惚的境界，与一种原始的冲动合二为一。玛格丽特很快便陶醉在舞蹈中了，她觉得自己内心中有些沉睡已久的东西被激活了，不知不觉间，她也随着舞娘的节拍开始轻轻扭动起来。里奥德连叫了她几声，她都没有反应，直到暴怒的里奥德一把揪住她的头发，她才回过神来。回家后即使里奥德又对她施以拳脚的时候，她仍然在回想当天的所见。

从此，玛格丽特迷恋上了"神湿婆"舞，她一有机会便去看土著人跳舞，回去后便悄悄地模仿着练习。有时候，当醉酒的里奥德呼呼大睡的时候，她就蹑手蹑脚地来到户外，在热带撩人的月色下轻轻起舞。看着月光下自己舞动的影子，她完全忘记了自己的不幸。

1902年，玛格丽特随丈夫返回荷兰，两人此时已经完全没有任何感情可言，里奥德整天在外赌博、酗酒，一回家便对妻子大打出手。1903年年底，忍无可忍的玛格丽特终于决定跟这个男人决裂了，她带着很少的一点儿钱和几件衣服，强忍着与年幼女儿骨肉分离的痛苦，走出了家门。可是茫茫人海，哪里才是这个不幸女人的归宿呢？就像许多不如意的人一样，她很自然地想到了巴黎，欧洲繁华的心脏，据说那里是一个盛产梦想和奇迹的地方。

★沉思中的玛塔·哈莉

于是，在1904年的春天，德·玛格丽特·泽勒在巴黎火车站下车了，举目无亲的她首先需要一份工作来安身立命。在此过程中，她看尽了人间的白眼，饱受了欺凌，甚至差一点儿被骗进妓院。但是，她也看到了巴黎的灯红酒绿，看到了那些盛装的男男女女天堂般的豪奢生活方式。玛格丽特觉得，只要能过上这样的日子，她的人生就算没有虚度。

最后，走投无路的她想到了自己在印尼学到的"神湿婆"舞蹈，怀着忐忑，她来到了一家剧院经理的办公室。

经理漫不经心地打量着这个浑身上下都冒着土气的女人，当她提出当场表演一段东方舞蹈的时候，经理也只是鼻子里哼一声表示同意。可当这个女人脱掉大衣和鞋子，就那样赤脚扭动起来的时候，阅人无数的剧院经理清楚地认识到，这是一棵真正的摇钱树，她那种新颖独特的舞蹈风格一定能抓住那些惯于猎奇的顾客的目光。这个混血女人既有白种人丰盈傲人的身材，也有东方女性独有的神韵。特别是她的舞蹈，大胆奔放，当她的衣裙在细碎而变幻莫测的舞步中一件件飘落，直到浑身上下一丝不挂的时候，剧院经理大胆断定，但凡是个正常的男人，都不可能不被她所诱惑。

剧院经理当即与玛格丽特签订了合同，为了最大程度地发掘她的商业价值，经理还给她起了个艺名叫"玛塔·哈莉"，这个名字有两个意思，一个是"马来人的太阳"，而在印度土语中，这个词的意思是"黎明的眼睛"。从此，世人很快忘记了德·玛格丽特·泽勒是谁，玛塔·哈莉的名声开始响彻巴黎，她所获得的酬金不断攀升。

玛塔·哈莉是一个天生的舞者，她不但使古老的土著舞蹈在欧洲的舞台上大放异彩，还对之加以了自己的改造。作为一个天资聪颖，看破世事的成熟女人，她深知那些饱食终日、无所事事的贵人想看到的是什么。经过她改编的"神湿婆"舞，比土著版更加突出了性感撩人的一面。她不在乎自己柔软洁白的身躯暴露在那些焦渴的眼光下，她要的就是死死地掏住他们的目光，然后再把大把的钞票从他们鼓鼓的钱包里掏出来。玛塔·哈莉在舞台上的眼神和微笑都充满了挑逗的意味，她有着一双水汪汪的大眼睛，舞动身体的同时，这双眼睛左顾右盼，时而熠熠生辉，时而迷离蒙眬。每个男性观众都觉得那双眼睛正含情脉脉地向自己发出召唤，他们的灵魂都被她的眼睛摄走了。

哈莉在巴黎娱乐界的大染缸里很快学会了如何充分利用那些仰慕者，她对他们的馈赠和邀请来者不拒，因为她想要通过他们的追捧，进入所谓的"上流社会"的社交圈，然后她就可以在诸如"天使剧场"一类的著名剧场登台，然后就会有更多的黄金和鲜花等待着她。

果不出其所料，在许多身份显赫的拥趸的热捧下，玛塔·哈莉很快登上了巴黎最著名的"天使剧场"的舞台——这在当时，就是获准进入上流社会的通行证。

哈莉在天使剧场的演出大获成功。当天在剧场观看演出的巨商富豪、政府高官、外国使节、军队将领都深深地被这个混血女人折服了。一向嗅觉灵敏的《巴黎日报》出了一个专题报道，标题就叫《巴黎的眼睛》，文章对玛塔·哈莉在天使剧场的演出盛况大肆渲染，把她称做一名具有划时代意义的艺术巨星。风流成性的达官贵人都以能邀请到哈莉来参加自己举办的宴会派对为荣，为了一博佳人欢心，他们把珠宝和支票源源不断地送到她的手上。玛塔·哈莉毫不在乎这些邀请和赠礼背后隐藏着的赤裸裸的欲望，她同很多声名显赫的大人物保持着或公开或隐蔽的情人关系。巴黎的长舌妇们带着醋意说，她其实就是一个人尽可夫的高级妓女而已，但哈莉对这些街谈巷议嗤之以鼻。她曾经渴望过获得一个真正能呵护她的男人的爱，但现在，她早已经对此绝望了，她觉得只要能弄到足够的金钱，她就能生活在天堂里面。

玛塔·哈莉，这个原本普通而又不幸的荷兰混血女人，现在获得了一个新的称号——"巴黎的眼睛"。在这双眼睛里的巴黎，是一个泛着黄金光芒的世界，到处是莺歌燕舞、霓虹闪烁的美妙幻境。"巴黎的眼睛"完全沉醉在这个世界中了。

一战爆发：新的高薪工作

就在玛塔·哈莉沉浸在巴黎上流社会纸醉金迷的生活中的时候，1914年，席卷整个欧洲大陆的第一次世界大战爆发了。战争初期，德国军队势如破竹地攻入法国境内，巴黎一度陷入恐慌之中，到处是高度戒备的士兵，没有人还有心思去观看玛塔·哈莉的演出了，她那些个显贵"情人"也顾不上找她一起寻欢作乐了。已经过了整整十年奢华生活的玛塔·哈莉完全不能忍受收入锐减之后日渐困顿的生活。为了逃避战火，也为了寻找新的机会，她回到在战争中中立的祖国荷兰。在荷兰，她也尝试过开创新的演艺事业，可惜祖国的人们似乎对她的舞蹈并不"感冒"。在荷兰待了几个月之后，哈莉又跑到德国寻找机会。这一次，一个全新的"机会"找到了她。

在德国的时候，哈莉有一次应几个富商的邀请，前往一场派对上演出助兴。在派对上，哈莉的舞技很自然地获得了掌声，她在喧闹的人群中展现出来的超人的应酬技巧和逢场作戏的手段引起了在场的一名德军统帅部军官的注意。这位军官对玛塔·哈莉早有耳闻，知道她在法国有着复杂的人际关系网，其中不乏政府与军方的高层人物。看到派对上哈莉在形形色色的人物间游刃有余的交际手段，这名军官计上心来。这个时候，战争已经进入了相持阶段，在欧洲战场的西线，德军在与英法联军旷日持久的堑壕战中也感到了力不从心。德军统帅部迫切希望能更多地获得英法联军内部有价值的战略情报。德国固然有很多职业间谍活动在法国和英国，但这些间谍要建立一个能获得高层情报的关系又谈何容易。看着眼前这个名噪巴黎和欧洲的艳舞女郎兼高级交际花，军官觉得这是一块现成的间谍材料。在汇报上司征得同意之后，军官派人拿着两万法郎的现金找到玛塔·哈

★史上最性感的女间谍

莉。出人意料的是，玛塔·哈莉非常爽快地答应了，她就此成为了德国情报机构克雷默中的一名成员。连德国情报机构的头子也没有料想到，他们付出的金钱所取得的回报会有多么巨大。

在1914年的9月和10月之间，接受了德国情报机构绝密使命的玛塔·哈莉回到了巴黎。此时，巴黎从战争刚爆发时候的恐慌情绪中已经恢复过来。尽管在法国的北部，英法军队仍然在与德军进行着惨烈的"拉锯战"，但明眼人都看出来了，德国已经没有足够的力量长驱直入打破巴黎的繁华了。热爱享乐的人们慢慢地故态复萌，一度萧条的娱乐业又渐渐恢复了生机，玛塔·哈莉的老情人们也重新

开始带着各种昂贵的礼物或者金钱来敲她的房门，希望求得一夕欢娱。

一天，住在爱丽舍饭店113号房间的玛塔·哈莉迎来了一位仰慕者，海军中将格朗萨尔。这个老迈的家伙唯恐自己被玛塔·哈莉小瞧，他一面大献殷勤，一面不断地吹嘘自己是如何位高权重。玛塔·哈莉则故意装出一副对军事、政治一窍不通的小妇人的姿态，向格朗萨尔将军问了很多"幼稚"的问题，老头子越发来劲，滔滔不绝地讲述起当前的战局，协约国集团对同盟国集团的战略部署，甚至连"法军与俄军将在东西两线同时发动对德军的攻势"这样的绝密军事计划也在不经意间透露给了玛塔·哈莉。哈莉手托香腮，斜倚在沙发上，她的眼睛在老将军看来是那么明亮有神。其实，她看着格朗萨尔将军唾沫星子横飞的嘴，仿佛看到了大把的钞票正在飘飘洒洒地落在她的四周。

昏聩的海军中将还带着他的"情人"去参观自己在海军司令部的办公室。在那里，玛塔·哈莉轻而易举地看到了悬挂在墙上的协约国海军作战地图，还知晓了法国海军新的军舰建造计划。不久，法国当时最强悍的贝特罗号战舰在出海执行任务的时候遭到德国海军的伏击，贝特罗号被击沉，数百名法国水兵葬身鱼腹。而就在战舰出海的前一天，格朗萨尔将军把哈莉邀请到了贝特罗号上，她在甲板上翩翩起舞，为即将出海的官兵们壮行。没有人知道，正是这位让军官和士兵们都为之着迷的性感女神，在下了军舰后就将出海的路线告知了德国情报机构，她惑人心魄的舞蹈成了地狱的请柬。现在已经无法准确统计格朗萨尔将军的床笫之欢给一战中的协约国海军带来多么沉重的代价，恐怕只有大西洋海底的那些冤魂知道了。

玛塔·哈莉在巴黎的情报工作顺风顺水，让德国的情报机构喜出望外，他们决定要更好地利用她获取更多高级机密。

不久，玛塔·哈莉收到新的指令，这次，她要拿到英国正在秘密研制的一种全新的武器——19型坦克的设计图。德国情报部门获知，有一份该型坦克的设计图就保管在法国统帅部的摩尔根将军手中，玛塔·哈莉被要求接近并勾引摩尔根，伺机获取设计图。于是，世界谍战史上极富戏剧性的一幕展开了。

床笫之欢：情报就在海誓山盟里

玛塔·哈莉接受了新的指令之后，立即开始精心筹划。通过她已经熟识的军界要人们牵线搭桥，玛塔·哈莉如愿以偿地在一场小型的聚会上"邂逅"了摩尔根将军。她屡试不爽的手段再次奏效，摩尔根很快为这个女人所倾倒，坠入温柔乡里。不同寻常的是，这次哈莉表现出对老将军无比的崇拜和敬仰，她声称摩尔根是一个真正能俘获她芳心的英雄，她甘愿做他的仆人在身边伺候他。被哈莉的迷魂药灌得晕头转向的摩尔根很快答应了她的要求，即跟他一起居住，照顾他的饮食起居。老鳏夫摩尔根似乎从哈莉身上得到了妻子一般的温情，哈莉在摩尔根身边竟然也做到了家庭主妇般的做派，洗衣做饭，无论什么琐细的日常小事都替摩尔根打理得井井有条。就这样，哈莉很快获得了摩尔根的信任，他将家中大小事务都交给她料理。

不过，摩尔根毕竟是一个老谋深算的资深军人，良好的职业修养使他早就养成了对机密守口如瓶的习惯，这也是统帅部把绝密的19型坦克设计图交给他保管的原因。根据德国情报机构获得的情报，设计图其实就藏在摩尔根家中的绝密保险柜里。哈莉通过为摩尔根做家务的机会，很顺利地发现保险柜就藏在书房里悬挂的一幅油画后面，但是如何找到打开保险柜的密码呢？从摩尔根口中套问是没什么可能的，因为一提到有关军事上的问题，摩尔根立马会毫不留情地提醒哈莉，这些不是她应该打听的东西，问多了肯定会遭到怀疑，看来只有自己动手寻找线索了。

玛塔·哈莉在这种情况下表现出了一个天才间谍的判断力，通过对摩尔根的深入了解，她判定摩尔根作为一个年事已高，记忆力不是很强的古稀老人，绝不可能把密码藏在什么隐秘的地方。因为那样的话，他很快可能连密码在什么地方都会忘记。于是，玛塔·哈莉翻遍了摩尔根家的每一个角落，在家中每件物品前都冥思苦想，思考这些东西是否跟密码有关系，在摩尔根不在的时候，她多次尝试用各种各样的数字组合去打开保险柜，但都没能成功。

就在玛塔·哈莉为寻找密码绞尽脑汁的时候，德国情报机构的上级向她下达了死命令，必须在24小时之内打开保险柜，获取设计图。上级还告诉她，密码是6位数。接到指令的当天，玛塔·哈莉在晚餐的葡萄酒中悄悄放了安眠药，摩尔根用完晚餐后便躺到床上睡得如同一头死猪。安置好摩尔根，哈莉来到保险柜前，一次又

★玛塔·哈莉利用自己的美貌窃取了无数重要情报

间谍战

THE CLASSIC WARS

智慧与勇气的激烈碰撞

一次地尝试各种数字组合，但都毫无例外地失败了。眼看着时间一分一秒过去，天已经快亮了，昏睡的摩尔根随时有可能醒来，玛塔·哈莉焦急万分。

停顿下来思考的时候，玛塔·哈莉又看到了墙上挂着的那个据摩尔根说早已经坏掉的挂钟。刚刚住进摩尔根家的时候，她便发现钟已经不走了，摩尔根告诉她挂钟是坏的，但是因为有纪念意义，所以才一直挂在墙上。玛塔·哈莉灵光一现，直觉告诉她，这个挂钟背后隐藏着摩尔根不愿意让她知晓的秘密。她仔细观察挂钟，发现钟的指针

★美貌是玛塔·哈莉手中最锐利的武器

停留在9点35分15秒，哈莉脑海中飞快地旋转着：指针组成的数字是93515。不对，密码是六位数……，9点，9……晚上9点不正是21点吗？难道密码就是213515？玛塔·哈莉的心脏开始加速跳动，她马上来到保险柜前，轻轻地拨动密码锁：2、1、3、5、1、5，随着"咔嗒"一声细微的脆响，锁打开了。

玛塔·哈莉很顺利地在保险柜中找到了19型坦克的设计图，她马上用微缩相机给图纸拍了照，顺便也把柜子里其他几份机密文件拍了下来。当玛塔·哈莉做完这一切，蹑手蹑脚回到摩尔根身边躺下的时候，摩尔根还在响亮地打着呼噜。

这只是玛塔·哈莉短暂间谍生涯中比较具有戏剧性的一幕而已。在这次行动中，她在紧张的环境下保持冷静的能力和活跃的思维方式，比起那些受过多年严酷专业训练的职业间谍来毫不逊色，后人或许只有用天才来称呼她了。玛塔·哈莉所取得的重大情报中还有关于协约国1916年攻势的战略情报等等，很多都直接关系到前线交战双方数十万乃至上百万士兵的生命。在玛塔·哈莉间谍案被破获之后，协约国集团的军事统帅们不由得感到阵阵后怕，他们都在庆幸，幸好德国统帅部对玛塔·哈莉的情报没有完全相信。

更具传奇色彩的是，法国情报机构也有人相中了这个天才间谍，不过这个时候，已经开始有人怀疑玛塔·哈莉了。

最早怀疑玛塔·哈莉的是在法国工作的英国情报人员，他们立刻将情况通报给同属一个阵营的法国情报机构。法国反间谍机构的负责人杜拉上尉开始派出人员秘密监视哈莉的行踪，但哈莉不愧是个天生的谍报人员，凡事做得滴水不漏，

监视人员没能找到任何证据。再加上哈莉在军队和政府高层有着错综复杂的关系网，法国反间谍机构对她也无计可施。既然不能找到哈莉是德国间谍的证据，手段老辣的杜拉上尉却心生一计：何不好好利用一下这个被怀疑的女人呢？即使她就是德国间谍，也可以将计就计，让她为自己所用。

法国情报机构找上哈莉，他们跟德国人一样顺利。哈莉并不在乎为谁服务，只要给她足够的钱，什么事都不在话下。就这样，玛塔·哈莉在法国人那里找到了一份"兼职"。

哈莉同样没有让法国人失望，她手到擒来地勾搭上一个色迷心窍的德军上校，套取了法国人想要的情报。这份情报的泄露，让德国人在随后的军事行动中大吃苦头。但就在这次，通过审讯涉嫌泄密的德军上校，德国人也开始怀疑玛塔·哈莉是一个危险的双面间谍。哈莉的末日，逼近了。

事情败露：是交际花还是间谍

玛塔·哈莉并不是一台冷冰冰的机器，尽管为了金钱，她游走在各种各样的男人中间，似乎是毫无廉耻地出卖着自己的肉体。但是，她毕竟是一个有血有肉的女人，内心深处也渴望能有一份真挚的感情值得她托付终身。人们都说，一旦坠入爱河，人就会变傻。玛塔·哈莉也没能例外，一段不经意间袭来的情感，最终将她带上了不归路。

1916年，在法国情报机构的安排下，玛塔·哈莉来到中立国西班牙，上级的指令是利用巡回演出的名义在西班牙搜集情报。在西班牙首都马德里，玛塔·哈莉跟在巴黎的时候一样，很快跟当地的名流打成一片，频频出席上层人士的舞会、宴会。在席间，她照样是众人瞩目的焦点，显贵们猎艳的目标。一天，在马德里一家著名夜总会里，玛塔·哈莉邂逅了一名德国军官，他是德国驻西班牙大使馆的武官，名叫卡纳里斯——多年以后，他被称做德国的谍报大王。当时还名不见经传的卡纳里斯被玛塔·哈莉的舞姿和美貌迷住了，令人难以理解的是，在情场上向来收放自如的玛塔·哈莉竟然被这个相貌平平的男人吸引住了，也许是卡纳里斯身上那种野心勃勃的霸气征服了她吧。

卡纳里斯此时正受德国情报机构的委派，在西班牙负责建立谍报网，他从上级那里知道了哈莉双面间谍的身份，但他很快发现，哈莉已经不可自拔地爱上了他。这个真正无情的情报机器马上把握住这一点，他与玛塔·哈莉打得火热，并让她死心塌地地为自己的目标服务。明明知道哈莉受到法国情报机构的监控，他却顾不上这一点了。为了自己日后的飞黄腾达，一个卖艺又卖身的交际花又算得了什么呢？

很快，卡纳里斯向哈莉表明了自己的身份，并要求她返回巴黎帮助自己完成任务。听到这个消息，哈莉傻眼了，一方面她担心自己会暴露，另一方面则是她已经离不开这个她深爱的男人了。卡纳里斯花言巧语地哄骗她，说回巴黎没有危险，而且他会安排一切可能的措施保护她。被爱情冲昏了头脑的玛塔·哈莉最终决定为情人只身赴险。

这次任务进行得还算顺利，当哈莉再次回到马德里，满心希望情人会感激她，并答应她结婚的要求的时候，卡纳里斯却向她摆出了一副上司的冰冷面孔。卡纳里斯告诉她，她所做的还远远不够，她必须再次回到巴黎，搜集更多有价值的情报。当然，卡纳里斯少不了又许下一堆他根本不打算兑现的承诺。玛塔·哈莉一相情愿地认为，情人是因为工作的压力太大了才没有结婚的计划，只要她能为他搞到更多有价值的情报，她就能与情人一起过上安定的生活。另外，她还想取回存放在巴黎的珠宝细软，好为和情人营造爱巢作点儿准备。于是，她又返回了巴黎，这次，她有了一个德国情报部门给她的正式代号——H21。

1917年年初，玛塔·哈莉重返巴黎进行潜伏。与此同时，法国谍报机关截获两份与代号H21的间谍有关的电报。一份的内容是："通知H21速回巴黎待命，克雷默将付给其15000法郎的支票。"另外一份是："领取你在比利时从事谍报活动的报酬，该款由巴黎中立国银行支付。"玛塔·哈莉不会知道，这两份电报是德国情报机构用已经被法国破译的密电码故意发出来的，目的就是要把她暴露给法国人。

原来，尽管玛塔·哈莉一度为德国提供了大量的情报，但她已经被法国情报机构监控了。对德国人来说，这样一个人已经丧失了利用价值，留着她反而有暴露德国其他谍报人员的危险。另一方面，玛塔·哈莉在索取金钱上的狮子大开口的风格让德国情报机构大为头疼，在他们看来这个女人贪得无厌，而且还常常仗着与德军和德国情报机构里一些高官，其中包括德军的情报部长的情人关系，不服从安排，自行其是。总之，这个女人被彻底抛弃了。

1917年2月13日，一个不祥的日子，玛塔·哈莉在巴黎的住所响起一阵急促的敲门声，打开门的时候，她知道一切都完了。

玛塔·哈莉在前来逮捕她的警察面前从容地换了衣服，并要求让她梳洗打扮一番，然后她平静地戴上了手铐，随即被关进了监狱。

玛塔·哈莉被逮捕的消息轰动了巴黎，几乎没有人相信她会是德国间谍。很多人认为，这只是一个因为爱慕虚荣而被人利用的可怜女人而已，她只不过是个关系网太过复杂的交际花，正是因为关系网太过复杂，才难免被其中一些别有用心的人利用。

但是玛塔·哈莉以及她的辩护律师为她所作的辩护在事实面前显得苍白无力，指控她犯有间谍罪的杜拉上尉举出了大量的证据。不过，他有意隐瞒了哈莉为法国情报机构服务的历史。法国情报机构的用心是很清楚的，就是要通过夸大哈莉的罪行来为法国的情报机构遮羞。同时，法国政府也希望把她当做公众情绪发泄的对象，缓解民众对法军前方作战不利的抱怨。尽管她的辩护律师，同时也是她的最后一位秘密情人克鲁内向法庭提出了哈莉为法国情报机构服务的证据，但主审法官置之不理。经过两天左右的审理，玛塔·哈莉被判处死刑。

玛塔·哈莉一案牵扯出不少法国高级军官，其中就有格朗萨尔海军中将，他被判处无期徒刑。

玛塔·哈莉一生中真正爱过的唯一一个男人——卡纳里斯则一路飞黄腾达。第二次世界大战期间，他荣升为德国情报局局长，被授予海军上将军衔。

香消玉殒：向行刑队送去飞吻

在等待死刑执行的日子里，还有昔日的权贵情人为玛塔·哈莉求情。荷兰首相致函法国总统，希望特赦她的死刑，但法国政府认为，有必要让这个女人的死来安抚公众的情绪，同时也想掩盖达官贵人们寻芳猎艳的丑闻。

玛塔·哈莉本人在最后的日子里倒显得很平静，面对两个志愿前来陪伴她的修女，她讲述了自己传奇的一生。她最爱提到的就是她早已夭折的儿子和现在不知道在何处的女儿。她写了一封信，拜托两位修女带给女儿。在信中，她告诫女儿千万不要贪慕虚荣，要珍惜平淡生活的幸福。

1917年10月，一个寒风乍起的日子，哈莉被带出牢房。当她站在一堵灰墙下面，对着对面黑洞洞的枪口的时候，刽子手们惊异地发现，这个一身白衣的女囚显得那么雍容华贵，似乎她不是要被执行死刑，而是即将到森林中，作为女祭司主持一场对古老神祇的祭祀。按照惯例，死刑犯人应该眼蒙黑布，她竟然微笑着表示拒绝。她明亮的眼睛直视着刽子手们，不由得让他们感到有些眩晕，好几个人托枪的手都开始颤抖。据说玛塔·哈莉在最后的时刻一直遥望着远方埃菲尔铁塔的塔尖，她也许正在回忆巴黎这座城市带给她的一切——金钱、珠宝、盛宴，还有放纵的肉欲……巴黎开启了她的梦想，也终结了她的生命。

枪声响起，玛塔·哈莉在一阵轻烟中缓缓倒下，一代艳舞女星的传奇就此落幕。第二天的《巴黎日报》用《随风消失的眼睛》这个标题报道了她被处决的经过，字里行间不乏哀伤的情调。

在世界间谍史上，玛塔·哈莉是最成功，也是最不幸的非职业间谍。她没有什么关于战争、情报的概念，间谍活动对她来说，或许不过跟跳性感的脱衣舞一样，是获取金钱的一项兼职而已。这是一个穷怕了的女人，自从她发现可以利用自己的身体换来虚荣和金钱之后，她便迷失了自己，她可能到死也没明白她传奇般的间谍生涯后面有多少鲜血和死亡。

玛塔·哈莉死后，她的传奇经历被敏感的娱乐业老板们相中。1931年，由巨星嘉宝主演的《玛塔·哈莉》上映，轰动欧美。

多年以后的今天，又一款以她的间谍生涯为题材的游戏上市，受到很多玩家的追捧。玛塔·哈莉死了，但她的故事还在流传。据说，关于她的案件还有很多未解之谜，而此案的档案卷宗，要到2017年才到解密期。届时，说不定又会有全新的一个关于玛塔·哈莉的故事被人讲述。

战典回响

关于处死过程的流言

1917年10月15日，面对荷枪实弹的行刑队，哈莉头戴一顶宽檐黑帽，手戴一副黑色的羊皮手套，脚穿一双漂亮的红舞鞋，若无其事地踏上了最后的死亡之旅。在巴黎郊外一块叫做万森的多边形空地，刽子手们开始瞄准射击。她面对十一个行刑队员的枪口，笑着对领刑的军官说："这是第一次有人肯付12法郎占有我。"（在法语中，"法郎"和"子弹"是同一词汇。）迎着呼啸而来的十一颗子弹，这位四十一岁女人的脸色没有丝毫慌张，相反，她挺直了胸脯，从容地等待死神的降临。

作为一个曾经红极一时的艳舞演员，突然以间谍的身份被枪决，这也立即引出很多的流言。一种流言是，玛塔·哈莉在临死前给了行刑者一个飞吻，又或者她只是飞吻了她的律师，一个她从前的情人。她的遗言是"谢谢，先生"。另一种流言是，她故意解开她的上衣，裸露出她的乳房，以迷惑行刑者。但1934年美国杂志《纽约客》的报道却是，"她穿着一身整洁的女士西服，戴一副崭新的白手套，一切都是专门为这个场合精心准备的"。第三种流言是，玛塔·哈莉在行刑时非常镇静，而且拒绝戴眼罩，因为她在先前已经贿赂了行刑者，使用空弹壳代替真子弹，但这个计划最终失败了。

★ 沙场点兵 ★

人物：玛塔·哈莉

玛塔·哈莉（1877年8月7日—1917年10月15日），原名叫德·玛格丽特·泽勒。少女时代父母离异以及惨遭强暴和一段不幸的婚姻使她彻底放弃原本的生活信念，追逐纸醉金迷带来的物质安全感，从一个艳舞明星成为名噪巴黎和欧洲的高级交际花。德国利用其错综复杂的法国人际关系网，为纳粹效力，很快她又被法国方面挖掘，成为名副其实的双面间谍。后来，她被德军方面放弃，同时受到法国情报部门的监控，于1917年经审判后在法国被处决。

道具：美色

玛塔·哈莉有一头乌黑油亮的长发，她体态丰盈，而且凹凸有致，同时还有洁白细腻的皮肤……她的舞蹈极具诱惑力，舞动的腰肢，迷离的眼神和大胆的异国风情牢牢地抓住了每一个男人的心，她同很多声名显赫的大人物保持着或公开或隐蔽的情人关系。

战术：谈情说爱

玛塔·哈莉刚出道就迅速成了很多显贵人士的情人，其中有工商业巨子、政府高官、外国到巴黎来游历寻欢的贵族，甚至荷兰首相、德国皇太子都拜倒在她的石榴裙下。为了讨得她的欢心，获得一夜风流的机会，他们大把大把地挥霍着金钱。玛塔·哈莉成为那个充满腐朽与享乐氛围时代的一个象征性的符号，在很多人看来，她就是不可遏制的情欲本身。

智慧与勇气的激烈碰撞

THE CLASSIC WARS

战典

间谍战

第七章

窃听风云
——为正义奔跑的身影

▲窃听敌方的情报本来应该是间谍的本职工作，但是伴随着谍战越来越多姿多彩，很多间谍反而不太注重本职工作了。在传统间谍工作中，"窃听"是最为原始的一种获取情报的方式，但也是最具风险的。左尔格之所以能够在以窃听见长的间谍中出类拔萃，是因为他并没有使用太多复杂的窃听器材，而是带着自己的耳朵直接走到了需要的情报面前，让它们自己来找他。

前奏：二战初期的谍战英雄

　　理查德·左尔格，1895年10月生于高加索地区一个油田附近的镇子上，他的父亲在瑞典诺贝尔利息投资的石油公司里担任工程师，他的母亲年纪要比父亲小很多，是个俄国人。

　　在左尔格三岁时，他们一家离开了气候条件恶劣的高加索地区，搬迁到了德国，住进了柏林郊区利奇特费尔德的一个很大的宅院里。当时左尔格的家里一共有九个孩子，他排行老三，与母亲的关系很亲近，小时候的左尔格敏感又胆怯。

　　上高中的时候，左尔格的身体非常强壮。那时候，他特别感兴趣的课程是历史与语言。正是在这段时间里，通过对历史的了解，左尔格迷上了战场，他自愿报名参军，入伍后被分到第三野战炮兵团学生旅，先在西线跟法国人交战，之后又被调往东线与俄国人作战。在战争中，左尔格的右腿不幸被弹片击伤，于是他被送入柏林陆军医院。恰是在陆军医院期间，远离战场的左尔格得以专心学习，最终在伤愈出院以后，如愿通过了高中的毕业考试。

　　高中毕业之后，左尔格再次回到了战场上。但是没有多久，他就再次受伤，虽然这一次他因为作战勇敢，被提升为军士，还被授予二级铁十字勋章，但是他的两条腿都被弹片打折，这让他

★红色谍报大师左尔格

终身落下了残疾。这一次受伤后，左尔格被送入格尼斯堡大学医院，就是在这座医院里，左尔格的思想发生了重要改变。战场上的左尔格虽然投入战斗，不惜生命，但却充满了迷茫，"我们虽然在战场上拼命，但是我和我的士兵朋友们没有一个了解战争的真正目的，更谈不上它的深远意义了"，他艰难地探索着自己毕生坚持的事业，直到发现共产主义这一道突如其来的曙光。就是在格尼斯堡大学医院期间，左尔格开始大量阅读共产主义的相关著作，了解共产主义的理论纲要，逐渐成为一名共产主义战士。

1916年10月，左尔格到柏林大学经济系就读。1918年退伍后，他又进入基尔大学，攻读国家法和社会博士。就是在基尔大学，他结识了对他一生产生了深远影响的科尔特·格拉契教授。科尔特·格拉契是著名的左翼人士，他早年留学英国，拥有极大的政治热情，同时，也是一位杰出的社会主义和共产主义学说的传播者。就是在科尔特·格拉契的家里，左尔格彻底坚定了革命信念。

不久以后，左尔格加入了刚刚成立的德国共产党，也就是在这段时间，他同克利斯蒂阿尼结为伉俪。1923年的下半年，莫斯科马克思学院院长来到德国，左尔格先后在柏林和法兰克福两次与他举行了会面。1924年4月，德国共产党第九次代表大会在法兰克福召开，苏联派出了一个由六个人组成的代表团专门赴会，而苏联军事情报局即红军四局的成员正在这个代表团里。在与红军四局的特工人员多次接触之后，左尔格的特工生涯拉开了序幕。

同年10月，在德国共产党的安排下，左尔格偕同妻子持合法的德国学生旅行护照，经柏林前往莫斯科。在莫斯科的卢克斯饭店，左尔格得到了红军四局局长别尔津的热情接见。在这次会谈中，左尔格敏锐的政治头脑，渊博的知识和精辟的见解给别尔津留下了深刻印象。左尔格很快加入了苏联共产党，此后他穿梭于柏林、哥本哈根、斯德哥尔摩、斯堪的纳维亚、伦敦、上海和莫斯科之间，为革命事业日夜奔波。

初出茅庐：当左尔格遇上尾崎秀实

伴随着德国共产党武装暴动的失败，共产国际的视角开始从欧洲转向远东，中国就在这时进入了他们的视线。因此，苏联方面决定把谍报和宣传机构的工作重心从欧洲转移到中国来。为了这个，苏联曾多次以共产国际的名义将很多间谍小组人员派入中国，这些小组成员除了与中国共产党的党组成员进行党务联系外，主要的工作就是收集有关中国政治、军事和外交上的情报资料。但就在1927年，中国大革命失败，中国共产党人遭到血腥残杀，上海笼罩在一片白色恐怖之中，苏联派遣到中国的间谍小组也遭到非常严重的破坏。随着第二次世界大战序幕的逐渐拉开，日本的野心昭然若揭，亚洲上空变得硝烟弥漫，出于政治和战争上的多重考虑，共产国际都需要重新建立他们在中国的情报机构。

1929年，左尔格被召到莫斯科，别尔津专门就中国问题与左尔格进行了长时间的谈话。在谈话中，左尔格对中国及远东局势表现出了极大的兴趣，而且也认识到亲自前往远东工作的重要性，于是苏联情报机构将左尔格派往中国。

接受任务回到柏林之后，左尔格就开始着手准备这次中国之行。他先是按照计划去办理由德国政府颁发的、填写有他本人真实姓名的合法旅行护照，接着又在柏林与一家社会学杂志出版社、一家农业报社签订了合同，从而公开了他的记者身份。尤其是农业报社的经理，对于左尔格所说的关注中国农业问题的想法非常支持，甚至想办法搞到了一张由德国外交部宣传处写给上海德国总领事馆总领事的介绍信。

办妥了一切的手续以后，1929年左尔格离开了柏林。他途经巴黎到了马赛，在那里登上了一艘日本人的轮船，然后经由苏伊士、科伦坡和香港，于1930年的元月到达上海，跟随他一起到达上海的还有一名随身报务员。得知左尔格到达上海之后，红军四局就指派无线电技术专家马克思·克劳森随后到上海协助左尔格的工作。

1930年的上海既是中国工业的中心、长江流域的主要港口，也是各种势力犬牙交错的地方。而作为中国城市革命的中心，中国共产党地下中央委员会的总部也设在这里。在到达上海最初的几个月，左尔格看似每天无所事事、心不在焉，但其实一直在忙于架设全新的情报组织网络。他先是拿着德国外交部宣传处的介绍信拜访了上海德国总领事馆的总领事，接着通过领事馆方面的人又认识了德国农业报的编辑以及在上海的德国商人和德国外交官。

除了不断地结识朋友，左尔格也利用这段时间以采访、旅行等名目到广州、汉口、南京等地去收集关于中国的各种资料，了解中国的基本情况。正是在这段时间里，通过一次偶然的机会，左尔格认识了《法兰克福日报》驻远东记者、著名美国左翼人士艾格尼丝·史沫特莱女士。通过史沫特莱女士的帮助，左尔格在中国物色到了很多出色的帮手，从而结识了日本《朝日新闻》驻华记者、精通中国事务的日本专家尾崎秀实。

对于左尔格来说，与尾崎秀实的结识是他生命中非常重要的时刻，这两个人在一起构成了日后震惊世界的谍战搭档。他们两个人也是日后名震二战的"拉姆扎行动小组"的核心成员。尾崎秀实生于1901年，曾长期跟随父亲生活在台湾，对中国事务非常了解。1922年，他进入东京帝国大学法学部政治学科，从而开始接触共产主义，并最终成为了一名忠实的共产主义者。从1928年开始，尾崎秀实就以《朝日新闻》的记者身份在上海活动，他与鲁迅的个人交往，在鲁迅的1931年到1934年的日记中都有记载，据日

本友人增田涉回忆，鲁迅对尾崎秀实的印象非常不错，认为他"不但知识面广，而且为人诚实可靠"。另外，尾崎秀实跟夏衍、冯乃超、王学文、郑伯奇、田汉、成仿吾等都有着密切的往来，并帮助他们一起开展"左联"的工作。在左尔格与尾崎秀实结识之后，他们很快成为最亲密的朋友和最忠实的战友，他们的人生在此都翻开了新的一页。

上海故事：与中国革命的关系

在左尔格跟尾崎秀实一起工作的过程中，他们共同的朋友艾格尼丝·史沫特莱女士发挥了重要的作用。史沫特莱是宋庆龄和鲁迅的朋友，她庞大的人脉关系网络让他们获益匪浅。就是在史沫特莱的穿针引线之下，左尔格又认识了中共中央文委书记王学文，和从事中共秘密工作的陈翰笙，左尔格在与他们共事的过程中建立了非常亲密的关系。

左尔格在得到了尾崎秀实这样出色的伙伴之后，他在中国的工作显得尤其顺利。尾崎秀实因为在台湾生活多年，对中国人的语言以及生活方式非常了解，堪称是一个"中国通"。而这些对于初来乍到的左尔格的帮助是巨大的，左尔格通过与尾崎秀实聊天，开始逐渐了解中国这个神秘的东方国度，并且由此爱上了中国。

1932年1月18日，日本派海军陆战队在上海登陆，中国方面十九路军奋起抵抗。战争爆发以后，左尔格慷慨激昂，他亲自前往前线，帮助十九路军抗击侵

略者。他不仅亲自给部队士兵搬运、分发手榴弹，还冒着战火硝烟在前线采访上海各战区的战事，并且从中国方面的德国教官那里了解到了更多、更详细的中国及日本方面的战术情报。

虽然上海事变最后通过外交途径解决，但是日本法西斯在侵吞东北之后想征服中国的意图已经显露无疑。随着局势不断地恶化，英、美等国对蒋介石政府的态度也开始急剧变化，中国的局势变得非常微妙。左尔格的任务更加艰巨，他必须了解日本的真正目的和作战方式，同时了解中国的政治、军事情况，以便向共产国际提供真实准确的情报。

在收集情报方面，左尔格除了要依靠中国和日本的情报员以外，还利用欧洲人为他提供情报，其中主要是德国商人、领事馆工作人员、南京的军事顾问小组以及一些欧洲记者，因此他不得不经常周旋于领事馆的社交圈与记者联谊会之间。

1932年的夏天，左尔格无意间从德国军事顾问团那里得到消息，据说蒋介石准备对鄂豫皖革命根据地进行第四次"围剿"。得到这个消息之后，左尔格迅速开始搜集有关方面的情报资料。很快，左尔格就搜集到了蒋介石方面关于此次"围剿"的进攻方向、兵力、部队集结的日期、地点以及企图用来消灭工农红军的所谓"掩体战略"等情报。得到这些情报之后，左尔格迅速通过情报人员联系到了陈翰笙，并且将这些情报资料交给他。陈翰笙拿到情报之后，则马上通过宋庆龄将这些情报及时地送到了中央苏区。

鄂豫皖革命根据地以红四方面军为主力，时任总指挥的徐向前在得到左尔格提供的情报之后，迅速召集指战员通过情报所示，指挥部队有序地撤离，最终使得蒋介石的部队扑了个空。而对国民党军队已经非常了解的红军，从容地与国民党军队周旋两个月后取得了重大胜利，随即进入川北，开辟了川陕边区革命根据地。据目前已经解密的资料显示，左尔格在上海将近三年的时间里，总共向莫斯科发回597份急电，其中有335份急电直接通报给了中国工农红军和中华苏维埃政府。

1932年下半年，因为别尔津有更为重要的任务交付给左尔格，所以将他紧急召回莫斯科，左尔格的中国之行就这样提前结束了。但是，正如左尔格在后来所说的那样，"如果不是为了崇高的事业，我将在中国一直待下去，我已深深地迷恋上这个国家了"。走上飞机的那一刻，与这个国家依依惜别的左尔格难掩他的不舍之情。

手眼通天：高速运转的拉姆扎小组

别尔津之所以如此匆忙地召左尔格回莫斯科，确实是有更为重要的任务等待着红军四局这位优秀的谍报人员。当时已经是1932年，整个亚洲都暗流涌动，日本成为远东最不可捉摸的力量。因为欧洲的德国已经迅速崛起，苏联最担心的事情就是在欧洲战场面对德国的时候，会遭遇腹背受敌的情况，所以苏联必须要清楚日本在与德国问题中的态度和立场，以及日本是否会出兵苏联。为了完成这个目标，苏联决定在日本本土建立谍报网络。

别尔津对左尔格说："日本素以戒备间谍著称于世，要在如此复杂的条件下建立情报组织是一件非常困难的事情，只有具备特殊素质和才能的人才能被委以这样的重任，而你是当之无愧的唯一人选。"左尔格欣然接受了这项任务，并且向别尔津请求，允许让无线电技术专家马克思·克劳森和日本记者尾崎秀实一同前往，别尔津同意了左尔格的要求。

接受任务之后的左尔格回到柏林，同从前一样，在出发之前，他需要找到一个合适的身份来隐藏自己的真实工作。因为在中国期间，左尔格的新闻采访工作非常出色，为他赢得了优秀记者的名誉，加上他在《社会学》杂志和《农业报》上刊登的文章在德国产生了巨大的反响，他俨然已经成为德国最了解远东事务的知名记者，来找他签订合同的报纸和杂志一下子就有好几家，左尔格最终选择了在德国影响力很大的《柏林交易所》报、《每日展望》、《地理政治》和荷兰的《商业评论》四家报刊。

在选择好合适的身份之后，左尔格又重新申请了一张德国护照。这样，单从他的履历来看，他是从中国，而不是途经莫斯科回到德国的。同时，他还准备了一份详细的身份证明，这样就能够确保他过去的历史不会被他人追究得太多。

一切都准备好了。1933年7月，左尔格怀揣着高级介绍信、记者证和崭新的德国护照踏上了去往法国的行程。他到达法国港口瑟堡之后，从那里乘船经纽约前往横滨，在1933年的秋天到达了东京。左尔格到达东京之后，先行访问大使馆。当时德国国内政局动荡，大使馆的人立刻围住了这位消息灵通、见解独到的知名记者，向他打听现如今德国国内的政局。第二天，左尔格又马不停蹄地带着日本驻华盛顿使馆给外务省情报司司长天羽荣二的介绍信，去拜访这位在外务省独一无二的新闻发言人。天羽荣二非常欣赏左尔格，立刻就将他介绍给了驻日本的知名记者们。随着马克思·克劳森和尾崎秀实的到位，左尔格也完成了在日本的准备工作，接下来就是搭建谍报网络，这个以左尔格为核心创建的谍报网络，就是大名鼎鼎的"拉姆扎行动小组"。从成立的那一天开始，"拉姆扎行动小组"就一直秉承着左尔格的信条：不要把手伸向保险柜，而是要让保险柜自己打开，让机密资料自己走到办公桌上。

1933年年底，新任德国驻日大使到东京正式上任。当大使还远在柏林的时候，他就曾在《每日展望》上读到过左尔格撰写的一篇有关日本的文章，对于这位学者的博学多才，以及他文章中的材料之翔实、见解之深邃、论述之深刻记忆犹新。后来他甚至还了解到，德国外交部在对日政治状况作出的判断上，并非完全依据日本大使馆的例行报告，而是根据这位叫理查德·左尔格所写的文章。因此，大使就决定在起草给柏林的报告之前，先同这位深知日本国情的左尔格先生交换资料和意见。

这件事传出之后，左尔格一下子成为大使馆里的明星人物。而在德国大使馆里，与左尔格走得最近的毫无疑问是武官尤金·奥特上校。早在左尔格刚刚到日本不久，他就带着奥特的一位至交、《每日展望》一位编辑的介绍信去面见奥特。而奥特当时正值人生低谷，他交给柏林的报告言之无物，柏林对此毫不重视，奥特正在为此苦恼，左尔格的到来无疑帮助他走出了难关。

1936年初，对政治非常敏感的左尔格意识到日本正面临严重危机，日本军部的青年军官集团是个极为凶恶的法西斯组织，他们正在试图取得更大的职权。为此他们不惜一切代价，甚至准备使用恐怖手段。左尔格根据对"拉姆扎行动小组"连日搜集到的情报大胆预测，日本军部的青年军官集团正准备举行武装暴动，而这一切将取决于2月20日国会选举的最终结果。左尔格抓紧时间写了一份报告呈递莫斯科，并且同时向德国驻日大使、武官和武官助理通报了这件事，但是他们三个人对这件事情都不相信，所以并没有重视左尔格的话。

★日本军人发动二·二六兵变

间谍战

THE CLASSIC WARS

智慧与勇气的激烈碰撞

2月26日的清晨，日本"少壮派"军人打着要清除"君侧之奸"的口号，率领数千名手握武器的士兵在东京突然发动兵变，他们连续控制东京城内的主要军用及民用设施，要求建立法西斯独裁政府。由于没有任何准备，大使馆面对这次突发事件手忙脚乱，而左尔格的影响力和威望则再一次得到提升。

1937年，近卫文麿出任日本首相。巧合的是，近卫文麿的私人秘书恰好就是尾崎秀实的同学，而且近文麿本人对中国问题专家尾崎秀实也

★时任日本首相的近卫文麿

非常赏识。在近卫爵出任首相后不久，他就将尾崎秀实召入了他的智囊团，并且让尾崎秀实担任中国部的领导人。从这时开始，"拉姆扎行动小组"的成员已经成功打入了日本内阁，日本政府的一举一动几乎全部呈现在了左尔格的眼前。

尾崎秀实走到了首相的身边，而左尔格也没有在德国大使馆里面闲着。很快，他也成为大使及武官的非正式助理，武官奥特对左尔格的依赖程度更是不言而喻，他几乎一刻也离不开这个目光独到的记者朋友。而左尔格也有意促成奥特的升迁，这样，他就能完全掌握奥特以及大使馆。

其实在到达日本不久，左尔格已经申请加入了纳粹党，随后又开始申请加入纳粹记者协会。就在1938年3月，柏林忽然来电，大使奉命返回柏林，然后出使伦敦，尤金·奥特被提升为少校，并担任德国驻东京大使。奥特把左尔格的办公室直接搬进了大使馆，就安排在大使馆的二楼，紧挨着德国新闻社的监听室。不久，左尔格就接到《法兰克福日报》的邀请，担任该报在东京的特派记者。第二年，左尔格成为纳粹记者协会的会员，他终于把自己塑造成了一个忠实的纳粹党记者。紧接着他就被任命为纳粹党日本地区的负责人，德国大使馆的保险柜从此对左尔格完全不设防。

准确分析：苏联卫国战争的制胜秘笈

其实早在1939年，理查德·左尔格就跟德国大使馆开始了正式联系，他的工作主要是负责把柏林发来的官方电讯稿编成新闻简报。此外，他还编新闻通报分发给日本的报刊。当时的欧洲笼罩在战争的阴云之下，纳粹德国利用"闪电战"已经攻陷了波兰和法国,德意日三国军事同盟经过几个星期的谈判在东京建立。苏联在这个时候已经处在了腹背受敌的境地,虽然三国军事同盟并没有直接表明对苏联的态度,但是,这并不意味着他们就不会发动对苏战争。

左尔格迫切希望得到这方面的有关讯息,所以他在大使馆走动时,用尽各种方法探听有关方面的讯息。显然,德国最高指挥部对此进行了严格的保密,就连大使奥特本人对此也毫不知情。就在这时,从柏林来了一位信使,他是途经莫斯科到达日本的。这一次,左尔格终于从他的言行间探听到了希特勒准备攻击苏联的计划。1940年11月18日,左尔格首次向莫斯科发出警告:"希特勒将要进攻苏联。"

电报发出不久,莫斯科就给予了及时的回复,要求左尔格提供足够的证据,因为仅仅依靠信使的言谈是不足为凭的。

收到电报以后,左尔格就召集"拉姆扎"的所有成员开了一次紧急会议,要求不惜动用任何手段,也要搜集到足够的关于德国是否会对苏联发动战争的情报。在接下来的每一天里,"拉姆扎"的每一个成员都开始活动起来,他们竖着自己的耳朵,在蛛丝马迹之间寻找着所需的资料。而在这个过程中,左尔格与大使馆之间的关系再次得到了利用的机会,源源不断的电报从柏林发来,左尔格将所有的情报整合以后,经过细致的研究,终于发现,原来德国准备用来攻击英国的师团都是假的,其实早在三个月之前,希特勒就已经把第四和四十二集团军秘密调往东线的苏联边境上。

★准备秘密调往苏联边境的德军部队整装待发

1940年12月30日,左尔格向苏联发出密电:"在苏联边境地区已集结了80个德国师。德国打算沿哈尔科夫——莫斯科——列宁格勒一线挺进,企图占领苏联!"随后,在1941年3月5日,左尔格再次向莫斯科发出紧急密电:"德国已集中了9个集团军共150个师,以进攻苏联!"

之后的两个月时间里，德国信使以及柏林国防部的警卫人员不停地来往于柏林与东京之间，他们开始频频谈论起德国军队从西线向苏联边境移动的事情，继而还谈到了德国的东线防御工事已经完成。在风声日紧的情况下，左尔格不得不抓紧时间将获得的每一份情报尽快发给莫斯科。无线电技术专家克劳森夜以继日地忙碌着，将一份又一份的电报发送出去。就是在这段时间，由于发报过于密集，日本反特务组织"特高课"开始频繁截获到一个身份不明的密电码，虽然一时无法破译，但是安装着无线电测向仪的汽车开始四处搜索，整个东京的反间谍机关全部行动了起来。

在一次谈话中，奥特告诉左尔格，日本反间谍组织的头目曾亲自到使馆拜访过他，他们对于东京有一个庞大的外国间谍网而感到非常不安。左尔格深知当时自己的处境已经万分危险，但当时正是最关键的时刻，他确信自己的使命正是因为这样时刻的到来显得更为重要。五月下旬，德国国防部特使抵达东京。经过与特使的一些谈话，左尔格发现希特勒已经决定对苏联发起战争，德国准备先占领乌克兰粮仓，利用在那里可以得到的一二百万苏联战俘扩充所需的劳动力，继而再对苏联展开大规模进攻。德国总参谋部另委派的一名官员在那几天来到东京，他给东京大使馆大使带来绝密指示："有关德苏战争应采取的必要措施已完全确定，一切已准备就绪。德国将在6月下旬发起进攻。德军170到190个师已聚集在东线。一下最后通牒，立即进攻。红军将崩溃，苏维埃政权将在2个月内瓦解。"随后，德国外交部的有关电报也纷纷到来。战争，已经不可避免。

5月30日，左尔格向莫斯科发出了关于这一情况的紧急电报。但是让左尔格始料不及的是，在这封电报发出之后，苏联方面并未给予任何的回复，日复一日的等待之后，是如同泥牛入海似的杳无音讯。焦急的左尔格再也无法按捺住自己的心情，他口授克劳森再次发出紧急电文："再次重复：170个师组成的德国9个集团军将于6月22日不宣而战，向边境发动进攻。"但这一次等到的是莫斯科一封表示感谢的无线电报，而在电文中，只字没有提到苏联方面做出的反应，而当时的时间已经不多。

1941年6月22日，那是一个星期天，德国法西斯撕毁了苏德互不侵犯条约，悍然发动对苏战争。毫无疑问，正是左尔格预先给莫斯科发去的电报，挽救了苏联的命运，左尔格和"拉姆扎行动小组"为此作出了巨大贡献。在战争的浓烟掩盖住莫斯科天空的时候，左尔格口授了一封电报发给莫斯科："值此困难之际，谨向你们表示我们最良好的祝愿。我们全体人员将在这里坚持完成我们的任务。"

★德军精锐的摩步师开赴前线

　　在德国发动对苏战争的第二天，德国使馆的所有高级官员举行了一次集体会谈，奥特将军指示在日的所有德国官员都需要适时向日本当局施加压力，促使日本参与德国对苏的战争。在这次会谈中，德国武官甚至还制订了日本进军西伯利亚和海参崴的作战计划。但日本方面对此的反应却截然不同，尽管外相松冈在四月份访问莫斯科时，与苏联政府签署了日苏中立协定，但是他不止一次地向德国保证，一旦德苏开战，日本势必不能坐视不管，一定会配合德国袭击苏联。

　　因为日本在对苏作战的态度上模棱两可，这让苏联方面非常紧张。6月26日，之前对左尔格非常谨慎的莫斯科一改先前的态度，发来急电："告诉我们日本政府作出的有关我们国家和德苏战争的决定，日本军方因苏德战争而进行动员，并调遣部队到大陆的资料，以及有关日本军队向我们边界移动的情况。"

　　就在7月2日，日本政府和军方举行了御前会议，与会的天皇批准了重要决定：日本会争取圆满解决好支那事件，同时作好必要的战争准备。一旦北方或南方发生紧急情况就马上采取应急战略，进行普遍动员，从而可以向任何方向调遣军队。陆海军在会议上也起草了新的作战计划，制定了北方前线与西伯利亚边境及华南前线与太平洋的作战部署。

　　与此同时，日本的大规模军事动员开始了，东京街头到处都是动员参军的告示，激进的战争狂热者开始高呼着战争的口号"到远东战场去实现效忠天皇的承诺"。但是因为搞不清楚日本是向北进军还是向南进军，在经过"拉姆扎行动小组"成员集体讨论之后，决定让尾崎秀实亲自去一趟东北，实地勘察。

到达东北之后，尾崎秀实就给左尔格发回了电报。在电报中尾崎秀实指出，到达北方的入伍者被分为若干小组，有的发冬装，有的发夏装，然后分入了不同建制的部队。接着，尾崎秀实再次补充说，"由于美日关系进一步复杂化，部队大部分将开赴华南。"

经过夜以继日的调查研究，左尔格终于得出了日方总部署的大概轮廓。日方的这次普遍动员共分三个阶段，共计两个月时间。第一阶段是十五天，计划7月8日前完成，共征兵130万。在7月底以前，军方会征用100万吨以上商船用以运输。在计算的过程中，左尔格意识到，动员进展得并不如想象中那么顺利，这个计划根本是不可能完成的。

在最关键的时刻，左尔格对奥特与土肥原贤二、冈村宁次的谈话窃听让他了解到了日本的真正构想。土肥原贤二认为，日本的石油资源匮乏，根本不能进行旷日持久的战争，除非德国方面能确认速战速决，否则日方决不会对苏发动战争。而且，土肥原贤二和冈村宁次都认为，面对德军的进攻，苏联是有能力维持到今年冬天的。8月20日到23日，日本最高统帅部在东京召开会议，主要讨论的

★左尔格提供的的情报使苏联统帅部可以放心地调动驻守在东方的部队抵抗希特勒的进攻

就是对苏作战的问题。会议最终决定，当年不对苏作战，但是却保留对苏作战开始的两个条件：一是在关东军力量超过苏联红军三倍时；二是有明显迹象证明西伯利亚军队内部已经瓦解。

不久，尾崎秀实完成任务从东北归来，左尔格以日本春秋两次大规模的动员结果，结合尾崎秀实从东北带回来的报告，以及日本在资源、生产、经济财政和军事力量方面大量的资料和数据最终得出结论：日本无力进行长期战争，在深陷支那问题的同时，不可能多面出击。

9月6日，左尔格向莫斯科发出密电："只要远东红军保持一定的战斗力，那么日本就不会发动进攻。"

随后，左尔格与"拉姆扎行动小组"的成员再次进行了严谨的整理和分析，在1941年10月4日，左尔格发出了最后一封、也是最为重要的电报："苏联的远东地区可以认为是安全的，来自日本方面的威胁已排除。日本不可能发动对苏战争。相反，日本将在下几周内向美国开战。"

慷慨就义：血熄灭不了意志

虽然左尔格与他的"拉姆扎行动小组"为苏德战争作出了重大的贡献，但是因为在苏德战争开始时过于密集的情报往来，使得他们最终被日本反间谍组织破获。很快，行动小组主要成员尾崎秀实与另一名小组成员宫木被捕。在得知这些情况之后，左尔格并没有慌张，他依然出入于大使馆和其他社交场合，秘密焚毁所有的情报资料。1941年10月18日清晨，理查德·左尔格在他的寓所被捕。第二天，克劳森也遭到日本反间谍组织的逮捕。在整个案件中，有三十五个相关人员遭到了拘捕。

身陷日本警察局的左尔格经受了法西斯式的审讯，受尽了严刑拷打。1941年10月23日清晨，在得到日本方面的确认之后，德国驻东京大使尤金·奥特将军向柏林发出秘密电报："德国《法兰克福日报》驻东京特派记者理查德·左尔格和另外一名德国人马克思·克劳森被日本方面拘捕，两人已经因为'叛国通敌'罪被日本警察局收押。"另外，在奥特发出的电文中还写道，"经再三追问，日本外务省才答复说，怀疑左尔格和克劳森通过日本中间人与第三者勾结。我虽已提出要知道目前的审讯结果以便通报德国，但由于调查还在进行中，一时无从了解……经查询，这个消息已由日本外务省证实，他们只说人已被捕，但此事应予保密。"但是，奥特将军认为左尔格是日本上层政治斗争的牺牲品，"使馆人员和当地德国人普遍认为日本警方怀疑错人了。据我了解，左尔格与一名接近近卫爵集团的情报员保持联系。"因为就在当时，近卫爵集团刚刚倒阁不久，而且在1941年10月，也是日美谈判进入关键阶段的时刻，毫无疑问，这次谈判就决定远东的政治局势是走向战争还是走向和平，"关于谈判进展的情况，据说属于国家机密，已落入左尔格手中，因而左尔格可能成为某种政治报复或政治阴谋的牺牲品，我们不能排除控告左尔格一案背后存在着反德

★苏联发行的左尔格纪念邮票

势力的可能性。当前东条英机兼内相，掌管警察。我已向东条首相提出要求，尽快了结此事"。

德国外事局对于奥特将军的电文并未作出迅速的回应，而是先由日本驻柏林大使小岛将军回复。小岛将军的话含糊其辞，直到德国方面再三追问，小岛将军才含糊地表示：左尔格很可能是支持了共产国际的运动。

一切事情的结果在几天后终于揭晓，日方检察署根据对案件的初步调查结果向德国使馆提交了一份简单的照会，其内容最后由奥特将军电告柏林："经我方调查核实，左尔格本人已供认，长期以来，他一直在为共产国际工作。有关案件的进一步调查正在着手进行。"

这个骇人听闻的消息发布之后，整个德国几乎都感到震惊。

1944年11月7日，左尔格与尾崎秀实一起被以叛国罪秘密处死，终年四十九岁。

这段谍战往事就这样尘封了二十年，直到1964年才由苏联当局公开，并且在左尔格逝世的忌日追认他为苏联最高英雄，苏联首都莫斯科的一条大街和苏联当时的一艘油轮分别以左尔格的名字命名。

战典回响

穿透铜墙铁壁的耳朵

在龙潭虎穴中刺探敌情的"拉姆扎"谍报小组是盟国所有情报机构中最先向莫斯科报告情报的小组。1940年11月18日，关于希特勒"秘密备战、声东击西、突然袭击"的作战三部曲和之后每次战役部署的进攻时间、兵力部署、主攻方向纷纷由东京向莫斯科发出。

苏德战争中，左尔格带领的"拉姆扎"不断搜集和分析日本国策和战略动向，看出深陷侵华战争的日本无暇分身攻打苏联。斯大林根据"拉姆扎"提供的情报从西伯利亚抽调二十六个精良师，其中十六个师增援莫斯科保卫战，并歼灭德军三十八个师。此次战役是整个二战最具代表的战役，为战争最后胜利打下坚实基础，这也是"拉姆扎"为二战反法西斯战争作出的最大贡献。

★沙场点兵★

人物：理查德·左尔格

理查德·左尔格生于1895年，死于1944年。作为二十世纪有名的间谍，左尔格在二战反法西斯战争中牺牲了自己宝贵的生命，为世界和平作出了巨大贡献。人都会死，有的人轻如鸿毛，有的人重如泰山。左尔格就是这样的人，虽然他死了，可他的名字永远同世界人民的反法西斯战争、同中国人民的抗日战争紧紧地连在一起。德国著名记者、前苏联特工左尔格是中国人民的朋友，是世界人民的朋友。

道具：窃听

什么是窃听？窃听就是本意是偷听别人的谈话。随着科技的发展，窃听的涵义超出了隔墙偷听、截听电话等。借助现代科技设备还可窃取数据、文字、图像等资料信息。窃听技术的内涵非常大，越是高档次的窃听设备或较大的窃听系统包括的就越多，其中包括信号的隐蔽、加密技术、工作方式的遥控、自动控制技术，信号调制、解调技术以及网络技术、信号处理、语言识别、微电子、光电子技术等现代科技领域。

战术：发展会员

左尔格对外身份是德国《法兰克福日报》驻日记者。德国大使奥特"亲信"，德驻日使馆新闻专员。左尔格于1933年到日本，并着力组建"拉姆扎"谍报组织。小组成员有《朝鲜新闻》记者、中国问题专家、近卫文麿首相的私人顾问、日本革命志士尾崎秀实，法国哈瓦斯通讯社东京代表武凯利奇、日本画家宫城与德、无线电技师克劳森，还有英国《金融时报》记者斯坦因等。

正是这些会员的加入，使得"拉姆扎"小组有了强劲的实力，在任何时候都能提供精确的情报。而左尔格在发展这些会员方面所作出的努力也是非常巨大的。

THE CLASSIC WARS

战典

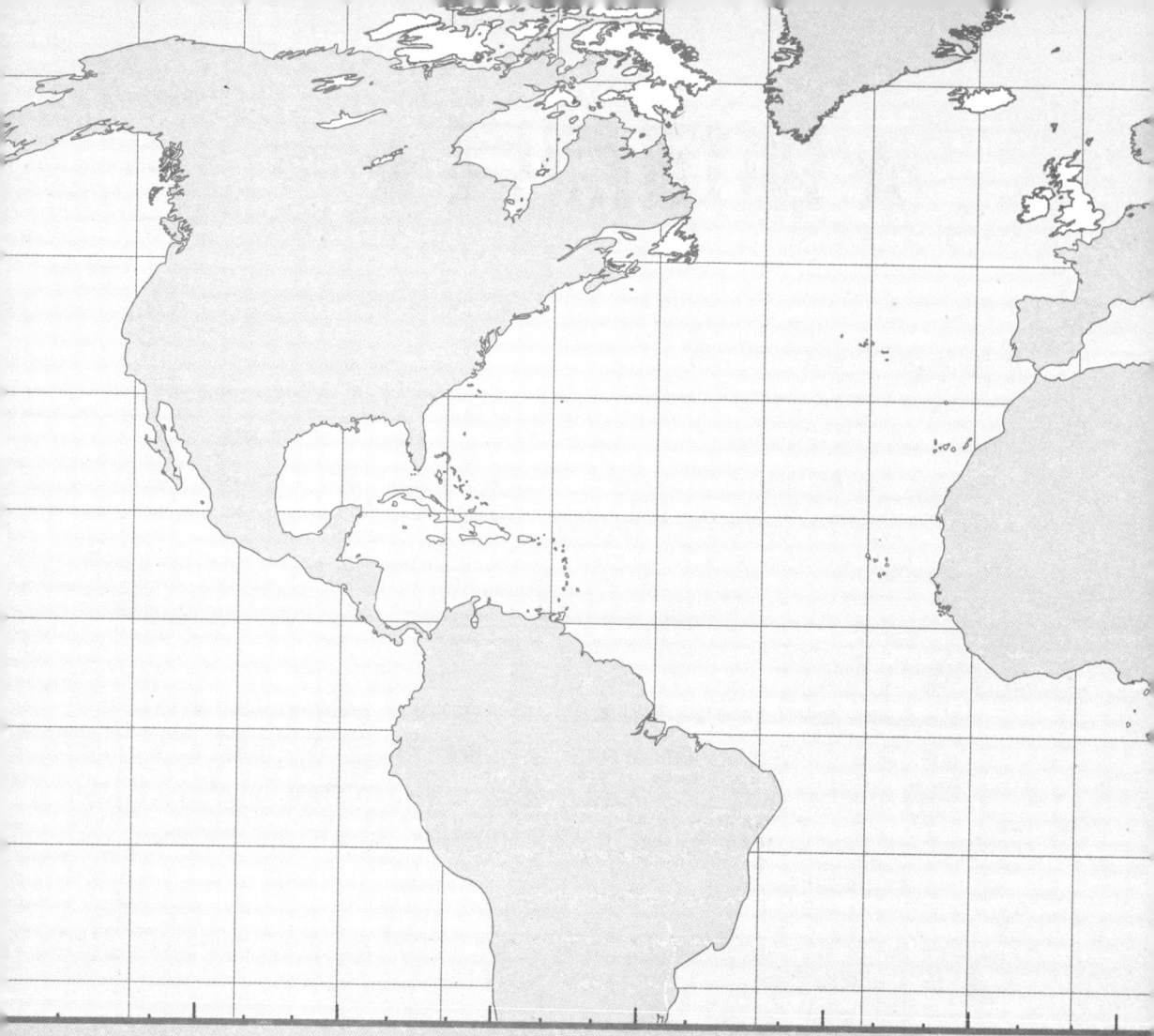

智慧与勇气的激烈碰撞
THE CLASSIC WARS

间谍战

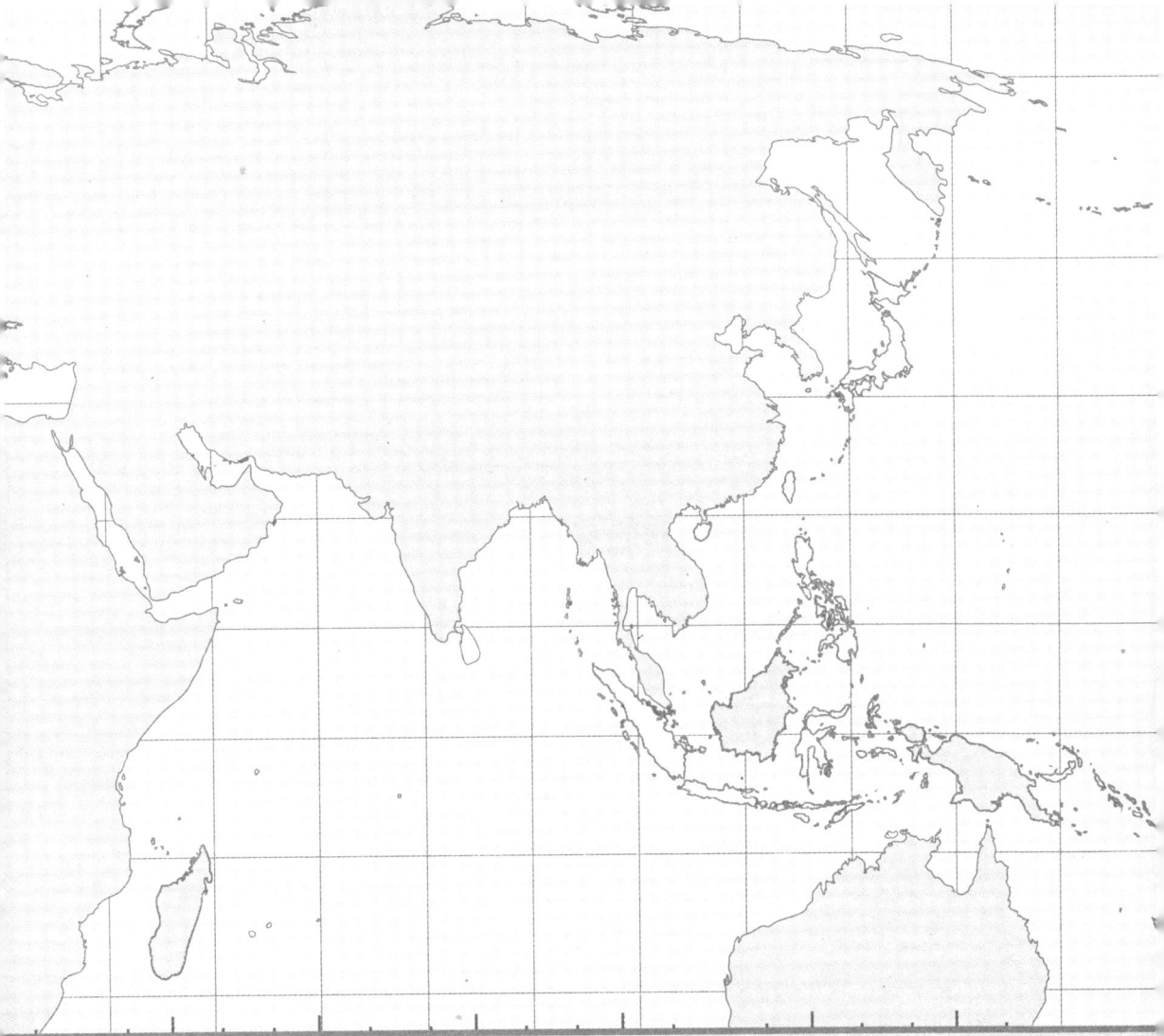

第八章

内线
——把耳朵放到敌人的房间里

　　▲奥尔加·契诃夫娃的窃听手段，可以说是与左尔格的窃听方式一脉相传，这种窃听手段的共同特点就是直接站到掌握情报的人旁边，得到他的信任，然后让他把情报送到自己的手上。但是与左尔格相比，契诃夫娃将这种窃听方式进行了升级和改良，她直接站到了元首的身边。无论什么人怀疑她的间谍身份，只要元首不怀疑，那她就依然可以正大光明地在任何摆放着情报的地方走动。

前奏：希特勒最喜欢的女明星

尽管我们在影像里看到的希特勒，是一个激愤、高亢、极具煽动性、满怀统治世界欲望的独裁者形象，但这肯定不会是阿道夫·希特勒先生的全部生命，这位战争狂人和大独裁者还有他的另一面。

希特勒尊敬女性，据他的秘书回忆，他对女性总是能够表现出一种极其自然的殷勤和真诚。他很尊重在自己手下工作的女性，对她们从来不存在任何偏见。正如希特勒所说："有了女性的支持，男人自然就会追随你。"他夹杂着"古老奥地利"的口音，加上他的文雅举止，自然而然地就会让女性着迷。他的女秘书描述道："他一直彬彬有礼，每次都会起身向我们致意，给我们让路，跟他在社交场合一样殷勤。"

The Mystery of Olga Chekhova

Was Hitler's favourite actress a Russian spy?

★契诃夫娃和希特勒在一起

所以，看上去希特勒对并没有多少日耳曼血统的女演员奥尔加·契诃夫娃如此青睐有加，也就不是什么问题。奥尔加·契诃夫娃1898年出生于沙俄高加索地区，她的姑妈是俄国著名作家契诃夫的妻子。所以说，奥尔加天生就有名门的血统，她秉承了契诃夫家族对于文字和音乐的喜爱，当她出现在别人面前的时候，总是会显得比其他女演员高贵。

希特勒深知，与怎样的女演员交往能够提升他在民众眼里的形象，他不能让他的支持者觉得他只是一个懂得炮弹和军舰的杀人狂。当然，出于希特勒自身的爱好，他也更喜欢与奥尔加见面。他同她握手、交谈，他可以跟她聊文学、聊音乐、聊戏剧，甚至聊聊柏林街头公园里的那些云雀或是鸽子。奥尔加是那么欣赏希特勒，在他的魅力面前完全被折服。人们都在议论着元首和那位俄罗斯名门淑媛的亲热关系。每次见到奥尔加的时候，希特勒都会主动和她打招呼，并且毫不顾忌地邀请她出席纳粹高级军官的各种宴会。一度，有人称奥尔加·契诃夫娃为社交场合里"站在元首身边的女人"。

纳粹的军官们也为她着迷，拜倒在奥尔加裙下的纳粹高官不胜枚举，纳粹宣传部部长戈培尔称她为"最迷人的女人"。奥尔加不同于那些交际花，她是元首的密友，亦是纳粹的宣传工具，她总是出入高档的社交场合，并且用自己的魅力吸引别人的注意。或许，讲到这里的时候，没有人会相信奥尔加·契诃夫娃会是一个间谍，有见过高调到恨不得所有人都会注意到自己的间谍吗？或许连阿道夫·希特勒也会有点儿不敢相信。但是，历史的尘埃已经被时光拂去，这个漂亮的女人确实是苏联最成功、最优秀、最传奇，也是最有魅力的女间谍之一。

悲惨情事：爱上了一个花花公子

奥尔加·契诃夫娃于1898年生于沙俄高加索地区，她的姑妈是俄国著名作家契诃夫的妻子。随着奥尔加·契诃夫娃越长越大，她家乡的所有人几乎都知道了她的名字，因为她长得越来越漂亮了，几乎成了那里最光彩夺目的大美人。就在奥尔加十六岁这一年，她的姑妈邀请她来莫斯科住一段时间，于是，就在文豪契诃夫先生的家里，十六岁的奥尔加邂逅了年轻英俊的米沙·契诃夫。米沙·契诃夫是契诃夫哥哥亚历山德罗的儿子，当时是莫斯科艺术剧院的一名年轻演员。情窦初开的奥尔加几乎立刻就被米沙迷住了，后来她竟然不可自拔地爱上了他。可是，她并不知道，米沙是一个喜欢勾搭女孩的男人，他怎么可能放过这个如此迷恋自己而且出落得美貌绝伦的妹妹？

在几番试探之后，情场老手米沙·契诃夫就向自己的表妹求爱了。年轻稚嫩的奥尔加根本分辨不出那些甜言蜜语中有多少是虚情假意，她倒在米沙的怀抱里，夜夜幻想着美好未来和完美爱情的降临。但是，家里人对于这桩婚事都不是很赞同，这让奥尔加多少有些无奈。可是，她是如此狂热地爱着那个男人，她觉得什么事情都无法阻挡她和他的真心相爱。于是在夜里，当她和米沙缠绵悱恻之后，她决定要为自己的爱情冒一次险。

1914年9月，奥尔加找到了一个家里人都出门的日子，然后带上自己的护照、手提箱和一件睡衣悄悄离开了姑妈的家，跟米沙两个人到莫斯科的一座教堂里秘密举行了简单的婚礼。当他们交换粗糙的结婚戒指时，年轻单纯的奥尔加相信，这就是世上最美好和浪漫的婚礼，金钱和权势并不能换来的真正的爱情。

没有人知道，如此鄙夷世俗的姿态，是否是基于一代文豪契诃夫对这个家族年轻一代的潜移默化。但是毫无疑问，花季少女奥尔加做出了一件让契诃夫家族一起震怒的事情，奥尔加的父母为此暴跳如雷。可是，正应了那句老话"生米已经煮成了熟饭"，又能怎么样呢？可怜的奥尔加，在结婚之后才发现，她爱上的并不是一个深情的王子，而是一个流连于花红柳绿，而不是斗室蜗居的浪子。米沙·契诃夫几乎每天都是带着一身酒气回到家里，当然，身上除了酒的味道，还有别的女人的味道。

再接下来，奥尔加的故事几乎成了所有悲惨爱情故事的翻版，米沙不再经常回到他们共同的房子里，很多人都能够看到，情场浪子米沙总是带着各种各样的女人出现在旅馆里，酒吧里。就在这个时候，奥尔加发现自己已经怀有身孕。奥尔加想把这个孩子生下来，她把想法告诉给米沙·契诃夫，"随你的便，亲爱的。"米沙·契诃夫听到这个消息，就像是听到了早晨来送报纸的邮递员的呼唤一样，耸耸肩做出一副无所谓的姿态，然后像每天一样，出去自顾自地寻欢作乐去了。

万念俱灰的奥尔加带着行李搬回姑妈家，就是在那段时间，她完全对人生失去了信念，她想的只是生下这个孩子，但对以后的人生完全没有了期望。奥尔加·契诃夫娃在家里关系最好的是她的哥哥莱夫·克尼普，莱夫原本是沙皇军中的一名军官，十月革命以后，他被免于一死，从此就开始为苏俄情报部门工作。那段时间他一直都在莫斯科，在听说了妹妹的悲惨经历之后，莱夫经常到姑妈家看望与自己一起长大的妹妹，他安慰她、鼓励她，并且愿意为她未来的生活想点儿办法。

一天，奥尔加·契诃夫娃路过从前米沙和她的住所，就想进去看一看，或者拿点儿什么东西，于是她走进了公寓。可是，公寓卧室的门反锁着，奥尔加听到从里面传来的淫靡的声音，悲愤交加的她一脚踹开了房门，看到米沙和一个妖艳的陌生女人正在床上鬼混。回到姑妈家的奥尔加不再对米沙抱有任何的爱意，她拜托哥哥把自己所有的东西都搬了出来，她决心要找回丢失的自己。

经过十月怀胎，奥尔加·契诃夫娃生下了她与米沙的孩子，她把孩子交给姑妈，并且委托她交给自己的母亲，然后就带着所有的行李离开了莫斯科，离开了俄罗斯。她要远离这个伤心之地，去另外的地方寻找人生新的纪元。1920年，年仅22岁的奥尔加辞别家人和女儿，嫁给了匈牙利电影制片人菲林茨·雅诺什，并随他踏上了莫斯科比罗路斯基车站的火车，她的目的地是德国柏林，那里有真正的人生在等待着她。

泪别故园：寻找新的生活

其实当时并无人知道，挽着新郎官菲林茨·雅诺什手臂踏上去往柏林之旅的奥尔加·契诃夫娃，早已经不是那个被负心汉伤透了心的软弱女子，她已经是苏联情报机构"格鲁乌"的一员。"格鲁乌"原名为"共和国野战参谋登记处"，也就是最原始的苏联情报工作部门。1920年，因为对波兰的战争失败，列宁决定重新整顿情报部门，所以调派曾指挥过"契卡"的扬·卡尔洛维奇·别尔津到"登记处"上任。别尔津上任之后，就对"登记处"进行了改组，即后来的苏联红军情报局——红军四局，也就是鼎鼎大名的"格鲁乌"。

别尔津堪称是苏联情报部门教父级的人物，苏联军情局很多优秀间谍都是由别尔津一手发掘并培养起来的，比如"拉姆扎行动小组"的理查德·左尔格等。按照历史及契诃夫娃的生活经历推断，很多史学家认为，契诃夫娃之所以能够认识别尔津，是由他的哥哥莱夫·克尼普引荐的，而且契诃夫娃能够成为一个优秀的间谍，也得益于哥哥的悉心栽培。

为了劝服契诃夫娃为国效力，"格

★苏联情报部门的教父级人物别尔津

★德国柏林，契诃夫娃传奇开始的地方。

鲁乌"的当家人扬·卡尔洛维奇·别尔津亲自会见了这位优雅而又刚刚从悲伤中抬起头来的女性。谈话的内容至今为止都是无人知晓的，但无论如何，就在这次谈话之后，契诃夫娃接受了"格鲁乌"派发的任务。并且在之后半年的时间里，她学会使用各种间谍器材以及编码、密码、接头、窃听等间谍基础技能，并很快达到了作为一名优秀间谍的所有要求。

为了确保契诃夫娃能够顺利完成任务，"格鲁乌"让契诃夫娃把她的母亲和女儿留在苏联。而在执行任务的过程中，契诃夫娃自始至终都瞒着她的丈夫，而她的丈夫也确实对妻子的另一面毫无所知。

因为丈夫菲林茨·雅诺什在电影界颇有些声名，到达柏林的雅诺什夫妇很快成为了柏林电影圈的贵客。而拥有美妙容貌和契诃夫家族背景的契诃夫娃很快吸引了德国影业巨人艾里克·波默的注意，契诃夫娃自己也开始梦想着聚光灯下的生活。在得知德国导演弗雷德里奇·穆瑙指导的无声电影《沃基洛德城堡》正处在开机的时候，契诃夫娃亲自找到这位在柏林电影圈赫赫有名的导演。契诃夫娃告诉穆瑙，她曾经是莫斯科艺术剧院的演员，俄国戏剧大师斯坦尼斯拉夫斯基曾经在表演上对她进行过专门的指导。

弗雷德里奇·穆瑙同意契诃夫娃出演这部电影的女主角。电影上映之后，获得了一致好评，奥尔加·契诃夫娃也因此在德国电影界声名鹊起。

声名鹊起：全德国为之疯狂的明星

在成为德国电影界一颗冉冉升起的新星以后，奥尔加·契诃夫娃马不停蹄地巩固着自己的演艺之路。因为丈夫在圈内的关系，她得到了和很多在当时非常有名的电影导演及演员合作的机会。加之她那绝色的容貌和出众的气质，在宴会里总会成为众人关注的女王，人们无不为她的一颦一笑而倾倒。

奥尔加·契诃夫娃从而得到了经常在各大剧院表演的机会，同时也接拍了许多风格不同的影片。在电影中，她出演的角色跨度很大，从低贱卑下的妓女到高贵无比的上流人物，她都能诠释得非常好，连柏林挑剔的影评家们也不得不对这个俄国来的女明星另眼相看。

大牌明星的光芒以及女性自身的魅力在她身上得到了完美的结合，很快，她就跻身于德国电影界一线女星的行列，甚至她的丈夫、那个名声显赫的制片人在她的盛名之下，都显得有些相形见绌。无可争议地，在20年代末，奥尔加·契诃夫娃成为德国炙手可热的女演员之一。

与此同时，她得以获得出席德国主流社会的各种社交宴会，从而结交了许多主流社会的女伴，德国元首希特勒的情妇爱娃·布劳恩就是其中之一。爱娃·布劳恩出生在慕尼黑的一个教师家庭里，曾在英国女子中学学习，后来进入了商学院学习，她本人从小就很喜欢读书，对于能够认识大作家契诃夫的家人感到荣幸不已。爱娃·布劳恩对体育运动非常着迷，同时也钟情于跳舞。而在"格鲁乌"训练过的契诃夫娃，对于这些事情自然也是驾轻就熟，没用多长时间，爱娃·布劳恩与奥尔加·契诃夫娃已经成了无话不谈的闺中密友。

正是通过她的这位女伴，契诃夫娃得以与希特勒本人相识。与他的情人爱娃·布劳恩一样，生性喜欢艺术的希特勒对大作家的侄女非常赏识，在希特勒的府邸里，契诃夫娃被奉为上宾。在出席各种最高级别的活动时，希特勒总是让

★演出中的奥尔加·契诃夫娃

侍者将契诃夫娃的座位放在紧邻自己的地方。在席间，他总是会暂停用餐，与契诃夫娃聊起文学、电影、舞蹈，他们总是有很多共同的话题。

奥尔加几乎是不费力气地就迷住了希特勒，而希特勒在看过奥尔加的电影以后，很快就成为她的忠实影迷。来自元首的支持给奥尔加带来了无数良好的声誉，其中包括希特勒以内阁总统的名义专门为她设立的"德意志帝国国家演员"荣誉称号。

契诃夫娃身上得天独厚的日耳曼血统自然也是希特勒能够亲近她的重要因素之一，这使她得以与希特勒保持各种公开的关系，并为她的工作开展提供了便利。但由于奥尔加的第一任丈夫米哈伊尔·契诃夫具有犹太血统，希特勒曾多次建议她改姓，但是都被契诃夫娃拒绝了。对于她来说，对初恋爱人米沙的旧情难忘是一方面；另一方面，契诃夫的姓氏为她带来的一切，是无法估量的。

元首垂青：克里姆林宫的耳朵

随着契诃夫娃成为希特勒眼中的"纳粹女星"，加上她本人与希特勒、爱娃·布劳恩特殊的关系，使得她可以像希特勒的家人一样出入元首官邸。甚至很多只有国家高级军官得以出席的宴会，契诃夫娃和她的丈夫也会受到邀请。纳粹军官们将之视为元首的宠儿，政客和军官们在聊天时，早已经习惯她站在身边，哪怕是聊到非常机密的军事计划，也没有人会要求她回避。而契诃夫娃似乎本身就对政治毫不感兴趣，男人们聊天的时候，她总是在和女人们嬉笑，或者跳舞，可是任谁也不会想到，这些消息早已经被她悄悄记下，然后通过无声无息的电波，飞到克里姆林宫的案头。

因为有元首的宠爱，所以很多纳粹的高

★克里姆林宫，契诃夫娃的所有收获都将呈现在这里。

级军官也以能够和契诃夫娃搭上关系为荣。在20年代，她就结识了三位年轻的德军军官。这三位德军军官分别是担任上校之职的克维林凯姆、赫弗腾和芬克。其中，克维林凯姆是德军作战指挥部的高级军官，赫弗腾和芬克在陆军总参谋部工作，他们很快就拜倒在契诃夫娃的裙下。对于苏联前线的作战指挥部来说，这三个德军军官所提供的资料堪称是无价之宝。

1942年，前线的战事依然处于胶着阶段，德国纳粹依然进行着强而有力地殊死抵抗，斯大林深深为前线的战事感到担忧，从而作出了暗杀希特勒的决定。莫斯科指示苏联杰出的拳击运动员米克拉舍夫斯基来实施这次刺杀行动，而在暗中对暗杀行动提供帮助的就是奥尔加·契诃夫娃等人。

众所周知，作为德国纳粹的元首，希特勒进出都必然会有大批的纳粹保镖，要刺杀希特勒并不容易。但是，这对于契诃夫娃来说却不是一件多么困难的事情，和元首单独相处对她来说简直轻而易举。但是，这段时间掌握希特勒的日程是非常重要的事情，这方面就连苏联方面也必须仰仗契诃夫娃。于是，在准备实施暗杀的过程中，契诃夫娃根据指示，与同在德国的苏联间谍拉泽维尔对希特勒身边的人进行了周密的研究，认真计划着在怎样的时间实施计划是最可靠的、万无一失的。

但是，就在他们按计划准备完毕，即将实施之际，莫斯科却发来了急电，斯大林本人决定放弃对希特勒的刺杀。

在时隔六十一年之后，解密文件才终于将这桩历史悬案的谜底揭晓，斯大林在作出决定后解释说，"只要希特勒活着，德国就不会与西方单独媾和；同样，对美国和英国来说，只要希特勒在台上，他们就不可能与德国媾和。一旦希特勒死了，到时掌权的很可能是二号人物戈林，西方大国就会与德国媾和。这对我们不利，我们已经接近彻底打败德国了。所以你们别碰希特勒。"至此，契诃夫娃与一次可能改变历史的伟大任务失之交臂。

身后迷雾：美艳绝伦的"沉睡者"

虽然奥尔加·契诃夫娃处处小心，但仍然不可避免地受到盖世太保的注意。早在1944年开始，盖世太保的头子米勒就开始怀疑契诃夫娃了，并且处处留意，苦心孤诣地寻找契诃夫娃与苏联之间的蛛丝马迹。伴随着战争的日益深化，契诃夫娃身上的疑点再次引起盖世太保的怀疑，盖世太保的头目赫里

★希特勒做梦也不会想到奥尔加会是苏联间谍

奇·米勒虽然苦于没有证据，但仍然决定强行对契诃夫娃进行审判。

米勒瞅准了时机，带着盖世太保闯入契诃夫娃的家里，希望能够得到一些她作为间谍的证据。但是让米勒始料不及的是，契诃夫娃居然神通广大到提前知道了他的行动，并且在他带人来到她家之前，就邀请了希特勒来家中做客。冒失的米勒不仅没有得到契诃夫娃作为间谍的证据，反而险些惹恼了元首，让自己的小命不保。

灰头土脸的米勒这才发现，看起来妖弱瘦小的契诃夫娃比他想象的更要难对付，他如果想要给契诃夫娃定罪，就必须能够找到足够有分量的证据。但是，米勒并未就此放弃，在以后的日子里，奥尔加·契诃夫娃虽然依旧春风满面，却始终生活在盖世太保的监视之下。但是，这并未阻碍契诃夫娃给克里姆林宫送去紧要的情报，甚至一直到二战结束都从未间断，而盖世太保则一直都没有找到契诃夫娃作为一名苏联间谍的证据。

1945年4月29日凌晨，希特勒宣布与等候他十二年的情人爱娃·布劳恩举行婚礼。婚礼后，希特勒口述了遗嘱，任命海军元帅邓尼茨接替他成为元首。30日下午3点30分，希特勒与结婚刚刚一天的妻子在地下室自杀，随后柏林完全被苏军攻陷。

在攻陷柏林之后，苏联反情报局首脑维克多·阿巴库莫夫亲自派飞机将奥尔加·契诃夫娃接到莫斯科。到达莫斯科之后，她被关押在一个对外保密的地方将近两个月，好在那个地方的生活条件非常好。出于安全考虑，反情报局并未让她与外人交往，她只是一个人孤独地被软禁在那里。

反情报局之所以软禁契诃夫娃，还要从她供职的单位说起。其实在德国的时间里，契诃夫娃并未只是在一人手下工作。扬·别尔津在战争中因故被捕，之后契诃夫娃就辗转到"特别任务局"的雅科夫·谢列布良斯基手下。随后，雅科夫·谢列布良斯基也被捕，奥尔加又到了贝利亚手下。但是因为这一切错综复杂，所以契诃夫娃本人可能并不知情。在秘密场所不为人知地被关押了两个月后，一切终于真相大白，契诃夫娃得以重见天日。她由此获得了很多荣誉，并且在克里姆林宫里受到了斯大林的接见，获得了由斯大林亲自颁发的列宁勋章。

结束了多年的间谍生涯之后，契诃夫娃和家人一起回到了柏林。苏联政府对契诃夫娃依然照顾有加，为她们一家提供了一套由政府派人重新装修的房子，她和家人的生活都得到政府的保障，她的一切保障都由前苏军驻德国的反间谍机构领导人瓦迪斯中将负责。在当时，就连苏联控制的其他德国科学家、艺术家都无法享有这样的待遇。

第二次世界大战结束之后，奥尔加·契诃夫娃依然继续着自己的电影生涯，并出演许多场歌剧。1949年，她移居至西柏林。1955年，契诃夫娃宣布退出影坛，转而开始经商，她开了一家非常成功的化妆品公司。在契诃夫娃接受媒体采访时，很多媒体都会问及有关她间谍身份的问题，但是契诃夫娃从未承认她曾为前苏联的特工机构服务。而就在同一段时期，西方已经有很多描述奥尔加·契诃夫娃生平的图书出版，这些书中无一例外地将她称为前苏联女间谍中的精英。

1980年，奥尔加·契诃夫娃在柏林去世，享年83岁，而她的一生传奇和未解之谜，都随着她一起埋葬到了黄土之下。

战典回响

取得信任的力量

奥尔加为世界反法西斯战争作出了重要的贡献，和其他间谍最大的不同就是她同希特勒建立了直接的亲密关系。

在和希特勒亲密的接触期间，每次见到她，希特勒总是一副高兴的样子，侃侃而谈，话语中不时透露出纳粹军队即将部署的计划。她也总是能够在一群正襟危坐、商讨作战计划的军官面前泰然自若。她根本就不要去考证信息的来源与准确度，正是因为奥尔加·契诃夫娃的特殊性，她的所见所闻都是纳粹高层的直接信息，而这些信息都被她秘密地传递到苏联那边。

同时，奥尔加也是一名十分谨慎小心的间谍。在为苏联传递情报和从苏联接收情报的时候，她创立了一套可以说是密不透风的联络体系。被米勒怀疑之后，又从容镇定地应付了突然检查，在那之前就作好了准备，邀请了希特勒来家里做客，以至于米勒突袭行动失败。

间谍战

THE CLASSIC WARS

智慧与勇气的激烈碰撞

★沙场点兵★

人物：奥尔加·契诃夫娃

1898年，生于沙俄高加索地区，家庭背景显赫。其姑夫是俄国著名作家契诃夫，其姑妈是莫斯科艺术剧院的著名女演员。1914年9月，奥尔加与米沙·契诃夫在莫斯科一家教堂中秘密结婚。但是不久，因为米沙风流成性，奥尔加无法忍受，最终导致离婚。

1916年9月，奥尔加生育她与米沙的女儿。1920年，奥尔加与匈牙利电影制片人菲林茨·雅诺什结婚，并于1922年随丈夫前往德国。

到达柏林后不久，奥尔加因出演德国导演弗雷德里奇·穆瑙的电影《沃基洛德城堡》而走红，随后成为德国家喻户晓的明星。奥尔加随后与希特勒的情人爱娃·布劳恩相识，并成为密友，希特勒专门为契诃夫娃设立了"德意志帝国国家演员"的荣誉称号。在第二次世界大战期间，奥尔加得到了德国主流社会的认可，出入于纳粹军官聚集的场所。

第二次世界大战后，她被接回莫斯科，两年后返回柏林继续自己的演艺生涯。1955年宣布退出影坛后，开始经营化妆品公司，并取得成功。1980年，契诃夫娃在柏林逝世，享年83岁。

道具：姻亲

奥尔加·契诃夫娃出生于沙俄高索地区，家庭背景显赫。父母虽被强制俄罗斯化，但其具有日耳曼血统，所以奥尔加也继承了日耳曼血统。这虽然在初期对她来说没有什么特别的意义，但当她到了德国以后，她的血统对她的生活产生了非常大的帮助。

这其中值得注意的是，奥尔加的姑夫是俄国著名作家契诃夫，其姑妈是莫斯科艺术剧院的著名女演员。

日耳曼血统和契诃夫的侄女这两个因素使得她在德国期间备受青睐，德国宣传部部长盛赞她的美貌，就连元首希特勒都因为她的"高贵"血统和身份对她毫不怀疑，因此使得她在进行情报工作时顺风顺水，有时候情报甚至是"不请自来"。

战术：安插内应

奥尔加在为苏联情报机关服务时，遵循了她一贯一丝不苟的作风。上到元首希特勒，下至帝国其他有头有脸的人物，奥尔加都与他们建立了良好的关系，他们也成了奥尔加的情报源。通过这些关系，奥尔加可以经常与戈培尔、凯特尔、施彼罗姆等当时的重要官员见面并窃取情报。除此以外，她还与戈林关系良好。戈林的妻子同奥尔加是好朋友，同时她也是一名演员。

在20年代的时候，奥尔加就与三名年轻的德国军官互相认识。他们分别是阿尔布莱赫特·冯·克维林凯姆、维涅尔·冯·赫弗腾、艾利尔哈德·芬克，后来都成为德国的上校。克维林凯姆是德军作战指挥部的高级军官，而赫弗腾与芬克则来自陆军总参谋部。在当时的苏联指挥部门眼里，这三位德国军官手上的德国战术和战略都是不可多得的资源。

战典
THE CLASSIC WARS

智慧与勇气的激烈碰撞
THE CLASSIC WARS

间谍战

第九章

交际花
——用秋波代替电波

▲一个对自己不负责任、看起来有些水性杨花的女人，对于间谍来说，似乎是最危险的。因为她看起来是那么容易沉迷酒欲，似乎就是最容易泄露机密和疏忽大意的人。但正如越是危险的地方可能越安全，越是危险的人也可能越是安全的人。辛西娅作为世界上最出色的女间谍之一，无论她如何的留恋声色犬马，但那些都不过是她作为间谍的伪装，在玩世不恭的表面之下，是对爱人的眷恋和对间谍事业的坚忍不拔。

前奏：最动人的花蝴蝶

在剑拔弩张的第二次世界大战中，除了正面战场的炮火硝烟，地下战场也在进行着一场没有硝烟的战争。而在第二次世界大战众多出色的女间谍中，辛西娅毫无疑问是其中的佼佼者。

辛西娅原名叫贝蒂·索普，与"辛西娅"这个在第二次世界大战中赫赫有名的名字不同，她的本名普通到了极点。贝蒂·索普1910年出生于美国明尼苏达州一个高级海军军官家庭。因为父亲长年在海军陆战队里服役，所以童年的贝蒂的大部分时光都是在瑞士日内瓦湖畔的女子学校中度过的。后来她回到美国，在马萨诸塞州的达纳·霍尔学校得以继续她的学业。

或许童年的颠沛流离让她不能像平常的孩子那样拥有无忧无虑的生活，但是多年的游历增加了她的见识，也让她快速地成熟起来，独立的生活造就了她与同龄人相比更为成熟的性格。她对那些孩子气十足的男性充满厌恶，所以她称呼美国的男孩子为"妈咪宝贝"，觉得他们身上根本没有与自身年龄相匹配的成熟和稳重。尽管她对身边的男孩子非常轻慢，但作为一个情窦初开的少女，她心里也日渐萌发着对男性强烈的渴望。就是在这段时间，春心荡漾的贝蒂邂逅了比她年长二十岁的爱尔兰天主教徒——阿瑟·帕克。阿瑟·帕克是英国大使馆的官员，商务处的二等秘书。

阿瑟·帕克身上所具备的那种成熟男性的稳重和干练深深迷住了少女贝蒂，一个不到二十岁的妙龄少女就这样狂热地喜欢上了一个将近四十岁的中年男人。虽然年纪尚轻，但上帝似乎对贝蒂格外眷顾，在二十岁这样尚显稚嫩的年纪，就已经赋予了她窈窕的身姿、披肩的金发，还有一双碧波般清澈的大眼睛。年轻的贝蒂一颦一笑之间都充满了风情，面对这样得天独厚的尤物，哪个小伙子不会被她的魅力所折服？他们心甘情愿地围绕在她身边，等待和乞求着她的垂青。可是，在面对这些追求者的时候，贝蒂对他们根本看都懒得看上一眼。而那位让贝蒂神魂颠倒的帕克先生，不仅因为曾负过伤导致身体的健康情况并不理想，而且他为人自负、浮华、反应迟钝，理解能力也很差。在他人看来，这样的人作为普通朋友都很难接受，更别提要与他组建家庭。可贝蒂迷上了这个男人，不论外界如何反对他们，她依然选择嫁给他。

1930年4月，贝蒂终于跟阿瑟·帕克举行了婚礼。但是与帕克结婚之后的贝蒂，显然没有要留在帕克家做一个相

★美女间谍辛西娅

夫教子的妻子的意思。在与帕克结婚之后，她经常陪同帕克出席主流社会的宴会，从而成功地帮助她打开了社交界的大门，她成为在社交场合最受人喜欢的花蝴蝶。婚后的贝蒂依然对冒险和娱乐充满热情，继而还迷恋上了涉猎秘密活动，整天都忙于去应付各种各样的宴会。无法忍受的帕克终于爆发，两个人经常因为各种问题引发冲突，而且冲突不断升级。但是贝蒂对此毫不在意，因为她已经有大把的情人可以供她慰藉，她对于自己丈夫的需求仅限于某些公众场合。

1931年，贝蒂趁着帕克被调到智利圣地亚哥去做商务专员的时候，与一位富有的智利大亨打得火热。利用跟大亨一起玩马球的机会，贝蒂一举俘虏了这位大亨，让他成为自己的裙下之臣。随后，帕克又被调往西班牙任职，结果贝蒂在西班牙又与空军的高级军官有了私情。喜欢刺激的贝蒂似乎永不疲倦地奔跑在寻求刺激的路上，与别人偷情、挑战丈夫的自尊似乎已经不能满足她的需求了，谁都想不到，她还要寻求另外一种更具有刺激性的事情——当间谍。

初涉谍海：外交官夫人要转行

当一夜的激情过后，贝蒂看着身边酣然入睡的陌生男人时，她感觉到无所事事的烦闷，她开始在屋子里晃荡，为生命中突如其来的空白感到无力。就是

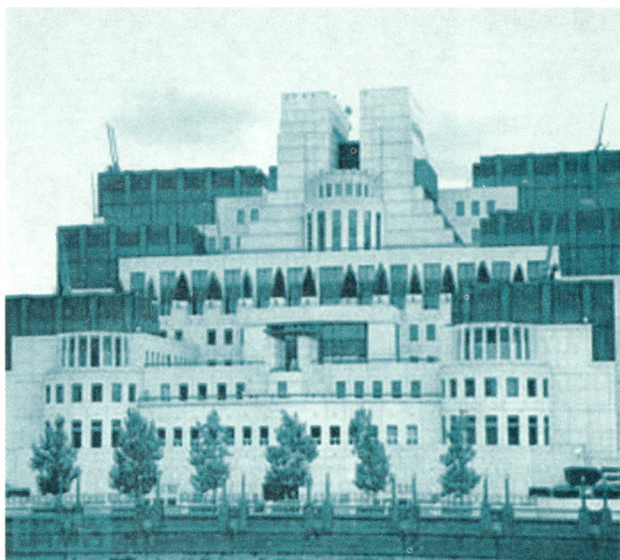
★英国陆军情报处，辛西娅为这里服务。

在西班牙空军军官的房子里，她看到了很多有趣的东西，那里面记录着很多国家的机密，贝蒂在阅读中发现了新的刺激。一开始，她只是随便从上面记了几条，然后通过关系将这些东西告诉了英国的情报机构，随即她就得到了一大笔报酬，英国的情报官员也开始尝试与贝蒂进行多次的接洽。

是的，外交官夫人贝蒂迷恋上当间谍，她已经不满足于去征服一两个男人了，她要去征服战争。贝蒂对间谍工作的热情及天赋让英国情报机构欣喜不已，但当时的贝蒂还不过是个业余间谍。于是，英国情报机构开始潜移默化地影响贝蒂，适当地教她一些谍报人员的基本技能。到西班牙内战爆发时，贝蒂已经成为一名出类拔萃的兼职间谍了。除了向英国情报机构提供一些情报，她还秘密释放了被捕入狱的飞行员，帮助不少西班牙独裁者佛朗哥将军的拥护者越狱。

1937年夏天，帕克调任到华沙，这时的贝蒂早已经不是明尼苏达州那个不谙世事的小姑娘。经过多年主流社会的熏陶，她已经拥有了渊博的知识和幽默风趣的谈吐。这一切加上她那本就迷人的容貌，更让她充满了魅力。这个时候的波兰已经笼罩在战争的阴影之下，因为英国在华沙的谍报能力非常薄弱，贝蒂在英国情报局的地位显得尤为重要。而早已经不甘心只是做一个兼职间谍的贝蒂，决心全身心投入间谍的工作中去，成为一名优秀的、合格的职业间谍。

贝蒂拥有让男人窒息的魅力，无论到什么地方，她必然是最受欢迎的人。她在各色人物之间游刃有余地穿梭，总是能探听出最确切的情报。当时的帕克因为患上脑血栓在外地住院疗养，这一段时间成为贝蒂大展身手的最佳时机。没过多久，贝蒂就成功引诱到了一名波兰的小伙子，这个小伙子是波兰外交部的机要副官，他的上司就是被称为欧洲最狡猾的政治家约瑟夫·贝克上校。小伙子平素老实干练，从而深得约瑟夫·贝克的赏识和信任，经常会替约瑟夫去捷克斯洛伐克和德国执行秘密任务。正是通过这个小伙子，贝蒂得以接触到波兰外交部的机密文件，甚至从那里得到了德国伊尼格默密码机的详细图纸。

老实的小伙子完全臣服在贝蒂的裙下，他对贝蒂可以说是言听计从，贝蒂让他把文件从外交部长的办公室拿出来，进行复制之后再悄无声息地放回原处，整件事几乎没有碰到什么麻烦。几乎没有费多少时间，贝蒂就把一张密码机的详细图纸放到了英国情报局的办公桌上。

当研究密码机的工作人员拿到这张图纸的时候，也不得不对贝蒂的能力深感佩服："为了搞到伊尼格默密码机的秘密，不知道耗费了多少人力和精力。为此美国和英国还在一定程度上进行了合作，尽管如此，得到的信息依然不完善。再加上后期又出现了好几种伊尼格默密码机的变种，这些都让谍报人员相当头疼。"

贝蒂卓越的才能很快引起了英国情报局安全协调局头目威廉·斯蒂芬森的注意，他对于贝蒂的工作能力感到惊讶而又满意，但他并不准备让贝蒂正式加入情报机关。因为，像贝蒂这样一个多才多艺的业余间谍才是"有价值的，可胜任重要工作的"，甚至要比职业间谍更为出色。

在得到了机要副官情人的帮助之后，贝蒂也适时向她的小伙子做出了回报，以他情人的身份，陪着他一起出访了布拉格和柏林。而更为神奇的是，既不是密码专家，也对这个领域一窍不通的贝蒂，居然从波兰秘密情报局里获得了德国国防军密码系统的索引和其他的情报。贝蒂在波兰的工作越来越突出，因此英国情报局决定想方设法让她离开波兰，去更大的舞台上施展自己的才华。而此时恰好帕克的健康已经完全康复，外交部就准备把帕克调往智利，并安排贝蒂随行。可就在这个时候，那位机要副官险些让英国情报机构的所有努力付诸东流。机要副官向外长提出，他要和自己的发妻离婚，以便正式迎娶贝蒂。

英国情报机构迅速安排帕克和贝蒂前往智利，深恐这位被爱情冲昏了头脑的机要副官破坏他们所安排的计划。斯蒂芬森相信，凭借贝蒂天生的间谍能力及一口流利的西班牙语，她在智利完全可以大展拳脚。而贝蒂已经是第二次踏上智利的土地了，第一次来到这个南美国度时，她刚与帕克新婚不久，至今已有七八年的时间。而帕克根本不知道，这一次的智利之行，就是他与贝蒂彻底分离的时刻。

在智利，斯蒂芬森早已经为贝蒂安排好了一切，他让贝蒂先成为一名记者，然后用她年轻时的名字前往美国。在此过程中她还需要让人们知道，这个年轻貌美的记者已经与她的外交官丈夫分手，如今是孤身一人。

离开了帕克的贝蒂更加享受这种独居的日子，她顺利地在圣地亚哥安顿下来，开始以记者的身份为当地的报刊撰写文章。不久之后，第二次世界大战爆发了，德军入侵波兰。而地处南美的智利是一个亲纳粹气氛比较浓厚的国家，贝蒂在文章中公开发表了抨击纳粹偏袒同盟国的观点，引起了当地政府官员的不满。因此，英国驻圣地亚哥的大使还对贝蒂非常生气。

战争爆发以后，美国是否参战直接关系到轴心国在战争中的命运，因此，华盛顿似乎是在一夜之间成为全世界的焦点，各路特工纷至沓来，世界上最激烈的谍战在华盛顿上演。当时斯蒂芬森正坐镇纽约，主要负责安全护卫和谍报工作，他认为这正是贝蒂大显身手的天赐良机。贝蒂虽然曾经居住在华盛顿，这里可能有不少她的熟人，这或许会给情报工作带来一些麻烦。但是斯蒂芬森深信，贝蒂作为"业余间谍"的身份将会成为她最独特的优势，这将使任何一个国家的间谍和反间谍组织都很难注意到她。她因此绝对能够轻易利用华盛顿的社交基础完成这项任务。

斯蒂芬森打定主意之后，就连夜把贝蒂接到了纽约，正式接收她为英国安全协调局的一员，并且让她化名"辛西娅"，前往华盛顿执行任务。从此以后，"辛西娅"这个极富诗意和传奇色彩的名字正式出现在了世界谍战史上。

风流记者：床笫与头脑的游戏

为了方便辛西娅的诱捕行动，安全协调局专门在华盛顿的上流社会居住区——乔治城为她租了一栋两层的楼房。在搬入新居后不久，辛西娅就接到了她的第一个任务——获取意大利海军的军用密码。

★华盛顿乔治城一角，辛西娅刚到美国就生活在这里。

为了完成任务，辛西娅的首要目标就是接近意大利驻华盛顿大使馆的海军武官艾伯托·莱斯上将。好在辛西娅在几年前就与这位海军军官有过数面之缘，算是老相识，而艾伯托上将显然还记得辛西娅那可以要人命的绝色容颜，所以当他们在华盛顿再次会面时，俨然是故友重逢，彼此都是无限感慨。

艾伯托·莱斯上将当时已经是人到中年，家庭生活稳定而又幸福，但是因为战事吃紧，他当时被海军武官的日常琐事折磨得焦虑不安，就在这个时候，美丽性感的辛西娅闯进了他的生活。辛西娅很快就用自己的万种柔情将他融化，而艾伯托上将则正需要找个情人放松他日益紧绷的内心，所以没用多久，艾伯托就成为辛西娅的爱情奴隶，心甘情愿地跳进了暗藏阴谋的炙热陷阱。他狂热地爱上了辛西娅，愿意为了这个女人牺牲掉自己经营多年的事业，甚至是甘愿付出生命。

辛西娅的才能确实非一般人能够具备，她可以准确无误地知道如何利用一个男人的感情及他的敏感区。在辛西娅看来，获取情报其实就是一场床笫和头脑之间的博弈游戏。当然，具体如何实施还是因人而异的。比如有些男人要先骗到床上，然后才能猛攻他的头脑；而有一些男人，顺序则刚好相反。艾伯托·莱斯就属于第一种，这对于辛西娅来说就简单多了。而且在交往中，当辛西娅暗示她在美国情报局里有朋友时，艾伯托·莱斯表现出了浓厚的兴趣。这样一来，对辛西娅来说，说服莱斯就成了非常容易的事情。正是通过莱斯，她成功地拿到了意大利海军的军事密码本以及将电文译成密码所用的图表，在复制之后即刻送往了伦敦。

1941年，英国皇家海军正是根据辛西娅获取的密码，成功破译了地中海东部意大利海军的全部暗号，并且最终在希腊沿海的马塔潘角附近打垮了这支舰队。意大利海军中的"阜姆"号、"波拉号"和"扎拉"号等巡洋舰悉数被击沉。后来，时任英国首相的丘吉尔如此评价这场战斗："这一仗在此关键时刻清除了轴心国对地中海东部英国制海权的一切挑战。"

在得到了密码之后，艾伯托·莱斯的利用价值也就到此为止了，况且他要是继续留在华盛顿，将会威胁到辛西娅。所以，辛西娅的下一个任务就是如何让这位正在热恋的海军上将离开华盛顿。

艾伯托·莱斯曾经告诉过辛西娅关于意大利、德国海军去美国港口破坏船只的联合行动计划。在艾伯托的利用价值结束之后，英国情报局就把这条情报转告给了美国联邦调查局，联邦调查局得知以后立刻上报给国务院。没过几天，艾伯托·莱斯上将就被逐回了罗马。辛西娅在码头与他吻别，肝肠寸断的上将与他心爱的女子做此生的告别，而辛西娅在拭去眼角泪痕的同时，还不忘向即将离别的情人索取下一位能够向她提供重要情报的意大利官员的联系方式。

辛西娅在意大利大使馆里的表现让安全协调局感到非常满意，斯蒂芬森随即

★法国维希傀儡政府所在地

决定给辛西娅安排另一项重要的任务，继续利用她出色的技能，以获取法国维希政府驻华盛顿大使馆的密码。

但斯蒂芬森心里明白，比起诱惑一个反纳粹的意大利海军军官来说，这个计划要难很多。这项任务与之前的任务完全不同，没有任何头绪，一切必须从头开始。首先要找到一个接触法国大使馆高层人士的理由，再开始寻找可以利用的线索。为了这次重要的任务，斯蒂芬森决定向辛西娅面授机宜。1941年5月的一天，斯蒂芬森来到辛西娅在华盛顿的住处拜访她，于是，辛西娅第一次得以见到她上司的庐山真面目。

在彼此熟悉之后，斯蒂芬森向辛西娅布置了下一步的任务。并且告诉辛西娅，让她必须了解现在的形势："显而易见，现在的法国维希政府对大不列颠已经没有什么感情可谈了。他们已经饱尝过被纳粹德国占领故土后的流离之苦，他们或许也希望英国尝尝这样痛苦的感觉。法国驻华盛顿大使馆正为了实现这一目的不顾一切地拼命，依照盖世太保模式建立起来的法国秘密警察，现在正活动在华盛顿附近，依靠宣传、破坏甚至是暗杀的方式来阻止美国参战。作为英国情报机构的工作人员，你在完成工作的同时，必须防范暗杀，因为你要知道，你很有可能也是被暗杀的目标之一。"

斯蒂芬森告诉辛西娅，必须将维希政府驻华盛顿大使馆和欧洲之间来往的全部邮件——函电、私人信件和明码电报都交到他的手里。他不断地强调，他所要的是"全部"。斯蒂芬森在离别之际对辛西娅再次重申："这是最低要求。"

辛西娅自认为，如果她愿意，她能使任何一个男人向她吐露机密。在应对异性的问题上，她有最大的自信心。然而，这个新任务是要求她打入维希法国大使馆内部，并窃取其机密，所冒的风险比以往的任何一次任务都要大。维希法国大使馆拥有自己的秘密警察组织，只要被认为是可疑分子，都会被毫不犹豫地干掉。以埃德加·胡佛为首的美国联邦调查局并没有掌握她的情况，因此难以对她进行保护；况且，人们都知道胡佛对英国人并不友好，保护的事就更说不准了。尽管困难重重，辛西娅还是毫不迟疑地接受了任务。

作为受雇于英国情报局的临时间谍，辛西娅不只是依靠脸蛋在各国大使馆之间周旋，她的冷静和坚韧才是她成为出色间谍的真正法宝。在对法国维希大使馆的人员进行了深入的调查研究之后，她明智地决定，不从众目睽睽的华盛顿下手，而是采取迂回战术。她的视线落在了纽约，因为维希法国人集中居住的地点就是纽约的比埃尔旅馆。

她一开始常常去看望一位在智利认识的女友和一位英国妇女，并想方设法从她们的嘴里打探到一些自己所需要的讯息。这两个女人的其中一位嫁给了德国伯爵，另一位则是维希法国商人的太太。辛西娅的努力没有白费，她从两位夫人那里了解到了维希法国驻华盛顿大使馆人员的基本情况。而且在交谈中她还得知，维希法国驻华盛顿大使馆大使加斯顿·亨利·海耶正在和一位有家室的女人私通，大使本人素来对美国的政界人士没有好感。辛西娅想通过采访寻找突破口，所以她问："那么谁在负责大使馆的新闻事务呢？"

"是一个能让女人着魔的男人"，辛西娅的智利女友告诉她，"是查尔斯·布鲁斯上尉，曾在法国海军航空部队担任过歼击机驾驶员。说来让人惊奇，如此一个美男子，怎会甘心到遥远的华盛顿来做一份不是他本行的工作呢？"

正是从这位智利女友口中获悉，这位查尔斯·布鲁斯上尉很喜欢英国，对英国人也颇有好感。在战争的初期，他曾经作为英法情报委员会的成员，与英国皇家空军的军官们有过非常良好的合作关系。同时，查尔斯·布鲁斯上尉对维希法国赤胆忠心。但即便如此，他对德国人依然全无好感可言。

在得到了这些消息之后，辛西娅立刻决定将查尔斯·布鲁斯确定为自己的主攻目标，她决定以采访大使为借口来寻求接触查尔斯·布鲁斯。

辛西娅心中明白，这次行动对她来说是前所未有的挑战，她正在面临间谍事业中最重要的使命。但这正是喜欢寻求刺激的辛西娅所需要的，越是看似艰巨的任务就越能让她充满干劲。她先与纽约办事处核实了关于布鲁斯的一些情况，结果与她获取的信息完全符合：在法国沦陷前的一段时期里，查尔斯·布鲁斯确实与英国皇家空军一些军官关系不错。

而这一切，似乎都开始向着对辛西娅有利的方向发展。

明争暗斗：辛西娅的神奇魔力

美国记者辛西娅要求采访法国大使的申请提出不久，就获得了大使馆方面的答复，大使馆方面告诉辛西娅，大使已经决定接受她的采访。但是辛西娅第一次获得与布鲁斯通话的机会，却费了不少周折。在开始安排具体的采访时间时，辛西娅并没有能够和布鲁斯通上话。虽然接线员告诉她会将她的话转告给布鲁斯，但辛西娅依然坚持要等到布鲁斯来了以后，再亲自打电话过来。努力终于没有白费，她跟布鲁斯通上了话。

然而，布鲁斯对战事的一切进展守口如瓶，他总是很谨慎地谈到一些关于战争和政治问题的事情。有一次，他们在一家饭店会面，布鲁斯看到有一个维希秘密警察坐在桌子的不远处，随即告诉辛西娅，他们两个人这样的交往会为他们带来麻烦，因为维希秘密警察一直在盯着他们，并对他们的一切都进行监视和看管，因为秘密警察并不喜欢法国人和美国人走得太近。

让辛西娅更觉糟糕的是，维希政府此时为了节约开支，决定削减驻外人员的数量。大使通知布鲁斯，他必须尽快返回法国，但布鲁斯却一点儿也不想回到巴黎去，因为回去以后他就必须去做那些让他厌倦的爬格子的工作，情况或许比他预想的还要糟糕，他深知自己可能会跟着轮船在码头之间无所事事地来往穿梭，所以他提出了抗议。

大使对布鲁斯现在的处境深表遗憾，但是他能够帮助布鲁斯的只有一个办法，那就是：他要是愿意接受只拿一半薪水的条件，那么他就能留在大使馆里继续工作。

在华盛顿这样一个物价高昂的城市，只拿一半的薪水，还要养一个妻子，对布鲁斯来说实在没有比这更糟糕的事情了。而且他喜欢应酬交际，喜欢享受主流社会的生活，如此微薄的薪酬如何能应付得了他喜欢的生活呢？思前想后，他觉得唯一可行的方法就是带着辛西娅一起返回法国。在回到法国以后，至少有维希政府严格的定量配给制，在这样的条件下，他还可以勉强应付日常开销。

在跟大使进行沟通之后，他马上去找辛西娅，将详细的情况告诉她，他征求着辛西娅的主意，问她是否愿意随他去法国，同时，他向她敞开心扉，告诉她自己已经深深地为她着迷，并且希望能够娶她作为自己的妻子。

突然有这样一件事发生在一名间谍的身上，这肯定是没有办法想象的，所以辛西娅知道她不能擅自做主。毫无头绪的她答应布鲁斯考虑一段时间，但同时又提醒他，对这件事他最好不要抱太大希望。

辛西娅把事情的原委报告给联系人，她的联系人一开始认为，辛西娅不能跟随布鲁斯回法国，工作会被私情左右，这种事情是绝对不能发生在谍报人员身上的。但是辛西娅依然非常冷静，她相信除了布鲁斯，她很难再找到在维希大使馆内向英国安全协调局提供所需情报的人。

联系人在听取了辛西娅的解释之后，经过思考和与上司的商议，然后提出，布鲁斯如果接受只领取一半薪酬留在华盛顿工作的话，他们倒是能够把他弄到英国来。如果这件事情最终得以实现，那辛西娅就需要多准备一些钱，因为布鲁斯所需的援助就要由辛西娅来承担。对于这个方法，辛西娅并不赞成，她了解布鲁斯，布鲁斯不是那种会依赖女人维持生活的男人，他有着法国男人的浪漫，也有着法国男人的高傲。毫无疑问，这个办法根本不可能把问题解决。

经过长时间的讨论之后，安全协调局想到一个铤而走险的办法：让辛西娅去向布鲁斯坦白自己的间谍身份，但是必须声明自己是在为中立的美国效劳，而不是英国。布鲁斯如果答应能把大使馆里一切有关战争的来往信函和密码电报告诉给辛西娅，那么他就能够得到相应的资金援助。安全协调局的工作人员认为，这无疑将是一场生死博弈。但辛西娅认定布鲁斯已经完全为自己着魔，为了能够在一起，他愿意去做任何事情。而且更为重要的是，通过这段时间的亲密相处，她已经敏感地发觉，布鲁斯对维希政府的感情并不像他表现得那么赤诚，所以她相信布鲁斯肯定会同意她所提出的办法，成功的关键是在于如何把握好讲话的时机。

为了让这次计划成功，辛西娅做了精心的安排，她首先要做的事情是让布鲁斯接受她是个间谍这一事实。辛西娅认定，只要布鲁斯默认了她的计划，他就一定会抛出诸多疑问，比如谁是辛西娅的后台，他应该如何向大使解释等等。

辛西娅知道这就是成败的关键，她完美地扮演着她所担任的角色，一个深陷情网的女间谍。但布鲁斯生性机警，他有着很多的怀疑和猜想，他甚至开始怀疑辛西娅从一开始就在玩间谍的把戏，她所做的一切只不过是为了诱骗取得他的情报。两个人因为这件事发生了争执。已经疯狂爱上辛西娅的布鲁斯无法接受此时的真相，他的情绪非常激动，几乎随时随地都要疯掉。但在对付男人这方面，辛西娅自有她的绝招，只要把布鲁斯带进她的卧房，用她的万般柔情稍加爱抚，他就会不顾一切地陷入她的温柔陷阱里，所有的不快也就此平息下来。

在温柔的床上，她依偎在布鲁斯的胸前，满怀深情地告诉他，如果他们两个人想要长相厮守，这是唯一的办法，没有别的选择。但是布鲁斯并没有马上给辛西娅答复，就是在这几天时间里，很多问题正在困扰着布鲁斯，他一直在苦苦挣扎，想知道自己这么做算不算卖国？他是否要马上改变主意？他在痛苦中作着思想斗争。而辛西娅在床上更是使尽了各种手段，她深知成败在此一举，她的心情同样忐忑不安，她深知布鲁斯一旦知道了她其实是在为英国人效力，整个计划就必然会遭致失败。

一天，布鲁斯突然收到法国海军司令部达尔朗上将发来的海军的一份通知的副本，要求他将美国船坞停泊待修的英国军舰和商船的所有情况收集起来。谁都知道，达尔朗与纳粹德国的关系很不正常，很明显需要这些情报的并非达尔朗本人，而是德国的海军情报局。这件事让布鲁斯难以平复心中的怒火，他马上拿着这份通知去见辛西娅。

布鲁斯见到辛西娅之后，平静地把通知递给她，之后他又交给她几份海军武官发给达尔朗的复电副本。正是根据这些资料，英国的许多军舰躲过了德国人的攻击，得以幸免。

又是在温柔的床上，辛西娅向布鲁斯问起他为什么会把这些情报交给自己，布鲁斯严肃地回答："法国人是不会给德国人当密探的。"布鲁斯从此以后就开始提供大量情报给辛西娅。凡是辛西娅感兴趣的东西，他都会想方设法地弄来。对于辛西娅和英国情报机构来说，布鲁斯可以说是无价之宝，他提供的每一项情报几乎都准确无误，而且他还逐日给辛西娅写书面报告。

然而辛西娅为了得到这些价值连城的情报，也并非没有付出任何的辛酸。她怀上了布鲁斯的孩子，但是为了不让情况进一步复杂化，她并没有通知英国安全协调局，也没有告诉布鲁斯。她借口去看望朋友，在纽约做了人工流产。直到手术完成之后，她才将这件事告诉了斯蒂芬森。

英国安全协调局在这一时期并非只使用了辛西娅这一个女间谍。仅在纽约，除了辛西娅之外至少还有两个人，其中一个是法国人，另一个是英国人，她们定期来往于纽约、华盛顿与波士顿之间。

三个女人几乎都是使用她们女性的魅力来猎取情报的，然而唯有辛西娅给斯蒂芬森印象最为深刻。她总是迅速物色到最恰当的情报来源，并且以行家里手的娴熟技能诱惑猎物，她的才能出众如鹤立鸡群。而当斯蒂芬森得知她并未引起什么惊扰、非常冷静而又明智地解决了怀孕的问题时，他就知道她是一个多么优秀的间谍，对她更为器重。同时，他也不无担心，深恐美国联邦调查局可能会伤害到他的情报人员。所以他警告辛西娅，联邦调查局看到她跟布鲁斯上尉如此形影不离，肯定会怀疑他们之间可能存在间谍关系，甚至有可能会猜忌辛西娅是个纳粹间谍。

在与辛西娅商议之后，斯蒂芬森决定让辛西娅离开她在乔治城的寓所，而到沃德曼公园旅馆住下。布鲁斯和他的全家正住在沃德曼公园旅馆，辛西娅选择离布鲁斯的妻子如此之近，这个举动表面上看来非常危险，但是却能够方便辛西娅和布鲁斯在没有任何外界监视的条件下亲密接触。当然，他们在交往时也非常小心，他们从来不会出现在旅馆的酒吧间，而会直接约在辛西娅的房间里。

使馆窃密：她的嘴唇决定战争

随着战争的发展，英国海军情报局在1942年初急于想要得到维希法国海军的密码，这让辛西娅很有压力。日本在1941年底偷袭珍珠港，太平洋战争爆发，美国虽然加入第二次世界大战，但把更多的注意力放在了远东地区，英国人则希望美国能够多关注一些对德国的战争。而想要美国人重视欧洲战场，英国人就必须让美国人知道一些切实的情报，让他们意识到欧洲战场的重要性。所以英国人感到，得到维希政府的海军密码就是解决这件事情的最好办法。

辛西娅因此被召到纽约，她的上司把英国安全协调局的要求告诉给她：安全协调局明确要求她必须把这种密码搞到手。要是换成其他人，对英国人这种异想天开的想法肯定会断然拒绝，因为这件事看起来是根本不可能办到的，但是辛西娅只是说："这当然是不可能的事情。但是，我喜欢干不可能的事。"这就是辛西娅，她的人生之路上永远需要新的刺激，她甚至因此喜欢上了新的任务。她的新目标是首席译电员贝诺瓦。

对辛西娅来说，她的新目标首席译电员贝诺瓦无疑是个难缠的对手，他几乎是个不可能被攻破的对象。首席译电员贝诺瓦以恪尽职守著称，为人古板、严谨，做事一丝不苟。辛西娅无坚不摧的手法在他面前一下子完全失去了效力。

面对古板的贝诺瓦，辛西娅的魔力失效了，她为此感到非常烦恼。经过思考，她决定掉转矛头，将注意力转向贝诺瓦的继任者。很快，她就了解到，这位继任者是一名机要员，他有一个妻子和一个孩子，他的妻子正在孕育第二胎，现在的他独自一人住在一套公寓里。辛西娅根据以往的经验断定，丈夫在妻子怀孕的时候是最容易被攻破的。

但是事情并未如此顺利，外交部长们也深知此时是最为敏感和紧张的关头，所以他们提醒机要员要万分小心，尤其要提防间谍的渗入。对此，辛西娅当然知道，但是她毫无畏惧，她甚至事先没有与这名机要员邀约，就直接去敲响他的门。机要员看到忽然出现在他门口的辛西娅心存疑虑，但还是热情地接待了辛西娅。

其实，在辛西娅见到机要员之前，她就作好了心理准备，这个机要员如果痛痛快快地把情报给她，她倒是愿意陪机要员在床上温存一番。但机要员认为，虽然这样的艳遇可遇不可求，但也不能因此毁掉自己的前程。

辛西娅不像其他间谍那样喜欢偷偷摸摸做事，她一开始就把一切挑明，她告诉机要员，她是为美国人工作的间谍。但是她对法国无限深情，希望看到法国恢复独立，摆脱纳粹的统治。她现在所需要的海军密码，正是为了能救法国人民脱离苦海。当然，她也知道，机要员的薪水本来就不高，所以她提出，只要机要员能够提供密码，并且在密码变更后随时给予更新，那么辛西娅可以定期付给他一笔可观的报酬。

老实的机要员并没有满足辛西娅的要求，他对辛西娅说了"不"，这让辛西娅很是失望。

但这并不意味着这位机要员没有被辛西娅的美貌打动，辛西娅在一天夜里走进沃德曼公园旅馆的电梯时，机要员突然走了过来，并且向她亲切问好。事出突然，辛西娅非常担心有人在这里看到他们见面，她只好请他去她的房间。

虽然事情依然没有明显的进展，但是机要员突然出现在辛西娅的酒店楼下，这让她相信，事情已经逐渐有了转机。但是，这一次，辛西娅失算了，在与机要员一番云雨之后，机要员依然没有说起密码的事情。

更倒霉的是，正当她和这位机要员商量下一次的约会时，布鲁斯打电话说他正在来看她的路上，她赶紧把机要员推出她的房间。慌慌张张离去的机要员在走廊里正好碰上了布鲁斯，布鲁斯对辛西娅的放荡行为非常生气，他为此暴跳如雷，但是他没有办法就此离开辛西娅，他依然炽热地爱着她。

辛西娅看到布鲁斯恼羞成怒，先是平息了一下自己的内心，随即就开始挽回布鲁斯。她知道布鲁斯依然深爱着她，她告诉布鲁斯，自己在这样的性欲游戏里并未感觉到有什么惬意，这件事情其实也是因布鲁斯而起，如果布鲁斯从一开始就答应帮忙，她也不会因为上司的急命而出此下策。

经过争吵之后，两个人都冷静了下来，他们这才意识到彼此都已经处于非常危险的境地。布鲁斯毫不怀疑那位机要员会去向大使告发辛西娅，他会以此作为自己的政治资本，从而在仕途上平步青云，辛西娅这次无疑是偷鸡不成反蚀把米。所以他警告辛西娅，现在她有可能会被维希政府的秘密警察暗杀，而布鲁斯自己也可能会面临同样的灾难。当然，布鲁斯并不知道，辛西娅的危险还在于她很可能已经危害到英国的整个秘密情报机构，如果她暴露了，那么英国情报机构将再也无法从维希法国使馆里得到任何他们想要的东西。

失败的厄运似乎已经萦绕在他们的头顶，但是辛西娅从来不是一个甘心失败的人，她开始慢慢冷静下来，思考解决问题的方法。有一段时间，辛西娅甚至停止了所有活动，她将这次的失败作为羞辱性的鉴戒，她重新开始考虑计划。而布鲁斯不止一次就他的粗暴无礼向辛西娅赔礼道歉，并希望辛西娅能够忘掉那些事情，让他们俩和好如初。在这个时候，辛西娅早已经放下了她和布鲁斯的儿女私情，他们在如此危急的时刻必须站在一起面对所有的困难，想好力挽狂澜的计划。

布鲁斯和辛西娅进行了长时间的分析和讨论，他们终于从失败的黑暗中找到一丝希望的曙光，而这一切都要取决于布鲁斯的冷静与沉着。布鲁斯决定，与其被动地等待命运的安排，不如马上对这位机要员可能采取的报复性行动予以反击。布鲁斯一直都极为蔑视这位机要员同事，他深信这个贪利好色的人肯定不是自己的对手。果然，没有多久，大使就找布鲁斯进行谈话。大使并没有顾左右而言其他，直接就告诉布鲁斯机要员的举报，他拒绝了辛西娅要他出卖维希机密和许诺给他的一大笔贿赂，并问布鲁斯对此有何看法。

听到大使的话以后，布鲁斯显得很冷静，他随即摆出一副漫不经心的神态。他告诉大使，辛西娅出生于一个良好的家庭，如今更是一个颇有声望的美国记者。她父亲曾经在美国海军陆战队服役，在飞华盛顿颇有声望。而且现在的美国已不再是中立国，在这个时候，如果大使馆对辛西娅有所动作，势必会惹恼美国政府，在如此敏感的时期去捅这个马蜂窝，恐怕是非常不合时宜的。"再者，如您所知，这位机要员是位臭名昭著的流言飞语的传播者，他只会夸夸其谈，从来没有做过对国家和政府有益的事情，如今他的这些言行只会损害到法国的利益。"布鲁斯补充说。

于是大使同意不去招惹美国当局，因为可能有华盛顿的上层人士在担当着辛西娅的保护人。对大使的决定布鲁斯表示同意，接着又说："最令人担忧的是，这位机要员之所以如此恶意中伤辛西娅，有可能是辛西娅拒绝了他的淫荡要求，所以他才会伺机报复。"接着布鲁斯就暗示大使，这位机要员一直都喜欢散布流言、搬弄是非。于是，大使就询问这位机要员还散布了些什么流言，这个时候，等候良久的布鲁斯打出了他的王牌，他告诉大使，这个机要员曾到处散布关于大使本人与一位男爵夫人的艳闻逸事。

布鲁斯的这一招可以说得上是立竿见影，大使闻言后，神情显得十分尴尬。他非常感谢布鲁斯能如此推心置腹，他们之间的谈话到此就告一段落。大使的效率非常惊人，在布鲁斯和大使谈话之后不到24小时，那位机要员就被告知不必再负责机要室了。出色的战斗机驾驶员布鲁斯，只用了三拳两脚就击败了他的对手。

将机要员赶走是辛西娅和布鲁斯战胜的眼前最大的一次危机。但是，怎样把密码弄到手依然是个棘手的问题。两人经过进一步的商讨后，决定使用唯一的办法：夜盗机要室。这就意味着，这次盗窃活动必须是他俩亲自参加。所幸机要室位于使馆大楼的底层，房间里还有一扇窗子，窗子外面的草坪周围长满了树木。辛西娅把这个主意汇报给纽约，并给他们绘制了一张大使馆的详细图纸，在图中特别介绍了机要室的位置和结构。

英国安全协调局对辛西娅建议的最初反应是，对于秘密情报组织来说，企图偷盗大使馆实在是一个发了疯的计划，辛西娅无疑是要做一件疯狂的事情。英国安全协调局最初并不支持这个计划，但最终有两个因素改变了斯蒂芬森的看法：第一，丘吉尔迫不及待地来电催促密码；第二，布鲁斯现在既然已经成了辛西娅的伙伴，如果有他在大使馆方面做内应，这件事看起来确实有一线成功的希望。

但事情并未如想象的那么容易，布鲁斯在整个计划中只能作为内线或者是充当一下诱饵，要真正执行这个计划，必须要有一个能开启保险柜的真正的窃贼。

传奇未完：美女间谍的模板教材

可是，要去哪里寻找一个真正的窃贼呢？其实在第二次世界大战期间，英国秘密情报局和陆军总部就把一批在欧洲属上乘的撬保险柜窃贼从监狱中释放了出来为自己所用。可是让斯蒂芬森难以理解的是，伦敦方面如此迫切想要得到密码，但秘密情报部门却没有把他们所掌握的那些高明的撬保险柜的专家送美国来。好在当时美国已经参战，英国安全协调局与美国战略情报局（即美国中央情报局的前身）也达成了合作关系，或许可以向战略情报局那里寻求帮助。

除此以外，斯蒂芬森之所以选择这样做，也是为了保证他的组织，特别是辛西娅不会受联邦调查局的危害。尽管美国在当时已经是英国的盟国，但联邦调查局的头目埃德加·胡佛对外国一律采取怀疑、妒忌的排外政策，联邦调查局在他的带领下有时仍然拿英国人当敌人一样对待。所幸美国战略情报局并不喜欢胡佛的那些偏激举措，他们不但答应斯蒂芬森对盗窃计划完全保密，而且还向他许诺，辛西娅一旦被捕，他们也会通过各种渠道全力搭救，并以某种合法的方式为英国进行掩饰。

斯蒂芬森在战略情报局的帮助下，从纽约的一所监狱里找到了一个窃贼。这个人有个绰号叫"窃贼乔治亚"，他是加拿大人，为人非常冷静，并且是这方面的行家里手，他为自己拥有如此特异的技能感到骄傲。他和他的那些英国同行一样，也是在答应自愿从事夜撬敌人保险柜的危险工作之后，才从监狱里被放出来的，而远离牢狱之苦就是他们从事这项危险工作的所有报酬。当然，在第二次世界大战之后，他们重新回到了市井巷陌里，他们是未被历史记住，也从未被他人赞颂过的英雄。

窃贼抵达华盛顿之后就与辛西娅和布鲁斯一起开了一次会，他认为还需要进一步了解保险柜和机要室的具体情况。于是，辛西娅就说服布鲁斯无论如何也要找个借口闯入机要室去看一看，并把所看到的一切都记在心里。当时有个天赐良机，就是老贝诺瓦将要退休，布鲁斯就以这个为借口，说顺便进去同他聊聊，以作为告别的仪式。

但即使在这样的情况下，古板的老贝诺瓦仍坚持在未经许可的情况下，任谁都不能违反进入机要室的规定。"关于保密原则的规定，布鲁斯先生，我想没有人比你更清楚了。所以，你是不能进来的。"贝诺瓦说。

布鲁斯摊开手笑了笑："我当然知道，亲爱的贝诺瓦，但这是特殊情况。你瞧瞧，我总不能站在走廊里跟你道别呀。"

就这样，贝诺瓦才默许布鲁斯进入机要室内，但贝诺瓦仍然要求布鲁斯不要在里面逗留太长时间。布鲁斯因此只有几分钟时间得以观察保险柜：它的位置、编码器、报警器等。在这方面，他并不算是个行家，所以当那位加拿大窃贼向他提问的时候，他才意识到，对必须了解的许多情况都未能掌握。但是，窃贼高超的技术弥补了布鲁斯的不足，这个警觉、瘦小的男人凭着与生俱来的细致、耐心的盘问和娴熟的技术，将保险柜的全图勾勒了出来。在细心地询问布鲁斯之后，这个窃贼最后得出结论："这是一个莫斯科牌保险柜，锁上安有咔嗒作响的转向器，大约有四个转向轮。"他估计自己能够在55分钟内把保险柜打开。

保险柜的问题解决了，摆在面前的新问题是，如何把这个盗贼带进大使馆里去。大使馆负责夜间保卫的人员素来以警惕性高著称，他们的腰间总是别着手枪，在大使馆来回不停地巡视。好在大使馆晚间只有一位夜间值勤的保卫人员。布鲁斯在经过认真的计划之后，跟英国安全协调局及辛西娅共同拟定了一个非常大胆的计划。那天晚上，布鲁斯对保卫人员佯称自己将有一大堆积压下来的工作需要处理，所以需要在大使馆内加几个夜班，还有可能待到很晚。布鲁斯给保卫人员提供了一些必要的报酬，希望他能够对此事保密，并告诉他："另外，晚间也许有一位女朋友将与我做伴。你知道的，我不能把她带到旅馆去，以免让我夫人警觉。"

夜间的保卫人员恍然大悟，布鲁斯能够把这样的秘密告诉他，让他受宠若惊。信任加上金钱的作用，夜间值班员就这样被彻底收买了。

于是，辛西娅连着几个晚上都跟着布鲁斯出入大使馆，负责值勤的夜间保卫人员对辛西娅与布鲁斯进出大使馆已经感到习以为常了。而辛西娅和布鲁斯则守候在办公室里，仔细听着外面的动静，他们拿着表注意着值班员来回走动的脚步声。辛西娅发现，值班员的巡逻非常有规律，每走一圈总会是60分钟左右。

时间非常短暂，所以辛西娅和布鲁斯很难帮助窃贼潜入大使馆。回去之后，窃贼就手把手地教辛西娅如何撬开保险柜，可辛西娅总是没有办法成功。似乎唾手可得的密码本，却又如同远隔万里。安全协调局和丘吉尔都已经急不可耐，布鲁斯和辛西娅不得不想办法让窃贼亲自进入大使馆了。这一次，布鲁斯带着辛西娅去了大使馆，他们把汽车停在毗邻大楼的街上，窃贼就在车里等候。在黑暗中，辛西娅和布鲁斯都脱光了自己的衣服，他们两个人一块儿躺在地上，等值班员巡逻折回来时，他们就紧紧地抱在一起，值班员的手电无意间照到了地上一对正在痴缠的男女。值班员见到这样的情景，急忙关掉手电，连声致歉之后退了回去，这一夜就再也没有来打扰他们。布鲁斯继续躺在地上监视，辛西娅则穿上衣服把窃贼带进了大使馆。

窃贼很快就打开了保险柜，密码本就这样被拿

★盟军能够在北非登陆成功，辛西娅功不可没。

了出来，传到围墙外面之后，几架照相机对着密码本连拍了五个多小时。从此以后，维希法国对英国来说再没有秘密可言。1942年6月，盟军征服了马达加斯加，随后准备在阿尔及利亚和摩洛哥登陆。11月，北非登陆作战成功。在此过程中，盟军几乎没有遇到维希政府军队的任何抵抗，而这些正是得益于辛西娅取得的密码本的帮助。

但是，北非登陆之后，美国与维希法国的外交关系中断，维希政府大使馆的所有人员都遭到扣押，布鲁斯自然也在其中。辛西娅则继续为斯蒂芬森工作，但是从未切断与布鲁斯的联系。1944年，重获自由的布鲁斯和辛西娅一起前往里斯本，法国解放后回到巴黎，之后布鲁斯就与他的妻子离了婚。

1945年11月3日，阿瑟·帕克死在了公寓里，据说为自杀，他与辛西娅的婚姻自此画上了句号。第二年，辛西娅与布鲁斯终于结成伉俪，婚后，他们一直生活在法国南部一座中世纪的城堡里。1963年10月，辛西娅患口腔癌逝世。辛西娅去世后，布鲁斯一直孤守空城，再未续弦。

后来，辛西娅的老上司斯蒂芬森在他出版的回忆录《秘密战争》中，称辛西娅是改变了战争进程的人。

战典回响

舌头上的胜负筹码

在华沙的谍战场上，贝蒂最大的成就就是成功引诱了一名波兰小伙子，并成功取得了非常重要的机密信息。这个波兰小伙子是波兰外交部的机要副官，他的上司是欧洲最狡猾莫测的政治家约瑟夫·贝克上校。通过这个小伙子，贝蒂可以有机会接触各种各样的机密文件，并且，从他那里得到了德国伊尼格默密码机的详图。

妩媚身姿的背面

1940年至1941年冬，正式启用辛西娅这个代号之后，她获取了意大利海军的军用密码。辛西娅成功捕获了意大利驻华盛顿大使馆的海军武官艾伯托·莱斯上将，拿到了意大利海军的军事密码本以及将电文译成密码所用的图表，并立即复制送往伦敦。1941年，英国皇家海军凭借着辛西娅获取的密码，成功破译了地中海东部意大利海军的全部暗号，并在希腊沿海的马塔潘角附近，将这支舰队全部打垮。

不光对男人操纵有加，为了获取法国维希政府驻华盛顿大使馆的密码，她常常去看望一位在智利认识的女友和一位英国妇女，希望从她们口中听到对自己有用的讯息。从两位夫人那里，她获得了对维希法国驻华盛顿大使馆官员的人事情况的完整印象。

不但有美貌与智慧，她还具备非常的胆识。辛西娅孤注一掷向布鲁斯坦白自己的间谍身份，并且正在为中立的美国效劳，并不是英国。她成功地拉拢布鲁斯，并且使其成为她的得力助手，并获得了所需要的大使馆的一切有关战争的来往信函和密码电报。

★ 沙场点兵 ★

人物：辛西娅

辛西娅原名贝蒂·索普，1910年出生在美国明尼苏达州明尼阿波利斯市，此后曾在波兰、智利、美国等地进行间谍活动，1963年10月因口腔癌病逝。她身材苗条，一头金黄色的头发飘逸在双肩，还有一对蓝色的大眼睛。辛西娅曾为盟军在第二次大战中的胜利作出了重大贡献。

道具：身体

在她看来，获取情报是一场床笫和头脑之间的游戏。当然，因人而异是必须的。有些男人先是要上床的，然后才能猛攻其头脑；而另一些男人，顺序则刚好相反。辛西娅对此有着丰富的经验以及一大堆成功的事例。

战术：床上的交易

通过最开始与西班牙空军的高级军官有私情，从而获得了英国政府急需得到的有关内战的各种情报，使她对自己的魅力充满自信，并对男人完全了解。当然，在这之前，天性浪漫又不畏惧挑战的她，结婚之后就拥有了很多裙下臣，这也成为她后来间谍工作成功的契机。

战典
THE CLASSIC WARS

智慧与勇气的激烈碰撞
THE CLASSIC WARS

间谍战

第十章

咎由自取
——无耻可悲的叛国之花

　　▲叛国者是最可耻的。战争时期，背叛自己的祖国，投靠敌国，永远都不会得到人民的原谅。历史是公平的，背叛人民的人最终必将遭到历史的惩罚。川岛芳子，这位清朝皇族后裔，铁心投入日本帝国主义怀抱，身体里流淌着中国的血，却干着危害中国的事，为中国人民所痛恨。抗战结束，这名号称"东洋之花"的叛国者就受到了应有的惩罚。

前奏：东渡日本的皇朝后裔

川岛芳子的一生颇具戏剧色彩。她出生在清朝王室，是肃亲王的第14位女儿，也是末代皇帝溥仪的远房侄女。她姓爱新觉罗，字东珍，名显玗，又名金诚三、金梦芝、金璧辉。

不过，她没有在皇宫中度过她的整个童年时代。辛亥革命以后，为了加强中日两国的友好关系，也因为肃亲王体谅日本人川岛浪速没有儿女，于是把自己的这个女儿赠送给对方作为继女。到日本之后，她改名为川岛芳子，此外还有另两个日本名字川岛良子和川岛良辅。从那以后，她接受的都是与以前截然不同的日本家庭教育，在那样的黑暗环境里渐渐成长为一个具有畸形变态的性格和信念的人。在日本生活12年以后，她已经出落成一个亭亭玉立的美女。但是，与她美丽的外表不同的是，她的内心极其疯狂、粗野和放荡。漂亮的外表和阴暗的内心都注定她会走上间谍之路。

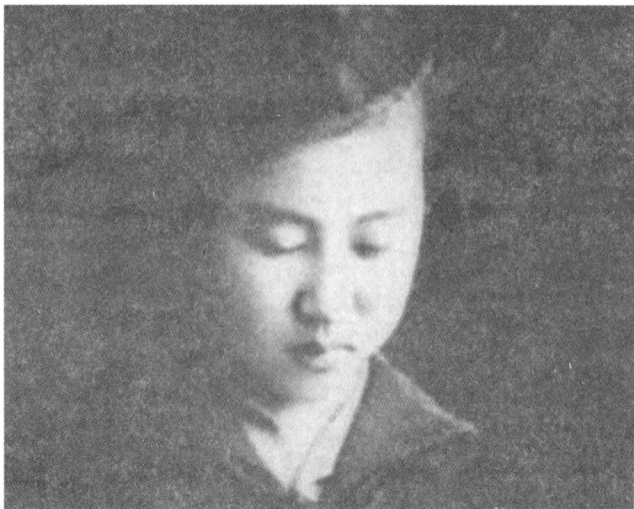

在川岛芳子十七岁那年，发生了一件足以影响她一生的事情。一手把她带大的养父川岛浪速把她强暴了，那时候川岛浪速已经有五十九岁了。她在日记中写道：大正十三年十月六日，我永远告别少女时代。第二天一大早，

★高中时的川岛芳子

间谍战

THE CLASSIC WARS

智慧与勇气的激烈碰撞

她梳着传统的日本发髻，穿着和服拍了她人生中最后一张少女照片。之后，她毅然决然地剪了一个男式分头，表示自己的决心。

川岛芳子声称她憎恨男人，所以她要报复世界上的男人和报复这个世界。怀着强烈的复仇之心，一个个男人臣服在她脚下——从蒙王甘珠尔扎布到日本陆军军官山贺；从联队旗手山家亨到间谍田中隆吉；从作家村松到右翼头子头三满；从伪满最高顾问多田骏到投机家、巨富伊东阪二。不管那些男人是权高势重还是富甲一方，川岛芳子都用自

★川岛芳子（左）与甘珠尔扎布（中）

己的身体去征服他们。她把床视为自己的战场，舍弃灵魂和肉体与那些男人进行翻腾搏杀。最终，她胜利了。那些男人被她所诱惑、俘虏和利用。在日本，她可以左右"剃刀"首相东条英机；在中国，她能从立法院院长孙科那里得到关于蒋介石的机密情报。她获得了一大堆各种各样的头衔，甚至还拥有了大将的职位。她生活糜烂荒淫、挥金如土。"九·一八"事件发生以后，川岛芳子又被日本高层派遣到中国进行各种谍报工作。

偷梁换柱：静园里抬出的棺材

1931年11月的一天，一位漂亮女人的出现吸引了很多人的眼光。这位窈窕妩媚的女人穿着一件胭脂色的旗袍，旗袍上用金丝银线绣着精致的花纹，一双玉腿在下摆的开口处若隐若现。她脚上穿着同样图案的布鞋，做工精致；朱红小口，桃花脸颊，简直就是倾国倾城。

这个人不是别人，就是日本关东军高级参谋板垣派来执行秘密任务的川岛芳子。川岛芳子此次之行是到天津日本租界宫岛街溥仪的住宅把皇后婉容接走。由于溥仪当时走得太匆忙，以至于来不及带上皇后婉容，而日本又着急成立伪满洲政权，所以把皇后接去"满洲"是当务之急。

跟川岛芳子一起来的还有一位是看起来身体比较虚弱的女性朋友。川岛芳子

为了更好地照顾"她",把"她"安置在里面的一间屋子住下,其实这个人是男扮女装的。这一切都是为接下来的计划作准备。

没过几天,川岛芳子居住的静园传出消息,她那位身体虚弱的朋友不幸病逝。对于好友的意外去世,川岛芳子表现得十分伤心,婉容也跟着表示悲痛。

静园的仆人们张罗着办理后事。按照中国的传统习俗,人死后都要运回老家的。于是,一出"棺材送活人"的好戏上演了。

皇后婉容藏在棺材里面,顺理成章地被运出了静园。她们很快就来到白河河畔,在那里,伪装好的日本兵舰已经等候多时。婉容乘坐这艘兵舰平安到达大连,这次惊险刺激的经历让婉容终生难忘。这次的出逃,川岛芳子出了很大的力,皇后婉容对她非常感激。由于随身没有带其他衣物,婉容把母亲遗留的翡翠耳坠送给川岛芳子表示感激。

正因为川岛芳子的巧妙设计,才使得"皇后"能在短时间与"皇上"溥仪团圆,也加快了伪满洲国的建立。日本关东军为此特别嘉奖川岛芳子,授其陆军少佐军衔。这之后,川岛芳子可谓春风得意马蹄疾,她不仅牢牢地与日本军部联系在一起,并且不费吹灰之力地从一些旧财阀和满清遗老手里筹集了一批军饷。有做得十分考究的军服、纯金三星肩章、华丽的军刀、装在牛皮套里的崭新毛瑟枪、柯尔特式自动手枪,一切物件应有尽有。她还广罗天下,在满洲旗人中物色男丁充当兵卒,为日后成为安国军总司令捞足了资本。

翻手为云:"金司令"名贯东北

由于国际国内形势的变化,国民党与日本人秘密达成了"和平相处,共同剿共"的可耻协议,曾经活跃的川岛芳子便被日本人所遗忘。面对日益枯竭的活动费用,川岛芳子使用各种手段坑诈钱财,以填补费用。

有一次,一个叫王士传的中年男子在客厅等待接见。一看见川岛芳子走进来,王士传立即起立敬礼,态度恭敬至极。川岛芳子挥手让他进书房,并自行先进去。

"你知道那个姓钱的人吗?"川岛芳子见他进来了,就开口问道。"姓钱,那个开绸缎庄的钱老板吧?"

"是的……""不太了解……"王士传恭敬地回答道。

"大概56岁……这家伙的儿子跑到重庆,参加了抗日军队。"王士传没领会川岛芳子的意思,不敢应承,只"哦"了一声,等她往下讲。川岛芳子从怀里掏出一个纸包，顺手扔给了王士传。接着说道："关于姓钱的事……"

王士传这才如梦初醒，连带着考虑川岛芳子的为人，便知道她是何用意了，巴结地连忙凑到川岛芳子身旁，附上耳朵，听着川岛芳子的吩咐，一边听着，一边不时点头应答。然后，又立军令状似的保证如何如何一定完成任务。

不几天，在王士传的故意操纵下，姓钱的就这么莫名其妙地被抓到北京宪兵队。紧接着，一脸莫名的钱掌柜就遭到一顿毒打，然后就被关了起来。王士传在吩咐宪兵队的人好生招待姓钱的

★被称为"金司令"的川岛芳子

后，就及时通知芳子，说吩咐的事已经完成。芳子得知后，只"嗯"了一声，并装作仿佛不感兴趣的样子。

姓钱的年岁已大，莫名其妙被抓起来，然后莫名其妙地一顿鞭抽毒打，无奈年迈身子骨不比当年，实在熬不过严刑拷打，便想出钱打点，求人多方活动，最终得知是川岛芳子从中作梗。于是便苦口相求，好不容易找到一个跟川岛芳子相熟的人，领着自己的亲属去拜访川岛芳子，请她出面作保，以免老命就莫名其妙地交待了。

芳子把来人让进客厅，心中明了，但表面上却装出一副无可奈何的神态说："你们来此有何贵干？"

"金司令。"来人讨好地招呼。

"哎哟，我现在可不是什么金司令，我是日本人，叫川岛芳子。"

"真对不起，有件事……"接着姓钱的家属便把家长被抓和儿子不知下落、外界说有人看见他去重庆参加了抗战，自己孤家寡人是如何如何可怜等情况一一细说了一遍，声泪俱下，一副苦大愁深的样子，事实上也的确如此。"能否拜托您老人家把他救出来？"家属说这话时，便把一份厚礼送了上去，一脸期待地看着川岛芳子，只等回音。

"哎哟……宪兵队大概不会随便把一个人抓进去吧。"川岛芳子被她哭得心烦，但无奈做戏做全套，只得忍着。接着又说："不过，我可以给你试试。"川岛芳子一副满不在乎的神情，做着自己的事情，眼都没抬一下地说着。

"听说您跟宪兵中佐田宫阁下有交情，万望多多美言几句。"家属一听有眉目，赶紧接着央求。

"好吧，我问一下情况。"川岛芳子最后冷冰冰地说了一句，"至于成与不成……我可不敢保证。"川岛芳子尽量装作与此事无关，只是尽力帮忙的样子，然后装作有事，就打发来人先回家等消息。

在沉寂一天后，川岛芳子故意让手下人私底下向姓钱的家属透风说，大概得花6万元，并透露这还是多方拜托，找到有能力的人，并跟管事的人说是自己的远房亲戚，答应了帮忙，管事者看在芳子的面子上才肯松口，若换上别人，是说什么也不可能的事。

这下，姓钱的家属可为难了，偌大一笔钱哪里拿得出？但又关系到一家之主的生死，只得托人，再继续托人，说明家中的情况等等，好说歹说，软磨硬泡，晓之以情，最后总算把钱降到了3.6万元。姓钱的家属凑完钱，连忙把钱如数送到川岛芳子的家门，只待能早日放出姓钱的。

第二天一早，川岛芳子把姓钱的家属叫来，当着面向田宫中佐挂了电话，请对方放人，并在言谈之间表明自己与此事无关，然后姓钱的下午就回到家里。

具有蛇蝎般歹毒心肠的川岛芳子，就是利用自己过人的社交手腕、厚颜无耻的"美女政策"以及心狠手辣的作风，在风雨飘摇的北京城里称王称霸、作威作福。但是，随着日本军国主义在太平洋战场和东南亚战区的节节败退，这位昔日权柄炙手的"东方魔女"，也只能一逞"落日余晖"，在挣扎和孤寂中等待着历史对她的惩罚。

内外通吃：与军统眉来眼去

东条英机执掌远东军后，日本与中国的战争全面展开了。不久，太平洋战争的爆发，使日本不得不减少在中国的军力和财力，因此，他们迫切希望与国民党政府缔结和约。闲居在东京的川岛芳子得知这个消息，认为这对自己来说是个东山再起的好机会，于是便急忙打电话给东条英机的夫人说："我有一件重要的事情要见东条阁下，请一定把我护送到日军的最前线。我对蒋介石的军队非常熟悉，他们中的大多数将军我都熟知，你就不用担心了。我一定要使日中和谈早日实现。"于是，胜子便把川岛芳子的想法告诉了东条英机。东条一听，对妻子说道："日本还没有落到非这种女人不可的地步……"

但是东条英机十分赞赏川岛芳子的计划，思忖再三，东条不愿放弃这次机会，于是向北京宪兵司令田宫发电，令他保护川岛芳子的安全，尽量为她提供方便。紧接着，日本军部便将早已跃跃欲试的川岛芳子送到了北京，让她与国民党在京要员广泛接触，寻找有关和谈的信息。

北京宪兵司令田宫早就听说过关于川岛芳子的传闻，加之川岛芳子与许多达官显贵联系甚密，也为了早日脱离战场，田宫决定见一见川岛芳子。一见面，田宫马上感觉到自己被对方彻底俘虏了。话说川岛芳子时值芳年，冰肌玉肤，

★让田宫着迷的川岛芳子

身材婀娜多姿，有时穿合体的西服，有时又穿华美的和服、旗袍，不禁让田宫对之倾慕。川岛芳子略施手腕便把北京宪兵司令牢牢地控制在自己手中，接着便有条不紊地开始着手进行"和谈"的事宜。

首先，川岛芳子利用自己过生日的机会大做文章，遍请在京朝野名流。宴会刚开始，川岛芳子便差人抬来一块刻着"祝川岛芳子生日快乐 北支那方面军司令多田勘"等字的银色大匾，并声称是日本军方送来的生日礼物。在场的人看到这份礼物，顿时就被芳子的声势镇住了，在不知就里的情况下乖乖地当了俘虏。

这种方法使川岛芳子很快打通了她与国民党政界要人接触的渠道。紧接着，川岛芳子又通过大汉奸周佛海、陈公博等人，与蒋介石的红人——军统特务头子戴笠搭上了线，许之以好处，希望戴笠能助她一臂之力。作为答谢，川岛芳子负责把南京伪政府的特务分布网和北平谍报人员名单送给戴笠。再说戴笠早就十分仰慕川岛芳子的谍报才华，对她在"一·二八"事变中左右逢源、暗布机关、胸怀大局的超级间谍风范更是佩服得五体投地，出于一种"谦虚上进"的学习态度，戴笠欣然同意双方进行初步的接触，并派亲信唐贤秋扮作北京大药商行的老板与川岛芳子直接磋商有关事宜。但由于日军进攻缅甸，陷中国远征军于绝境，这种接触暂时中断了。即使如此，为了维系与这个伸向国民党上层的"粗腿"的"合作"关系，川岛芳子在征得日本驻华北方面军参谋部的同意后，将一些非战

略性的消息有意透露给戴笠，使军统感到有必要把这位蜚声中日谍报界的"东方魔女"收到麾下效力，以备后用。

妖花凋零：死去还是隐居

失去了以往煊赫云霄的光芒，旧的世界崩溃了。那些曾挑起世界大混乱的侵略者、阴谋挑唆者、煽动战争者和狂热的军国主义者，在世界各个角落作为战犯受到了历史的审判。"东方魔女"川岛芳子的末日也临近了。在北京，作为重要战犯之一的川岛芳子终于在抗日战争结束两个月后被投进牢房，并于1946年被起诉，在法院接受法庭调查。

南京政府开始注意这朵"卓越"的"东洋之花"。蒋介石曾致电北京方面，将川岛芳子押送到南京接受审查。与此同时，军统局也想尽一切办法保护这个有重大利用价值的"东方的玛塔·哈莉"。一天夜里，军统局的一位年轻少校受上面指派，秘密地到禁止男人去的女牢里探望了她，来人温和地对川岛芳子说："金司令，明早检察官将携带处决执行证来这里。死刑的执行将在本监狱的澡堂和厨房前面的广场进行，届时由我指挥……士兵的枪是空枪，没有弹头……士兵并不知道……但是，请你应枪声倒下，验尸也由我来做。"言下之意很是明了。"想把我怎么样？"川岛芳子看到生机，却故作漠不关心状。少校并不回答她，只是继续说道："我们已准备了一口特制的棺材。运出监狱以后，我们的同事会把你送到安全地点的。"

★被处决的川岛芳子

此后，在南京方面的暗自操作下，川岛芳子杳无音信。

另外，也有记录表明，川岛芳子确实执行死刑而死亡了。

北平一所监狱内，初春3月的清晨还很寒峭，一个着灰色囚衣、橄榄色毛料西装裤的女囚，被拉到狱墙的一角，准备进行历史为她准备的最后一段程序。她四十出头，脸部浮肿，上牙已脱落，长期浪荡的生活已毁了她的健康与容貌。但她白皙的皮肤，黝黑的大眼睛和纤小的手，还残留着当年的风貌。

行刑官令她面壁而立，面无表情地问道："是否要留遗嘱？"她用男人那样粗硕的嗓音说："我想给常年照顾我的养父川岛浪速留封信。"

接着，她站在刑场，用粗糙的纸张写完了信。行刑官核对了姓名，宣布她的上诉被驳回，并宣读了审判庭的死刑执行书。行刑官令其跪下，准备行刑。子弹从两眉之间穿入。她左眼圆睁，右眼紧闭，满脸的血污已不能辨认，带着那股子不甘，生命还是在历史的审判下被剥夺。她的尸体由中日亲友火化，骨灰各留一半。

但是，基于历史的不可考察性，谁也无法确定事实究竟是怎样。然而，无论一枪饮恨而死，还是苟且偷生，对于"东方魔女"来说，川岛芳子都已经在历史上失去了往昔妖艳凶蛮的"女谍风采"，耻辱柱上永远地刻下了她的名字。

战典回响

"东方魔女"的美丽与哀愁

川岛芳子的一生颇具戏剧色彩。作为清朝王室，也是末代皇帝溥仪的侄女，却从小被亲人送往日本作为拉拢关系的道具，又被养父强暴，这一切使她拥有非同一般的人生。

一个个男人臣服在她脚下——从蒙王甘珠尔扎布到日本陆军军官山贺，从联队旗手山家亨到间谍田中隆吉；从作家村松到右翼头子头三满；从伪满最高顾问多田骏到投机家、巨富伊东阪二。在日本，她可以左右"剃刀"首相东条英机；在中国，她能从立法院院长孙科那里得到关于蒋介石的机密情报。她获得了一大堆各种各样的头衔，甚至还拥有了大将的职位。

然而，这一切并不能使她得到满足，她骨子里憎恨着一切，拥有的一切只是为了发泄。自幼的人生被别人把握，所以她也要全权掌握别人的人生。

川岛芳子虽然是一名成功的间谍，作为女性，作为皇室应有的人生，在荣耀的同时更是悲凉的。

★沙场点兵★

人物：川岛芳子

川岛芳子（1906年5月24日—1948年3月25日），原名爱新觉罗·显玗，字东珍，号诚之，汉名金璧辉，是肃亲王善耆的第14位女儿，曾替日本长期做间谍。川岛芳子参与了皇姑屯事件、"九一八"事变、满洲独立等秘密的军事和政治活动，并亲自导演了震惊中外的上海一·二八事变和转移婉容等祸国的活动。她还曾在热河组织定国军骑兵团，为日本侵略军效鹰犬之力。1948年3月25日，川岛芳子被执行枪决，终年42岁。

道具：关系网

川岛芳子在请战时曾说过："关于蒋介石军队方面，有许多将军是我的熟人，你就不用担心了。我一定要使日中和谈早日实现。"此时她所展露出来的是对自己关系网的自信，对自己社交手段的自信。

在北京期间，川岛芳子略施手段便牢牢地将北京宪兵司令控制在手心中。她又通过周佛海等人，联系上了戴笠。这样一个个地将她的关系网慢慢地拉大，而且每个人都被她拉拢得十分牢固。

战术：欲擒故纵

川岛芳子在田宫中佐的帮助下，专门看准那些有钱的绅士和梨园名旦下手，坑诈钱财。设下圈套，然后装作无关紧要地接待送上门的"钱财"。看似不经意，其实一切尽在掌握中。果然，大把钱财被人主动送进腰包。

就连过生日的时候，也在各界名流登场的那一刻，不经意地抬出一块刻有"祝川岛芳子生日快乐 北支那方面军司令多田勘"等字的银色大匾。在场的人看到这份礼物，顿时就被川岛芳子的声势镇住了，乖乖地当了俘虏。

智慧与勇气的激烈碰撞
THE CLASSIC WARS

间谍战

第十一章

刺杀
——悄无声息的暗器

▲对于间谍来说，难上战场，自然难见兵戎。但是，有的任务却要求间谍去完成杀人的使命，这就是暗杀。对于间谍来说，这自然要有更好的手枪，更好的武器；所以能成功完成刺杀任务的间谍，又都是智力超群的人。下面让我们来看看间谍成为刺客的那些激动人心的故事。

前奏：刺杀丁默村

1939年12月21日18时20分左右，连绵不绝的枪声在位于静安寺路（今上海市南京西路）的第一西比利亚皮货店门前响起，这突如其来的枪声划破了静谧的夜色。

原本宁静的静安寺路立刻陷入了突如其来的混乱之中。一中年男子在枪响的前一刻从皮货店奔出，与此同时，停在安登公寓门口的黑色别克轿车瞬间发动起来，他几乎是在枪响的那一瞬间钻入车门，躲过了身后呼啸而来的子弹，但是防弹玻璃和车身就没有这么好的运气了。

★正在接受审判的丁默村

这起不明真相的枪击案在事发第二天被各大报纸争相报道，内容都大同小异，只有汪伪集团的报纸《中华日报》持不同观点，以"静安寺路匪徒枪击黑牌汽车"为标题报道了这一事件。"匪徒"字样欲盖弥彰，反而让很多人知道，这很有可能是一起抗日锄奸行动。到了第十天，"丁默村在沪被刺，生死不明"的消息才终于由《新华日报》、《大公报》等以转刊"香港电讯"的方式刊发出来。

被刺杀的人的确是丁默村，只不过并未有"生死不明"这样严重。丁默村本人毫发无损，子弹都打在防弹玻璃和车身上。

名门之后：放弃学业，投身抗战

要说起发生在1939年傍晚那场震惊上海的枪击案，就不得不说一说枪击案的主要参与者郑苹如。现在，我们能在上海的老杂志《良友画报》上看到她的照片。郑苹如本人是中日混血，所以她既有着中国女性的甜美，也有着日本女性的娇羞，在风姿绰约的十里洋场显得非常出众。

郑苹如1912年生于浙江兰溪。其父郑钺，又名英伯，在留学日本政法大学期间追随孙中山先生参加革命，后来还加入了同盟会，可以说是国民党的元老。在东京留学期间，郑钺认识了日本名门闺秀木村花子。花子能够理解中国的革命并抱有同情之心，二人结婚之后，花子就随丈夫回到中国，并且改名郑华君。

郑钺和郑华君结婚之后，共育有二子三女，郑苹如是他们的第二个女儿，她跟随母亲学得一口流利的日语，自幼就聪明善良。郑钺在回国之后先后担任过上海复旦大学教授，江苏高院第二分院首席检察官。郑苹如本人自幼就接受了父亲革命强国的思想，在抗日战争爆发之后，便毅然参加了抗日救亡运动。而在此之前，她曾在丁默村担任过校长的明光中学读书，这样说来，这二人也是有师生之谊的。

上海沦陷之后，郑苹如凭借着自身良好的社会关系和卓越的日语能力，担任抗日地下工作并且加入了中统。这一年她只有十九岁，正是风华正茂的年纪，加上本身出众的容貌和气质，暗地里作为中统特务的她，在现实中则是上海滩有名的社交名媛，还担任过当时在中国最有影响力的《良友画报》130期的封面女郎。因为她的特殊身份，用"郑女士"代替了全名，在当时，她是上海滩出了名的美人。

郑苹如凭借着母亲的关系，曾经和日本首相近卫文麿派到上海的和谈代表早水亲重攀上关系，又通过早水的介绍，结识了近卫文麿的弟弟近卫忠麿、儿子近卫文隆以及当时华中派遣军副总

★美丽端庄的郑苹如

参谋长今井武夫等人。她周旋在日寇的高级官佐中，是一位极其优秀的情报员。

近卫文隆见到郑苹如之后，瞬间坠入情网，郑苹如曾经出于"若掌握了近卫文隆，就能迫使日本首相作出让步停战"这样的考虑而想去绑架近卫文隆。但是，这一危险的游戏最后被上级命令停止，也因为这样，近卫文隆逃脱了政治肉票的命运。

一直到汪精卫离开重庆投敌之后，上级才知道，郑苹如早已经掌握此情报。郑苹如当时通过秘密电台将汪精卫"将有异动"上报重庆，却没有引起政府的重视。自此，政府对郑苹如极为倚重，并且最终把制裁汉奸丁默村的任务交给了她。

加入军统：封面女郎的另一面

说到郑苹如加入特工队伍，就不能不说陈宝骅。陈宝骅，又名肖赐，是陈果夫、陈立夫的堂弟，当时控制国民党组织部和中统局的就是两陈。1937年9月，陈宝骅当时在上海的公开身份是新生书局经理，实际上他是军委会统调局一处的驻沪专员，也就是后来的中统局驻沪专员。驻沪专员名义上来说只代表处局本部负责与党政军租借捕房各方的联络协调等，但是实际上，大凡上海区的重大会议事件之类，驻沪专员都有知情权和汇报责任。

陈宝骅在1937年9月间的一次聚会上见到了漂亮大方的郑苹如，并认出面前的人就是不久前《良友画报》的封面美人。在交谈之后，他得知对方是郑钺的女儿，异常吃惊。这样的吃惊不是没有道理的，八九年前，郑苹如是个十三四岁的小姑娘，那时候郑钺任法官惩戒委员会机要科长，而陈宝骅则是组织部的科员，机关与居所大都在南京大石桥一带，相距不远，因此彼此都是认识的。

陈宝骅在闲聊之中得知郑苹如是上海法政学院的学生，并摸清了她的思想倾向、性格特征。郑苹如天生丽质，光彩照人，父亲是高官，母亲有日本血统，她本人精通日语，又怀着强烈的爱国激情，陈宝骅几乎没有多加犹豫，就以"更好地抗日，更好地报效国家"为理由向郑苹如发出了"加入团体"的邀请，郑

★《良友》杂志封面上的郑苹如照片

苹如就这样加入了中统。虽然父亲曾经有过怀疑，但是一直到很久之后，郑苹如才向父亲坦白自己的身份直到这个时候，郑钺才真正知道了女儿在干什么，也就是在这个时候，郑苹如再一次获得了父亲的教勉"为了国家，什么都可以牺牲"。

郑苹如以二分之一个日本人的身份，流利通畅的日语，靠着天生的机智聪明，很快融入到侵华日军驻沪各机关的中上层交际圈中。在她结交的人之中，有首相近卫文麿的弟弟近卫忠麿，谈判代表早水亲重，与"宋子良"作过香港谈判的今井武夫，陆军特务部的花野吉平、三木亮孝，还有驻沪日军报道部的花野慊仓，海军谍报机关长小野寺信等。通过花野慊仓的回忆录《历史的证言》还可以模糊得知，郑苹如与当时任南满铁路株式会社上海事务所负责人之一的日共党员中西功也很熟。

靠着这样的关系，郑苹如可以自由地出入日军的诸多机关部门。通过成为日军报道部的播音员和小野寺的翻译，她成功地获取了大量的高端机密。在晴气庆胤的回忆录《沪西七十六号特工内幕》中可以得知，郑苹如曾经向华中派遣军司令部二课和第三军司令部的两名年轻参谋军官提供一些经过过滤的重庆信息和上海近郊游击队情报，就交换到日军的最高机密。晴气庆胤在书中用英文隐掉了他们的姓名，却仍然嘲笑他们"做梦也没想到"郑苹如是重庆方面的间谍。但是，如果因为郑曾经用假的、无关紧要的情报来套取日军高端机密就以此断定她是"双重间谍"，这样实在是很无知。

在郑苹如获取的诸多情报中，最有价值的莫过于汪精卫叛国。自1938年8月，从早水亲重那里获知汪精卫有"异动"，以及在12月再次获知汪精卫近日"异动"，郑苹如两次都用急电向重庆方面报告。也许不相信一个小小的特工能获取这么重大的情报，重庆方面并没有引起注意。而郑苹如也是迄今我们所知道的第一个预报汪精卫叛国的人。

郑苹如受到特别重视是在汪精卫从昆明出逃河内，并且发出艳电之后。在中统内部有过郑苹如是军座们的"掌上明珠"这一说法。

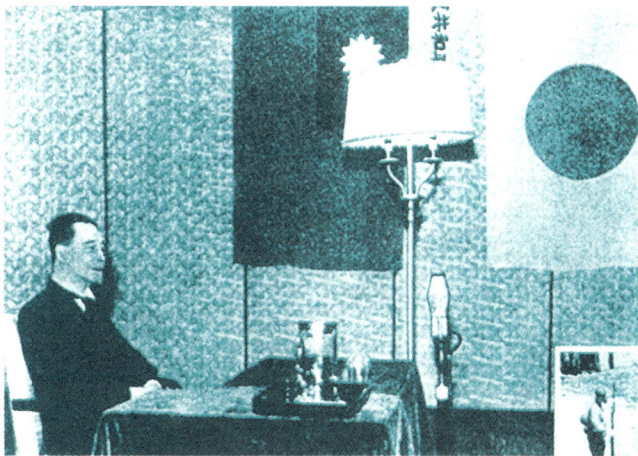

★叛国后的汪精卫

谍战巾帼：让日本首相的儿子也着迷

1939年，中日战争进入了相持阶段，侵略派和战争扩大派因为内阁的诱降没有重大收效而愈加不满，在他们的活动下，近卫内阁在1月4日被平沼内阁取代。与强硬的平沼内阁相比，重庆方面更看好近卫文麿一派，近卫内阁虽然已经下台，但是在日本的国策之争中，以近卫文麿为代表的政治势力仍然不容忽视。这种背景之下，便有了近卫文隆偷赴重庆私会蒋介石的事。这中间，自然少不了郑苹如的鼓动。

近卫文麿有心栽培他的长子近卫文隆踏上政途，近卫文隆自中学毕业后便到普林斯顿大学读书。当时的近卫文隆，为人大方、平易近人，热爱体育运动，是全美大学生中一流的高尔夫球选手。虽然读书时成绩并不突出，但仍然是社团的核心人物，随之而来的是开销过大的问题。近卫文麿向老友——美国驻日参赞尤金·多曼打听情况，得到自己儿子的开销居然比多曼儿子在哈巴特高出五六倍，便召文隆回日本。

近卫文隆先是当自己父亲的秘书，随后又被派往上海，在东亚同文书店当学生主事，同时还协助其叔叔寻求与重庆方面的合作。这一切的安排，都是近卫文麿为了培养他成为研究中国问题方面的专家，也就是在这一年的2月23日，他来到上海，并在之后的半个月，认识了郑苹如。

★让近卫文隆着迷的郑苹如

郑苹如与近卫文隆的第一次见面，是3月10日上午11时，在近卫文隆的办公室里。那天，近卫文隆与来访的客人谈话完毕，有助手报告：一个未经预约的女客来访。他们的见面过程可以从西木正明的描写中得知，郑苹如被形容为"像微风中飘舞的一杆花枝"，而近卫文隆则是"惊呆了"。郑穿着双叉略微高过膝盖的橙色旗袍，鹅蛋脸，弓形眉，微微向上翘的双眼皮，茶色眼珠，眼如寒星，眸似秋水。她长长的头发束成一束披在双肩上，白色的高跟鞋让她看上去更加的高挑，像舞蹈演员一样轻盈的身体，梨窝浅笑，扑面而来尽是春风的气息。她用温婉动听的声音向近卫文隆道歉，为了没有预约就擅自过来拜访的冒昧。

近卫文隆根本没听清楚她到底说了些什么，视线所及，只有郑苹如形状美好的牙齿和粉红色一开一合的嘴唇，他打破惯例，亲自为这位不请自来的客人倒茶，却又因为紧张碰翻了茶杯。

郑苹如提到的张伟珠，是静安寺路（今南京西路）西劳士酒吧的一名侍女，是近卫文隆随父亲来上海时认识的，到上海之后近卫文隆曾去找过她。郑苹如后来告诉近卫文隆，张伟珠的父亲是上海一位家具巨商，她在战争爆发之后并未跟随家人去内地，而是独自在舅舅开设的西劳士内谋生。近卫文隆也因此得知了身为中日混血儿的郑苹如有去日本留学的想法，郑苹如正是为了学习日本的贵族文化而特意来找他。郑苹如婉拒了近卫文隆共进午餐的要求，但是答应他下班后可以再见。

那天晚上尽管下雨，近卫文隆还是于6点55分提前到达了与郑苹如约好的恺撒酒吧，7点过5分，郑苹如也按上流社会的礼节走进了酒吧。郑苹如那天晚上是另一副打扮，浓妆，亮丽旗袍，绾起了头发，惊艳四座。他们一起喝酒吃饭。而后，她婉拒了近卫文隆的邀舞。10点钟，近卫文隆将郑苹如送了回了她在亚尔培路（今陕西南路）附近的住处。

近卫文隆自那一天开始便魂不守舍，他对郑苹如知之甚少，在问到郑苹如的联系方式时，郑苹如告诉他，她会联系他的。

近卫文隆苦等了两天之后，终于等到了郑苹如的邀请，约他晚6点在恺撒酒吧见面。这一次，他们吃完饭后，去外滩边漫步。自此以后，当时上海各大时尚场所，都可以看见他们的身影。

战争是他们在相处过程中经常谈论的话题，近卫文隆对这场战争十分厌恶，郑苹如则有意引导他去认识战争残酷的一面。譬如郑苹如曾带领他去参观法籍神甫饶家驹创办的难民营，贫病交加的凄凉，缺医少药的呻吟让双方都认为应该立即停战进行谈判。近卫文隆认同郑苹如"扶持汪精卫是没有实际意义的，应与蒋介石沟通"的意见，而郑苹如也借此怂恿近卫文隆去重庆"与蒋介石交谈"。

4月8日，郑苹如带近卫文隆来到亚尔培路（今陕西南路）上一位叫高恩博的轮船公司老板家中，对方表示帮忙安排他去重庆。在4月20日那一天，近卫文隆按照之前的电话约定去了英国领事馆，接待方面表示，将尽快地安排他秘密赴重庆会见蒋介石。

近卫文隆与郑苹如的关系在这段时间中愈发的亲密起来，他把郑苹如以"女友"的身份带到同事面前，并且还发信给妹夫细川，诉说了他要"娶苹如为妻"的决定。

在接下来的一个星期天，二人在看完电影，去过百货公司之后，来到了郑苹如位于拉都路（今襄阳路）、霞飞路（今淮海中路）附近的"住所"。就是在这间不足10平方米的小屋里，郑苹如向近卫文隆表明了自己是在"为尽快停止战争而工作"，同时告诉近卫文隆，他会立即去重庆，在路上大约要一个星期。近卫文隆听到这个消息很高兴，但同时又因为郑苹如有"另外工作"不能与他同往而沮丧。郑苹如安慰他，"会有人来接应的"。

但谁也不曾想到，这一别竟然就是两人的永别，日本宪兵队随后将近卫文隆遣送回了日本，而日本政府认为近卫文隆的所作所为有损近卫家族的荣誉，于是将他发配到东北。

刺杀计划：中统错失良机

因为近卫文隆的事情，郑苹如不得不消失三四个月，直到近卫文隆被发配到东北，事情逐渐平息。之后，郑苹如就悄悄出现在了"七十六号"主任丁默村的办公室，而这一次她的任务是：制裁丁默村。

在此之前，中统为了打击"七十六号"的嚣张气焰，报地下组织屡次遭到破坏之仇，制裁丁默村、李世群的密令已经发出过多次，但是一直都因为没有机会而无法下手。这一次，中统在经过仔细的研究之后，决定派郑苹如出马，制造机会，坚决制裁。

让郑苹如做诱饵也有如下的考虑：第一，丁默村此人非常好色；第二，郑苹如是才貌双全的美女，而且与丁默村还有师生之谊。关于丁默村好色的名声在上海滩早已经被传遍，据金雄白所说，此人就算是在患着第三期肺病的情况下，也要靠着春药与漂亮女人鬼混。

而丁默村与郑苹如的师生之谊，经过一些人考证可以得知，郑苹如在1933年9月插班明光中学读高三，一学期之后便休学了，两年后才去复读，又于次年2月春季班毕业之后，插班进了上海法政学院法律系二年级。丁默村于1934年1月

★当年刺杀丁默村的地点——上海第一西伯利亚皮具店

任明光校董和主席校董，于同年12月离开明光。名义上来说，丁默村和郑苹如二人可以勉强拉一下师生关系，若是派别人去，只怕会招致丁默村的怀疑，正是出于这方面的考虑，中统才将制裁丁默村的任务交给了郑苹如。

郑苹如如何去接近丁默村而又不引起怀疑呢？碰巧的是，此时熊剑东正被关在日伪的监狱中。1939年3月7日熊剑东被捕，其当时的身份是军委会别动军淞沪特遣分队队长，六县游击司令。中统上海区让熊剑东的妻子去找郑苹如，并告知熊剑东的妻子郑苹如跟丁默村是有师生之谊的，况且熊剑东是新昌人，与郑家也可算作浙江同乡，找郑苹如帮忙，也许可以通过丁默村让熊剑东获救。熊剑东的妻子去找郑苹如，郑苹如也就此得到了名正言顺去接近丁默村的机会。

那么郑苹如第一次是怎么去找丁默村的呢？在这件事情上各方面都有说法，晴气庆胤说是"电车巧遇"；丁默村本人则称是"日本人介绍"给李世群，再通过李世群认识的；而中调局的说法就更为具体了，总而言之，郑苹如最后成功地进入了"七十六号"，并且与丁默村结识。

丁默村和郑苹如相识之后，丁默村一度为郑苹如所倾倒，两人频频约会，出入同车。郑苹如在逐渐取得丁默村的信任之后，中统就开始了行动。按照副区长张瑞京的决定，在12月10日丁默村送郑苹如回家之际，在郑家门后狙击。但是那一天，不管郑苹如如何邀请丁默村"上楼坐坐"，丁默村就是不肯迈出车门，不知是丁默村警觉性高还是真的确有急事。

于是，计划就不得不被迫更改。几经周折之后，中统最终选择在皮货店门口进行伏击，但是显然，这一次的行动并没有成功。

撒手西归：留下一身的从容

1939年12月份的总部监押囚犯名单中并没有郑苹如的名字，那是因为她在被捕之后较长时间都被关押在忆定盘路（今江苏路）37号。当时，林之江负责看管，佘爱珍和沈耕梅等负责审讯。

根据金雄白的说法，郑苹如在审讯中"承认了为重庆工作，而且是奉军统之命行事"，但是此种说法并未得到证实。而根据汪曼云等的材料，都说郑苹如只承认情杀，因为丁默村移情别恋，她只是为了买凶出气，好让他知道"天底下女人不全是可欺的"。就算是对郑苹如极尽咒骂的晴气庆胤也没有提过郑苹如在审讯中供认了什么。而在犬养健的回忆录中则更加明确地说道："在被丁审讯时，苹如始终隐瞒真情。"而陈彬、李寒烈等人都安然无事，这更加说明了郑苹如确实没有供认自己为中统效力的事实。金雄白所说的不过是在事隔多年之后得知的传闻，更何况他连郑苹如的出生年月，所属特工系统都弄不清楚，他的说法明显站不住脚。

郑苹如到底是如何应对审讯的呢？她哭闹不休，呼喊冤屈，大骂丁默村。就算是丁默村本人去审讯她，也是一无所得，而郑苹如也只是更加哭闹。

★红颜薄命的抗日战士郑苹如

因为没有什么好办法让郑苹如招供，他们也只得做出"感化"一类的假象，留待最后发落。郑苹如被捕后，表面上看来，是没有对她用刑的，并且还曾经让她给家中打过电话。郑苹如在电话中说："'七十六号'里很好，请父母兄弟等不必挂念。银行领款的图章请弟妥为保存，我的皮服请即拿来可穿。"在后来审讯丁默村的罪证中，找到了一些郑苹如写过的信，最后一封信写于1940年1月16日。这些信至今都保存在有关卷宗之内，但是据林秀澄说，其中两封信是他们伪造的，他们写了之后，逼迫郑苹如抄写。

某天夜里，一个自称是同狱难友的妇女来到郑家，她带来一张从报纸上撕下来的纸条，"爸爸：我很好，请放心！苹。"在"文化大革命"抄家之际，这张与《良友画报》封面大照片一起被夹在镜框之中的纸条都被毁掉了。据此也可以推断出来，关押郑苹如的地点曾经发生过变化，她应该是由忆定盘路37号转移到"七十六号"里去的。

在被关押的初期，来了包括周佛海的老婆杨淑慧、丁默村的老婆赵慧敏，以及负责审讯的佘爱珍、沈耕梅在内的一帮女人。据说她们是要来看看"让老丁神魂颠倒的女人究竟是怎么个样子"。赵慧敏一见到郑苹如就歇斯底里地破口大骂"妖精"，剩下的几个也在旁边煽风点火，纷纷议论。而这之后，她们只要聚在郑苹如的面前，就会撩拨煽动。

1940年2月，郑苹如于沪西中山路旁的一片荒地中被枪决。临行前，郑苹如从容地对执行枪决的刽子手说："这样好的天气，这样好的地方，白日青天，红颜薄命，竟这样的撒手西归！我请求你，不要毁坏我自己一向十分珍惜的容颜。"

战典回响

战火中的中国女人

但凡看过《色戒》的人，都能从易先生身上找到丁默村的影子。正如犬养健在回忆录中所描述的"爱低着头，少言寡语"，"一直没看到过他的笑脸"，这与张爱玲笔下的易先生何其相似？但是，从王佳芝身上，我们却看不到任何郑苹如的影子。原因很简单，那个王佳芝是被柔弱的上海女作家张爱玲抽去骨头的王佳芝，而郑苹如却是铁骨铮铮的谍战英雄。

从一个不谙世事的小女孩，变成一个愿意为国家、为民族抛头颅、洒热血的爱国青年，郑苹如度过了短暂但是意义非凡的璀璨年华。而在影响郑苹如一生的人中，她的父亲郑钺老人是尤为值得钦佩的。在得知女儿成为中统的特务，准备为国家、为民族去做"非凡之事"后，说了一句"为了国家，什么都可以牺牲"。

生逢乱世的弱女子，就这样以自己稚嫩的肩膀支撑起了民族和国家的责任。于是，"刺杀"这样本该属于男儿的职责，也落在了女子的肩上。一切早已经成为历史，我们无法得知，汪伪政府的汉奸们面对这样的女子，是怎样做到坦然无愧的。李白在《侠客行》中写道："赵客缦胡缨，吴钩霜雪明。银鞍照白马，飒沓如流星。"倒在枪下的郑苹如没有留下"事了拂衣去，深藏身与名"的潇洒，但是却留下了长存亘古的厚重。千百年后，当人们再次翻阅刺客的传奇时，都不得不对这个瘦弱的女子肃然起敬。

★ 沙场点兵 ★

人物：郑苹如

郑苹如女士生于1912年，中日混血，曾为当时上海第一大画报《良友画报》担任封面女郎，上海名媛。在上海沦陷之后秘密加入中统，利用其自身优势与各方日伪人员周旋，获取机密情报。在参与暗杀日伪特务头子丁默村的任务中，因暴露身份被捕，自始至终，郑一口咬定是为情所困买凶杀人，这也是当年上海滩重大花边新闻之一。1940年2月，郑苹如于沪西中山路旁的一片荒地中被秘密处决，连中三枪，时年二十八岁。

道具：学识

郑平如出生于书香门第，父亲郑钺早年留学日本法政大学，追随孙中山先生参加革命，加入了同盟会，可以说是国民党的元老。他在东京时结识了日本名门闺秀木村花子，花子对中国革命颇为同情。两人结婚后，花子随着丈夫回到中国。郑苹如是他们的第二个女儿，从小聪明过人，善解人意，又跟着母亲学了一口流利的日语。父亲回国后，曾任上海复旦大学教授，还担任过江苏高院第二分院的首席检察官。抗战爆发后，郑苹如毅然参加抗日救亡运动。上海沦陷后，她以良好的社会关系和卓越的日语能力，投入到抗日谍报工作之中。

战术：深入虎穴

郑苹如自由地出入诸多日军的机关与部门，成为小野寺机关的翻译和日军报道部的播音员，获取了大量的高端机密。晴气庆胤在他的回忆录中就写到过，华中派遣军司令部二课和第三军司令部里的两名年轻的参谋军官，只因为郑苹如向他们提供了一些经过过滤的重庆消息和上海近郊游击队情报，便在欣喜若狂之际，向郑苹如泄露了日军最高机密。

在和日本首相儿子的接触中，郑苹如也有意地引导他更深刻地认识这场战争的恶果，如有一次，在郑苹如的带引下，他们参观了法籍神甫饶家驹创办的难民营，看到了难民们贫病交加的凄惨，听到了伤残者缺医少药的呻吟。双方都认为应该立即停战，应当谈判，也谈了对汪精卫的看法，近卫文隆表示同意苹如说的"扶持汪精卫没有实际意义，只会招致中国人民的反感，应该与蒋介石沟通"。郑苹如半真半假地怂恿近卫文隆去重庆，与"蒋介石谈谈"，回去再向父亲报告，近卫文隆重庆之行几乎成行。

战典

智慧与勇气的激烈碰撞
THE CLASSIC WARS

间谍战

第十二章

保镖
——在枪林弹雨中穿梭

▲有间谍就会有反间谍，这才能构成间谍战。间谍有的时候在间谍战中需要承担窃取情报和刺杀的任务，而反间谍就必须要承担保护情报和保镖的任务。既要窃取别人的情报，又得保护好自己的情报，间谍本身也就是反间谍，这也正是谍战最扣人心弦的地方。而在第二次世界大战中，名列盖世太保"黑名单"榜首的"白鼠"是当之无愧的佼佼者。

前奏：保护反法西斯战士们的"白鼠"

1939年9月1日，德军闪击波兰，第二次世界大战的序幕由此拉开，从此，全世界的人民都投入到了反抗法西斯的战争当中。1940年5月10日，德军决定采用"曼斯坦因计划"，从而完成对丹麦、挪威、荷兰、比利时、卢森堡、法国等西欧国家的侵略。1940年6月，德军向法国发动最后攻击，法国迅速溃败，维希政府掌权。从此以后，除了孤悬海外的英国，西欧诸国几乎都被收归纳粹的版图之内。

面对法西斯的残暴统治，那些身在沦陷区的仁人志士并不甘心就这样任人宰割，他们团结起来，运用自己的力量和敌人顽强地周旋着。法西斯非常痛

★巴黎沦陷

恨这些反抗者，盖世太保将他们中最出色的人物名字记录下来，制成一张"黑名单"，然后准备把他们一个一个地找出来，进行杀害。在这张"黑名单"上，排在第一个的名字，属于一个法国女性，她的名字叫做南希·韦克。因为她总是神出鬼没，使得盖世太保也无法捕捉到她的身影，所以纳粹称她为"白鼠"，意思是她就像白鼠那样狡猾和灵活。

法国的士兵之前已经通过敦刻尔克大撤退远遁英国，但是仍然有不少反法西斯的战士活动在维希法国，为反法西斯事业征战。纳粹和维希政府都非常痛恨这些进行游击战的反法西斯士兵，所

★被称为"白鼠"的南希·韦克

以经常大规模的搜索和围剿，士兵们不得不在纳粹的大规模围捕下潜藏或者逃匿。而南希·韦克总是义无反顾地帮助这些战士，她或者想办法寻找安全的地方帮他们躲藏，或者会冒着生命危险去挽救那些处在危急关头的战士，总之，她总是出现在他们最需要帮助的地点和时刻。

因为南希·韦克的精彩表现，盖世太保们眼看着就要抓到的反法西斯战士，都会眼睁睁地从他们的眼皮子底下消失。所以，盖世太保们非常痛恨这只几乎无处不在的"白鼠"，他们对她进行各种方式的通缉、围捕、追杀，就如同猫对付老鼠那样，可她总是能够从他们的屠刀下溜走。更让人惊叹的是，她不仅可以保护自己，而且只要她稍有喘息的机会，就又会不顾一切地投入到保护反法西斯战士的事业中去，她舍生忘死地在法西斯的恐怖笼罩下奔波，成为反法西斯战士们最为信赖的"保镖"。

谍战既是信息与信息流通之间的战斗，同样也是信息与信息保护之间的战斗。南希·韦克本人深明此道，只要能够有效地保护住本方的有生力量，其实也就是在一定程度上打击对方的力量。身在沦陷区的南希·韦克，更是将保护反法西斯战士作为自己最紧要的事业，在日后人们编撰的史书上我们也能够看到，她是一位美丽端庄而又睿智的法兰西女性。

作为第二次世界大战期间最负有盛名的反抗德国纳粹的女英雄，她在战争结束之后从英国、法国和美国获得了无数勋章，因此成为获得盟国授予勋章最多的女战斗英雄。她的传奇故事也被人们津津乐道，为很多作家提供了创作灵感。小说家塞巴斯蒂安·福克斯就以南希·韦克为原型创作了小说《夏洛特·格蕾》，这部小说于2001年被好莱坞搬上了大银幕，在电影中，奥斯卡影后凯特·布兰切特演绎了南希·韦克传奇的一生。

和平时代：法国的豪门贵妇

南希·韦克于1912年8月13日出生于新西兰的惠灵顿。在小南希出生之前，韦克家已经有了五个孩子，她是韦克家的小妹妹。在南希一岁的时候，韦克家举家搬迁到澳大利亚的悉尼，南希在那里接受了教育。童年的时光匆忙而又快乐，南希是个活泼好动的孩子，她总是停不下来，但她也非常懂事，在同龄的孩子里，她看起来是那么成熟，做事情也要比其他人稳健。

在南希十六岁的时候，她已经非常独立，在一家医院里当起了护士。这段在医院的从业经历对她以后的工作大有裨益。在第二次世界大战期间，很多在维希法国进行反法西斯斗争的战士在负伤之后，都是南希亲自帮他们包扎伤口。十六岁时练就的技艺在多年后依然娴熟无比，她在从事间谍的工作时依然保持着一个护士的素养。

★美丽的新西兰惠灵顿市，南希·韦克出生在这里。

大学毕业后的南希·韦克开始具有强烈的反叛精神，对于家人为她在悉尼当地寻找到的稳定工作丝毫不感兴趣，而是决定孤身一人远渡重洋，去遥远的法国闯荡。南希在二十岁这年到达了巴黎，在那里开始从事自由记者的职业。后来，在南希接受采访谈到那段生活时，她说："那时的我非常孤立，但是想象力非常好。"担任记者这个职业，让南希开始以一种富有责任感的眼光考量这个世界，她的所有理想和坚韧也是在那段时间里逐渐树立起来的。她走街串巷，了解了这个世界的繁华，也了解到了这个世界的苦难。

南希·韦克很快就成为巴黎报界小有名气的记者，她的采访生动、入微，也具有法国媒体人少有的冷静和理性，这使得她的采访在法国显得与众不同，很多报纸都开始联络她，表示愿意跟她签一份不错的协议，她成为当时最受人喜欢的时政记者之一。正是因此，她在维也纳得到了一个采访纳粹头子希特勒的机会，并且得以亲眼见识到纳粹对待犹太人的残暴。这个场面在她的内心深处留下了深深的烙印，最终也促使她勇敢地走上了反法西斯的道路。

1939年，南希在一次社交晚宴上，得以结识了法国富商亨利·费奥嘉。亨利和其他的法国人不同，他有着天生的善良和直率，既有法国男人的浪漫，也兼具德国男人的耿直，他直言不讳地告诉南希，他已经被她的风采所倾倒。两个人就这样热恋了，南希写信告诉自己远在澳大利亚的亲人，她和一个法国男人准备结婚。事实也证明，婚后半年的时间，是南希一生中拥有的最回味无穷和感怀的日子。日后，她回忆起自己的爱人，依然如年轻时那般动情和沉醉，"他非常英俊，探戈跳得棒极了。他是我这一生的爱。"

或许，正是因为她的爱人，她也爱上了法国这片土地，这里是她的爱情之地，她把一生中最快乐和幸福的年华留在了这里。但是，南希的美好生活也就仅此而已，美好的时光迅速被战争的烟云所笼罩，法西斯的炮火震慑着法国边境，整个欧洲都为之战栗。从温柔乡里抬起头的南希·韦克和亨利·费奥嘉，发现自己的祖国已经沦为了纳粹的土地。

烽烟四起：开着救护车穿过法国边境

1940年6月，正当亨利·费奥嘉和妻子南希·韦克还沉浸在甜蜜的婚姻里时，法西斯德国攻占了法国，代表法西斯的维希政府掌握了政权，法国沦陷了。维希政府的纳粹士兵、盖世太保和德国宪兵走上街头，到处抓捕犹太人，并且对法国人民进行残酷的压迫和统治。浪漫之都巴黎被大独裁者操纵，乌黑的坦克耀武扬威地开过香榭丽舍大街，从凯旋门下开入凡尔赛宫。法西斯用枪炮击穿了所有的玫瑰，多彩的巴黎笼罩在白色恐怖之中。

在纳粹德国对法国进行残酷统治的同时，为了保护法国而进行斗争的人们也团结在了一起，他们在沦陷区四处穿梭，寻找着打击纳粹的所有机会。维希政府被这些神出鬼没的战士搞得手足无措，不得不出动大量军警进行抓捕，沦陷区内一时人人自危。就是在这样危急的情况下，南希·韦克毅然决然地决定回到沦陷区，和勇敢的战士们一起反抗纳粹的残暴统治。丈夫亨利·费奥嘉面对妻子的选择，并没有作出坚决的反对，从他认识南希的那一刻起，他就了解自己的爱人，她有正义感，而且为人心地善良，她不可能眼睁睁看着善良的人们遭到迫害，看着独裁者将巴黎带入黑暗。

南希就这样告别自己的爱人，冒着生命危险穿过德军的一道道封锁线，进入沦陷区，投入进了正处于萌芽的反法西斯运动中。在回到沦陷区之后，南希主要担任的是信使工作，因为她有富商妻子和巴黎自由记者这样的身份，加之身上没有犹太人血统，并没有人怀疑她的身份。她总是冒着各种各样的危险，为反法西斯的战士们传递信息和运送食物。谈到那段舍生忘死的岁月，多年后的南希依然语气笃定："我憎恨战争和暴力。可是当德军入侵的时候，我想不出妇女有什么理由不尽自己所能去抗争，仅靠男人们的力量是不够的。"

后来，南希·韦克以富商夫人的身份，搞到一张可以在沦陷区通行的假证件，这样她的工作又方便了不少。在这个时候，她的丈夫亨利·费奥嘉帮她搞

★战斗中的法国游击队战士

到了一辆救护车，这让南希非常高兴。在任何危急关头，她的丈夫都不曾远离她，始终和她站在同一条战线上，这让南希感慨万千。是的，她实在想不到还能去哪里找到这样的男人，他浪漫而又忠贞，哪怕是要陪她走一条充满死亡与血腥的道路。或许就是因为这一份爱情的难以磨灭，晚年客居伦敦的南希，依然以一个人的力量维持着自己的生活，她思恋着她的爱人，尽管他早已经长眠天国。

利用那辆救护车作掩护，南希开始帮助战俘和盟军飞行员潜逃。无数次她驾驶着这辆救护车，从纳粹的枪下运送这些勇敢的战士穿过生死线，从法国边境逃往西班牙。随着消息的泄露，纳粹终于得知了埋藏在沦陷区的这个无畏的女战士，他们开始千方百计地追捕她，可是她的救护车依然能够有惊无险地穿过纳粹的封锁线，将战士们运送到安全的地方。纳粹的层层布防在南希面前似乎形同虚设，这让纳粹的军官们恼恨不已。可是无论如何，他们每一次都只扑了个空，纳粹形容南希非常狡猾和灵活，就如同是一只"白鼠"。

法国境内抵抗法西斯的战士们无数次听到她的名字，当她出现在他们面前的时候，他们总会感觉到希望和力量。在沦陷区，南希·韦克的名字已经不再单单只是一个人，她成为某种象征，某种不屈精神的象征。战士们和法国的人民总是对她津津乐道，他们将她的故事说得神乎其神，并且赞美她的美丽、智慧、勇敢、无畏，她出现在哪个地方，哪个地方的危险就会不复存在。就连追捕南希的纳粹军官，对她也是既愤恨又满怀钦佩，他们每次就要抓到她的时候，她总是能够从容地摆脱危险。

但是，当希特勒听说他们居然对一个女人束手无策的时候，勃然大怒，希特勒对盖世太保的头头们下达了严厉的命令，要求他们必须把这只狡猾的"白鼠"关进笼子里。于是，盖世太保们将南希·韦克的名字写进了"黑名单"，并且将她列为"黑名单"上的第一人，悬赏500万法郎要她的项上人头。

可是，即便如此，南希·韦克的救护车仍然在法国和西班牙之间的火线上飞奔，已经有一千多名战士搭乘着她的救护车逃离了法国。面对盖世太保的追捕，她丝毫不显慌张。但是，盖世太保们加强了追捕，沦陷区的每一条街道里几乎都潜伏着等待"白鼠"的陷阱。有几次，她险些就中了敌人的诡计，这使得她不能再像从前一样到处活动了，反法西斯运动的负责人也开始为她的安全感到担心。当然，最担心南希的，还是她的爱人亨利，他知道，他与爱人分别的时刻已经不远了。

悬赏搜捕：翻越比利牛斯山成功逃脱

这一次，纳粹不准备跟南希·韦克继续"躲猫猫"的游戏了，他们通过各种渠道打探"白鼠"的社会关系和巢穴，亨利·费奥嘉已经从朋友那里得知，纳粹宪兵们已经怀疑到他了。于是，当南希·韦克终于从沦陷区回来的时候，亨利告诉自己的妻子，她必须离开法国，否则她将有性命之忧。但是南希·韦克不愿意停下手里的工作，因为就在沦陷区，还有无数的战士等待着她，还有一批极为重要的情报和物资需要她运送到紧要的地方。亨利·费奥嘉担心妻子的安危，甚至要求和妻子一起前往沦陷区。但是南希知道亨利在这方面毫无经验可言，便拒绝了他的要求。

南希依旧开着救护车进入沦陷区，像往常一样，她运用自己的智慧和胆略经过了一道又一道的关卡，但她并不知道，纳粹早已在前方设下了陷阱。于是，她把救护车停在约好的地点，自己孤身去拿约好的情报和物资。但是，女人天生的敏感救了她，当她重新往回走的时候，意识到了周围的变化，她并没有走回救护车那里去，而是从另一条巷子拐走了。南希的判断没有错，救护车周围早已经布满了纳粹的宪兵，他们认定这次的任务毫无问题，已经布下了天罗地网，可是，经过了长时间的等待之后，宪兵头目认定，狡猾的"白鼠"这次利用她敏锐的嗅觉再次逃脱了。

★反抗法西斯的法国游击队战士

到达反法西斯战士们聚集的地方，谈起这件事来，南希仍然心有余悸。南希是法国沦陷区反法西斯运动的主要组织者之一，她身上有太多极为重要的情报及线索，其他的反法西斯运动组织者建议南希先去外面避一避风头。回到家之后，南希·韦克与丈夫进行了认真的探讨，亨利认为现在到英国去是南希最好的选择。

"那么，你呢？亲爱的，我不能看着你一个人留在这样危险的地方。"南希·韦克担心地说。

"我不能离开这里，亲爱的，"亨利笃定地说，"我将留下来，你不必担心我，我是法国人，他们不会把我怎么样。"亨利虽然这么说，但是坚强的他已经下定决心，他深知纳粹宪兵一定会找上他，但是为了妻子能够顺利逃往国外，他一定要想尽办法拖住宪兵，哪怕是付出生命做代价。

两个人没有再拖延时间，亨利立刻着手为妻子准备在逃走路上所需的一切。当天晚上，在作好所有的准备之后，亨利与妻子在夜幕下挥手告别。亨利把自己的汽车钥匙交给妻子，并且与她深情地拥抱、吻别，"我想我很快就会回来的。"南希含着泪对自己的丈夫说。

果然，就在南希离开没有多久，宪兵找到了亨利。经过酷刑的审问之后，亨利佯装招认，为宪兵们指引了一条错误的道路。纳粹士兵们在漫长的道路上追击南希，却最终毫无收获。此时从图鲁斯传来消息，说南希·韦克在那里被当地民兵组织抓捕，宪兵们才知道上了亨利的当。但是，当他们赶到图鲁斯时，得知南希·韦克再一次逃走了，她翻过比利牛斯山进入了西班牙。而当纳粹追击到西班牙时，"白鼠"早已经跨过汪洋大海去了英国。

维希政府在得到这个消息之后非常生气，他们从牢狱中将已经被酷刑折磨得遍体鳞伤的亨利·费奥嘉拖了出来，他们把他押到刑场上，当着无数民众的面执行死刑。但是，满身伤痕的亨利无所畏惧，他站在巴黎充满血腥的风中，想到自己的爱人已经脱离危险，感到欣慰无比。他再次听到法国梧桐枝叶摩挲的声响，想起他与爱人甜蜜相恋的岁月，当子弹穿过他的胸膛，他在无以忘怀的回忆中倒了下去。

再次归国：接受专业的间谍训练

就是在到达英国不久，南希·韦克听说了爱人牺牲的消息，这让她悲痛万分，挚爱着她的亨利用自己的生命换取了她的自由。她在异国遥望着爱人的死地，从悲痛中感觉到仇恨和愤怒，爱人的死给予她沉重的打击，也给予她无比的力量。此时的南希已经三十一岁，但是她仍然像个小姑娘一样充满活力。她通过当地的反法西斯战士介绍，申请加入了英国特别行动组。在特别行动组里，一共有三十九名妇女，南希就是其中之一。在那里，她们首先接受了英国国防部组织的间谍训练，其中包括求生、暗杀、爆炸、密码传送及使用各种枪械等技能。对于出生良好家庭的南希来说，间谍训练是艰辛而又繁重的，但是这对于现在的南希来说已经不算什么，失去爱人的痛苦给予她无比强大的力量。她每天都在认真地接受训练，对于训练中要完成的每一项任务都不会放弃，有的时候，她甚至会跟男士兵一起训练，也毫不畏惧与他们进行比试。英国国防部的高级军官们甚至都得知了她的情况，专门到训练场上来欣赏她的训练。

她是间谍训练中最为出色的人之一，她刻苦，而且从不抱怨。曾经，她也身在战争中，但她只是以一个志愿者的身份去投入战争，和法国人民一起面对独裁者的恐怖统治。可是自从亨利去世之后，她已经完完全全和全世界所有遭受过纳粹残暴迫害的人一样了，她深深厌恶战争，但也知道必须以暴易暴去实现和平，为心爱的人报仇。从法国逃到英国的反法西斯战士向南希·韦克谈起了她的丈夫行刑时的情景，告诉她亨利是如何以坚强而又淡然的表情面对纳粹的枪口。

胸中燃烧的仇恨之火、多年在沦陷区工作的经验加上自己的天赋，南希很快成为一名出色的间谍，开始接受英国特别行动小组下达的一些任务，去尽可能地破坏纳粹占领地的各项设施。每一次任务，南希都完成得非常出色，因此先后多次受到英国国防部的特殊嘉奖。在失踪了一段时间之后，"白鼠"的威名再次在欧洲大陆出现，而这一次，她变得更加狡猾和灵活，纳粹甚至连她的影子也不能发现。

★盟军诺曼底登陆

招募武装：毫无畏惧的女战士

到了1944年，第二次世界大战开始向着对盟军有利的方向发展，轴心国处于抵抗阶段，盟军在各个战场几乎都取得了巨大的胜利。为了实现在法国的登陆作战计划，盟军方面需要有人率先回到法国境内，以协助盟军完成登陆计划。英国国防部随即从所有的特工中挑选了最出色的两个人来完成这项任务，其中就有堪称英国国防部最优秀的特工、也是对法国最为了解的南希·韦克。

1944年4月，南希和另外一名特别行动队的队员一起潜回了法国中部的奥维涅省，负责在当地招募和组织抵抗力量，建立秘密的弹药武器库，并且负责与英国的无线电联络。南希·韦克出色地完成了任务，很快，她就拥有了一支三千多人的武装力量，当时她们主要的袭击目标是当地德军的武器装备和人员，目的是为了在盟军实施诺曼底登陆之前削弱德军的抵抗力量。面对在当地驻防的2.2万德军，南希·韦克每次袭击都做得非常漂亮，她所领导的武装力量也日益扩大，最后发展到七千多人。她们对德军造成了行之有效的打击，对诺曼底登陆的最终成功起到了非常重要的作用。

战典回响

让盖世太保敬畏有加的女人

这个能登上纳粹黑名单第一位的女人谁也不敢小觑，她同时也是二次大战中被授予勋章最多的战地巾帼。她用她的智慧和能力征服了所有人，人们一提到她就会想到那个穿梭在枪林弹雨之间，毫无畏惧，轻盈灵巧的"白鼠"。

在第二次世界大战胜利之后，南希·韦克作为战斗英雄受到了盟国的无数嘉奖。但是，她无法继续待在她丈夫牺牲的地方，于是，选择回到故乡澳大利亚。但是让她始料不及的是，作为为全人类的反法西斯事业作出重大牺牲，并且得到全世界敬仰的英雄，南希在澳大利亚却没有得到公平的待遇，她向堪培拉政府申请享有老兵权利，但是堪培拉政府居然以她并非正宗澳大利亚人、并且从未作为澳大利亚军人参与过战争而予以拒绝。绝望的南希在2001年离开了澳大利亚，前往英国伦敦，此时的南希已经穷困潦倒。因此，为了维持生计，她不得不以7.5万英镑的价格卖掉了所有的勋章。

2003年，澳大利亚总督迈克尔·杰弗里在出访英国时，专门向南希颁发了堪培拉荣誉勋章，但此时的南希已经是九十一岁高龄。南希的事情甚至惊动了查尔斯王子，王子甚至亲自掏钱为南希交付了所有的酒店费用，澳大利亚政府还专门为南希找了一个钟点工，负责她的饮食起居。

如今的女英雄南希，已经是九十九岁高龄。但是她依然会每天聆听伦敦的晚钟，微笑着回忆起她的爱人。

间谍战

THE CLASSIC WARS

智慧与勇气的激烈碰撞

★ 沙场点兵 ★

人物：南希·韦克

1912年8月13日，韦克出生于新西兰的惠灵顿，十六岁便已经十分独立的她外出做护士，大学毕业后只身来到欧洲做了自由记者，和富商结婚后利用身份弄到假证件，购买救护车，先后帮助一千多名潜逃的战俘和盟军飞行员穿过法国边境逃到西班牙。她三十一岁时加入反法西斯的英国特别行动组。在反法西斯战争中，她在削弱德军的抵抗力量上作出了杰出的贡献。

道具：机敏

南希的逃逸能力让盖世太保十分头痛，三番五次地秘密抓捕都未能成功，这也是南希赖以生存的一大绝技。也正因如此，她不仅数次躲过了纳粹的围杀，同时也帮助许多反法西斯战士脱离困境。

在间谍活动当中，窃取敌情和独立生存能力同样重要。间谍往往比常人更加机敏，有嗅到危险的能力，同时也具备摆脱危险、绝处逢生的能力。

战术：声东击西

"声东击西"是我国著名的三十六计中最为精妙的计策之一，被南希运用得恰到好处。盖世太保的数次围杀都扑了个空，皆是因为，盖世太保得知南希位于某地，其实都是南希放出的假消息。等到盖世太保们风风火火地赶到时，南希已经走在了去往他乡的路上。

战典

THE CLASSIC WARS

智慧与勇气的激烈碰撞 间谍战

THE CLASSIC WARS

第十三章

催眠师
——美貌与智慧兼备的美女蛇

　　▲间谍因为其所处的特殊的战争模式，所以有的时候也需要掌握特殊技术的特殊人才融入。随着心理学这种新兴学科的逐渐成型和发展，心理战已经成为谍战中重要的一部分。而除了常规状态下迷惑敌人的手段，一些新的手法也逐渐开始涌现。催眠术并不是谍战中经常使用的手法，但是一旦有人能够熟练掌握这种技艺，它在谍战中所能起到的作用是难以估量的。

前奏：神秘的丽达

即使第二次世界大战的硝烟结束了，很多国家的情报机构也没有闲置下来，反而因为苏美进入冷战时期而变得更加忙碌。美国作为战胜国，在经济实力方面没有像其他国家那样受到太大的削弱，与之相比，苏联因为在二战期间遭到了德军炮火的侵袭而变得满目疮痍，战后重建工作变得十分紧迫。但美国的迅速发展让苏联人感到了危机，为了与美国争霸，苏联政府在战争结束后没有放松对西方国家的渗透，他们一直非常重视对外情报工作。苏联人不仅希望得知美英等国对于共产主义的态度和小动作，还想获得先进的科技情报，快速地促进国家建设的恢复和国民经济的增长。毕竟在二战期间，很多苏联科学家被德国人戕害或逮捕，使苏联的高级人才一度匮乏。

★赫鲁晓夫

这个想法在赫鲁晓夫上台以后被正式确立下来并提到了台面上，在他的领导下，苏联的对外政策发生了根本变化。最重要的一个变化就是克格勃的正式成立，它被赫鲁晓夫视为是插入西方国家的一把利剑，只要给予它充分的发展空间和权力，它的刀刃势必能够成为苏联与美国进行全球争霸的工具。赫鲁晓夫企图手握着这把利器，为他在苏联的政坛上扫清障碍，并帮助他更好更快地打击西方国家的反共势力。

得到了赫鲁晓夫的重视和授权，克格勃最高领导人开始制订全面的军事间谍活动计划。在秘密召开的会议上，他们决定将工作重心集中在几点。"我们的间谍人员首要的任务就是刺探西方国家的军事活动情报，及时地发回国内，以便我们的各个部门作出防范。另外，培养一批专门的技术间谍和科技间谍，负责盗窃西方的军事技术。然后，我们要密切注意卫星国家的军事力量，派出精锐间谍渗透进重要部门，截获情报。"这位领导人以极其平静的语气说道，但他深知，要完成这些工作需要付出的汗水和鲜血。

克格勃特务使用的手段是残忍而多样的，自从这个组织建立开始到此后的几十年间，他们派出去或者策反的间谍在西方国家频繁活动，几乎无孔不入，在国际情报斗争中上演了一出又一出悲喜剧。

很多神秘的间谍都是在这一时期诞生的。在20世纪50年代就出现了一位神秘的女间谍，她貌美、智慧，是位深受上流社会欢迎的交际花。她为苏联情报部门提供了多年的重要情报，这些情报都是有关澳大利亚导弹基地和核能发展情况的。她叫丽达·埃律特，是50年代后期苏联向澳大利亚派遣大批特务中的一位。

丽达·埃律特在1923年的某一天出生在一个艺术家庭里，从小就聪明可爱，一张红扑扑的脸蛋会让人想起那些橱窗里摆放的漂亮干净的洋娃娃。她总能讨人喜爱，没有人不疼爱她，她的本名是个美丽的名字，叫做依思菲尔·葛里戈里耶夫娜·尤丽娜。依思菲尔很喜欢她的父亲葛里戈里·伊凡诺维奇·尤林，他是一位马戏团演员，只要有空就会教授一些小杂技给美丽的女儿。而她受到母亲的影响或许更深，这位绝活是空中飞人的妇女告诉依思菲尔，对待人生应当刻苦认真，不仅在学习上要如此，在练习杂技上也应如此。她是个听话的孩子，很好学，无论上小学还是上中学，总是获得优异的学习成绩，更重要的是她还学会了走钢丝，小姑娘优雅美妙的动作令人称绝。

如果不是受到克格勃的招募，依思菲尔大概会继承父母的衣钵，成为一名在莫斯科享誉盛名的杂技演员，但是，她因缘巧合地走上了间谍的道路。在克格勃训练间谍的学校里，她彻底成为了一名

★走钢丝表演是丽达·埃律特最好的伪装

拥有高超杂技技艺的高空走钢丝演员，另外，还学习到了作为女间谍所要掌握的一切技能。她以优秀的成绩得到了克格勃的认可，随后被派到了澳大利亚，在那里，她以高超的技艺和惊险的动作折服了许多人。声名大噪后的丽达开始进入当地的社交圈，渐渐同各界名流交往，在澳大利亚的上流社会红极一时。她的名声和美色吸引了很多政府官员，利用越来越大的交际网，她时常能与选定的对象进行接触，打得火热，从而把能够提供给她情报的人勾引到自己的寓所，对他实施催眠或麻醉来获取情报。

这条美女蛇对那些觊觎她美貌和名声的人来说，是一种致命的诱惑。

艰苦训练：克格勃里的特殊训练

随着依思菲尔的长大，她出色的容貌和杂技技艺更加出众，吸引了很多人的关注。只是她没想到，这些人当中也包括了政府情报部门的官员。当1943年，依思菲尔二十岁时，她已经出落得如出水芙蓉般楚楚动人了。这时，第二次世界大战的硝烟燃烧起来，战争让苏联情报部门紧张运作。当时他们急需大批特工人员搜集情报，因此负责招募特工的官员们在各处寻找合适的人选。这个命令很快被依思菲尔所属的党组织负责人知晓了，他认为依思菲尔很适合成为一名间谍。

依思菲尔被找去谈话，她听到党组织这样询问自己："你很适合在国外从事特殊活动，我们有意推荐你去上特殊学校，你愿意吗？"

既然是党组织的推荐自然是好意，尽管当时的依思菲尔并不清楚特殊学校是教什么的，但她还是轻轻点了头，答应了组织上的安排。

在上学之前，依思菲尔还经过了一番紧张的政治审查，她知道自己一切合格，然后跨进了位于莫斯科附近的高尔基城的马克思－恩格斯学校。这是每一位间谍都需要经历的过程，依思菲尔在这里接受了克格勃最严格的政治思想教育，她学习十分认真，因为她认为这的确是有意义的。

经过了四个月的政治学习，依思菲尔以优秀的成绩毕业，随后被送进列宁技术学校，接受最严格的体能和专业训练。"难道我将来要上战场吗？"她在心里嘀咕着，猜测着自己将被安排到什么地方。这种磨炼持续了十二个月总算结束了，依思菲尔依然成绩优秀。克格勃总部对依思菲尔很满意，认为她很有潜力成为一名高级间谍。

于是，依思菲尔走进了苏联最独特且最著名的加兹纳间谍城的大门，她这时总算意识到自己今后要走的是一条什么样的道路了。

这座间谍城鲜为人知，地方偏僻，一般人是找不到这里也进不来的。在外面，有克格勃布置的里三层外三层的精锐部队严格保护和监管。来到加兹纳间谍学校的人都是克格勃精心挑选出来的，他们将经过专门训练，在合格后被派往讲英语的国家从事谍报工作。按照国家方位，这里被划分为四个区，南部是专门训练派往澳大利亚、新西兰、印度、南非等国的间谍。依思菲尔所处的正是南区，领导已经决定，在她合格后将她派往澳大利亚。

自从被分配到这里，依思菲尔在这个区就以一位澳大利亚人的身份自居，每天讲着澳大利亚腔的英语，被禁止讲俄语。"从今天开始，我必须忘掉自己是个俄国人，要牢记自己的新身份，以后我的名字是丽达·埃律特，而不是依思菲尔。"经过

★接受艰苦训练的克格勃女兵

一天的训练，她躺在床上进行着自我催眠，提醒自己要记清新身份的所有资料，这关系到她将来在澳大利亚间谍工作的成败。

丽达已经有了成为一名间谍的觉悟。她不仅要放弃过去的身份，还要接受新身份，更要适应将来有可能遇到的一切危险情况。她接受各种测试，被告知即使有一天身份曝光被逮捕，遭受到酷刑拷打、电波洗脑、催眠或注射自白剂，也绝对不要招供。她俨然成长为一位专业的间谍，通过了各种严格的间谍训练课目，而且练就了走钢丝的绝活，在外人看来她只是一名美貌的杂技演员。

前前后后经过了长达十年的训练，丽达通过克格勃的考试，顺利毕业。当她走出校门时，她的英语已经讲得和土生土长的澳大利亚人一样。不仅如此，她在其他训练课目上也都是成绩优异，具备一个天生特工所有的才能，她还熟练掌握了催眠术，并能运用得当。

丽达已经迫不及待地想要踏上澳大利亚的土地了。

偷渡澳洲：特工生涯的开端

1954年4月，克格勃总部的高层官员一个个的脸色都很不好，他们坐在一起研究手中的文件，谈论的是关于苏联驻澳大利亚大使馆发生的那件事情。

"真是难以想象，我们内部会发生这样的叛逃事件！外交部现在很难堪，克格勃的颜面也受到了损害。你们真的没有办法把弗拉基米尔·彼得罗夫那个家伙给弄回来吗？"其中一人发了话，等待着其他负责人的回答。

事情是这样的，就在几天前，苏联驻澳大利亚大使馆的机要译电员弗拉基米尔·彼得罗夫从大使馆逃跑出来，没人知道他究竟为何要叛逃，但是他的确这样做了。有人发现，在此之前，他与澳大利亚反间谍机构的某位美艳女间谍接触甚密，禁受不住美女的引诱或许是他背叛组织的原因之一。总之，他已经向澳大利亚政府请求政治避难。此后，克格勃用尽办法想让他回国，都没能成功。

"看样子是不行了，我们已经采用过各种方法。不过情报人员决定将其妻子押回苏联，现在他们应该就在路上。"一位负责人回答道。

原来弗拉基米尔·彼得罗夫和妻子叶芙多卡娅都是克格勃派往澳大利亚的特工人员，既然捉不到前者，他们希望立即将叶芙多卡娅召回，至少能知道这个叛徒泄露了多少情报。然而，令他们想不到的事情发生了。

办公室外响起了敲门声，一位机要秘书递过来一份急电，这让刚才那位发火的克格勃领导人更加面红耳赤，他站起来怒声道："该死的，叶芙多卡娅居然也叛逃了！这简直是对克格勃的挑衅和蔑视，太可恶了！"

根据报告显示，叶芙多卡娅是在飞机停机在最后一站加油时溜走的，她在回国的最后一分钟走上了和丈夫一起叛逃的道路。在澳大利亚反间谍机构人员的帮助下，她成功逃脱了克格勃的严密看守，消失在机场。

这对夫妇对澳大利亚反间谍机构供出了自己所知道的一切情况，包括克格勃在澳大利亚的间谍网，出卖了不少自己的同事，这使得克格勃在澳大利亚的间谍活动遭到了致命打击。苏联在澳大利亚的间谍不是曝光了就是只能赶紧隐藏，无法再继续进行谍报工作。

"现在那边的情况怎么样？"被上司骂得狗血淋头的担任澳大利亚间谍联络工作的负责人沮丧地窝在沙发上，听属下的报告。

"我们在澳大利亚的间谍网瘫痪了，只有少数同大使馆完全没有联系的单个派遣间谍还在活动。但是他们孤立无援，发回的情报没有多大价值。"部下缓慢地报告着，尽量不要刺激到目前情绪低落的头头。"另外，澳大利亚政府还向我方提出了强烈的抗议，政府高层估计很难堪，您的压力很大吧？"

"废话，我们被指责管理不善啊！现在只有迅速采取措施，尽快挽回损失和影响。对美国在澳大利亚建立的核基地的侦察，不能中断哪。"他弯起手指敲了敲桌面，随后道："走，跟我一起去加兹纳挑人！"

克格勃的行动很快，他们决心马上重建新的间谍队伍，让他们潜入澳大利亚继续开展间谍情报活动。加兹纳间谍学校南区提供了一批优秀学员的名单，其中就有丽达·埃律特，他们将在考核后被派往澳大利亚。

但是，由于彼得罗夫夫妇提供了详细的间谍名单，当时澳大利亚反间谍机构搜捕了一大批克格勃间谍，对从苏联来的一切陌生面孔都相当防备，戴着有色眼镜观察他们。驻澳大利亚大使馆告诉克格勃，目前不适合在澳大利亚建立另外一个间谍网，凡是从苏联来的人都会受到澳大利亚情报机构的监视。

"那么，只好少派一些人去了。先让那些有能力找到工作的人过去。"克格勃总部负责人告知选派间谍的人，嘱咐前往澳大利亚的间谍抵达后的首要任务是找到一份工作，潜伏一段时间不要活动，就像个普通的澳大利亚人那样生活。

丽达·埃律特正好具备这样的能力。她于1955年10月在克格勃的安排下通过非正规途径入境，逃脱了澳大利亚反间谍机构的监视。她的第一个目的地是新身份的故乡阿德雷德，她在那里待了大约八天，为的是熟悉环境，以免将来人们问起她家乡时会露馅。在验证了自己的口语和外貌完全不会引起人怀疑后，丽达·埃律特提着行李前往墨尔本。

求职活动：在澳洲声名鹊起

墨尔本是个繁华的都市，清晨的集贸市场内聚集着各类小贩在招揽生意。和往常一样，他们在清理自己的蔬果或是小商品，偶尔抬起头来寻觅顾客，一位美丽大方的姑娘映入人们的眼帘。美女在墨尔本可不少见，但是这位漂亮的女人让人在第一眼便会生出好感，无疑会给人留下深刻的印象。看到她像是在寻找什么的样子，许多年轻的小伙儿想要上前搭讪，其中有一个还真那么做了。

"你好，请问你从哪儿来？你住在这附近吗？"小伙子大着胆子上去搭话。

丽达露出甜美的笑容，说道："啊，你好。我是从阿德雷德来的，想到墨尔

★澳大利亚墨尔本，丽达·埃律特被派往这里执行任务。

本找工作。可是，我有点儿迷茫，你知道哪里有马戏团吗？"小伙子有些惊讶地看着面前身材曼妙的丽达，"你是马戏团演员吗？我可一点儿也看不出来，我知道哪里有马戏团，而且不止一家，不如我带你去看看怎么样？"

听到有人愿意主动帮忙，丽达高兴地点点头。她就知道到墨尔本来是个好的选择，毕竟这里找到工作的几率很大。而且，作为一个马戏团的演员，经常更换工作也是很正常的，不会有人怀疑她，这个小伙子就是个例子。

在小伙子的指引下，丽达很顺利地就找到了马戏团，不过，她没有马上进去求职。她听这位小伙子说，当地有预约演出办事处，如果能在那儿登记下资料，然后找到一个经纪人，她拥有的机会会更多。丽达很感谢这个小伙子的建议，马上就到预约演出办事处去了。她一直就是幸运的，凭借着美貌和一口地道的澳大利亚英语，很快就得到了信任和赏识。经纪人对她很上心，要知道丽达各方面的条件都不错，有在马戏团表演的经验，而且特长是走钢丝。

在经纪人为丽达张罗着寻找工作的同时，她每天都在城里闲逛，看起来像是一位外乡人在参观大城市，其实她是在熟悉环境，有意识地观察这里的居民和生活习惯。看到天色渐渐暗下来，丽达才慢悠悠地回到旅馆。她居住的旅馆具有良好的声誉，是一间专门出租给艺人居住的旅馆，生活设施十分完善。丽达觉得这里还算安全，便把这个地方作为她的临时通信地址，用这个地址和克格勃的联系人通信。在那段时间，她与上级都是用通信的方式保持联系，汇报情况，不过当时的内容还未涉及到任何情报方面的消息，她只是写清楚自己的近况，包括找工作的进度。

不久，丽达的经纪人就为她取得了试演的机会，她十分放松地参加了试演。

因为从小就是在马戏团长大的，她对那种环境非常适应。丽达在表演时很沉稳，一走上钢丝就让所有人惊讶地张大嘴巴。她太美了，而且技艺超群，理应拥有更大的舞台。第一次试演相当成功，看到她出众的表演，马戏团负责人立刻就和她签订了一份

★墨尔本的马戏团

演出合同。他还对丽达保证，一定会向老板好好推荐她，相信用不了多长时间，她就有一份正式的工作了，而且会在墨尔本一炮打响。

丽达用她那迷人的笑容回应他，她当然有理由相信自己肯定会获得欢迎，在克格勃接受训练时，她就练就了随时都能散发自信魅力的能力。

果然，没过多久，克格勃联系人就收到了她的消息，丽达已经成为了某个马戏团的正式演员，将在墨尔本进行多场演出，薪酬比一般的演员要高出很多。

墨尔本的市民们一夜之间发现了这位美丽的高空走钢丝演员丽达，她在举手投足之间都流露出一种高雅的气质，仿佛天生就具有艺术细胞，进行表演时完全不需要谁来告诉她如何吸引观众的目光。她那轻盈的身躯行走在钢丝上，每一步都牵动着台下观众的心。而她的技术高超，很少出错，每次出场都能赢得浪潮般的掌声。越来越多的人慕名前来观看她的演出，马戏团因为丽达的声名大噪几乎日进斗金。这样一来，丽达的演出场次也增加了，她还受到了其他城市的邀请，演出的范围从墨尔本扩大到其他地方，比如悉尼、堪培拉等澳大利亚的大城市。她很乐于跟随马戏团进行巡回演出，不仅有丰厚的报酬，还能收获更大的名声和赞美，这种华丽的外表对于掩饰她的真实身份再好不过了。

三个月，不过短短三个月，丽达就已经成为澳大利亚声名远播的高空走钢丝女演员。她发现有很多政府官员也走进马戏团来观看表演，这时她意识到，自己可以开始行动了。

使用催眠：如痴如醉的追求者

这天，丽达和往常一样去经常光顾的一家俱乐部消遣。她扭动着纤细的腰肢走进大门，然后举止优雅地坐在固定的位置要了一杯酒，看到周围有认识的男士便轻轻举杯，点头微笑算是打了招呼。那些人里没有她的目标人物，所以，她并未采取进一步行动。她今天是在这里等人的，几日前有位线人和她约好，要介绍一位重要的政府官员与她相识。

丽达其实已经结识了不少政府官员和其他一些有重要影响的人物了，但是这些人只能给她提供一些零散的情报，没有太大的价值。而前段时间她刚刚接到上级的指示，需要她搞到更机密的情报。

"天哪，我要如何才能得到有关伍美纳核研究所的核技术和导弹研究成果的机密？"丽达在心里打鼓，她对于这个高难度的任务感到忧心忡忡。但是，作为从加兹纳间谍学校训练出来的高才生，她只能接受挑战。之前，克格勃对她在短期间内就能搜集到大量情报的工作能力表示了赞扬，认为她工作十分积极，并且不负众望地建立了一个范围十分广泛的间谍网，这样很好。

受到鼓励的丽达对自

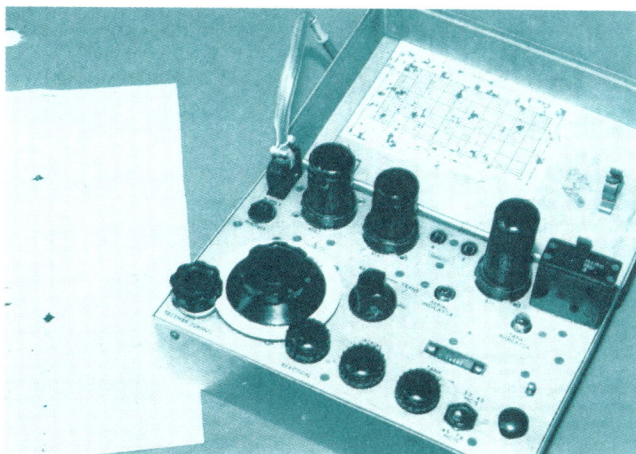

★间谍使用的微型电台

己充满信心，她继续用那台最新式的微型短波无线电电台，向莫斯科克格勃总部发送消息，一旦搜集到各种情报就马上传递回去。她还会使用微型胶卷，偷偷地拍摄那些和她交往过密的男人所持有的绝密文件。她的工作越来越顺利，截取的情报也越来越多，但是，她还是没有机会接触到伍美纳核研究所的专家，这令她的神经一度处于非常焦虑的状态。

不过，今天丽达似乎要迎来好运了。

没过几分钟，丽达相识的线人就出现了，他是潜伏在政府中的官员，自然认识不少对美女感兴趣的高官。看到线人身后头发稀疏的中年男人走近，丽达礼貌地站起来，先露出一个迷人的微笑。这位男士显然在一瞬间就被丽达吸引住了，"真是很高兴见到你，我能称呼你丽达吗？"丽达略显羞涩地点点头，道："当然可以了，我早就听说过您的大名，见到您是我的荣幸。"

于是，线人的工作完成了，就找了个理由先走了。丽达和这个新目标交谈甚欢，在喝了几杯酒之后，新目标的视线被丽达牢牢地锁住了。在他看来，丽达简直是天生丽质，不但脸蛋漂亮，而且因为精于走钢丝，所以保持着很好的身材。觥筹交错之间，他彻底被丽达迷倒了，目光赤裸裸地流连在她的身上。丽达知道时机已经成熟了，便颇具技巧地开始将话题引入伍美纳核基地上去。她假装悲伤地告诉新目标，自己有一位基地的情人，可是后来这个人以工作太忙为理由拒绝再和她来往。

"唉，当时我真是伤心哪。您说，男人都是这样的吗？"丽达故作委屈地表演着，力图博取新目标的同情并从他那里挖取有用的资料。

"哦，不，不，我就不会那样。不过你要知道，伍美纳核基地的人不全是不解风情的家伙，我就认识一个不错的科学家，他还是研究核技术的呢，却很懂得怜香惜玉。"新目标说出了丽达一直期待听到的话。

"是吗，我可不信，那些科学家看起来就像书呆子，听听那头衔就和我们距离很远。"丽达继续引导，果不其然，新目标说下次把这个人带出来给她瞧瞧的话。得到了许诺的丽达非常兴奋，她趁热打铁将这个新目标邀请回家之后，利用女人的魅力引诱他又说出不少政府机密。被丽达迷得不知道东南西北的新目标丝毫没有察觉到有哪里不对劲儿。

几天后，这个中年男人说话算话，把他口中那位善解风情的科学家带到了丽达面前。丽达先和他成为了普通朋友，话题也只是围绕着吃喝玩乐，但是，她的眼神常常暗示这位科学家，她对他很有好感。一来二去，在丽达的撩拨下，两人发展到了比较亲密的关系。在觉察出科学家眼中的情欲后，丽达认为是时候把他带回家了。

然而，以前的那些普通的套问方法是不能用在这个人身上了，再怎么说他也是伍美纳核基地的科学家，既然掌握最高绝密情报，那么一定被告知在任何情况下都要守口如瓶，对一切提到伍美纳核基地的人物都要提高警惕。为了能顺利完成任务，并且不暴露自己，丽达决定使用催眠术来对付这个人。

一听到丽达邀请自己去她的住所，这位科学家便再也按捺不住内心的激情了，他满面春风地跟随丽达穿过居民区，走进一幢房子。丽达显得非常热情，她告诉他千万不要拘束，然后从柜子里拿出一瓶酒，"不如，您再陪我喝几杯吧，刚才在俱乐部我可还没有尽兴呢！"说完，扬起一抹更为甜美的笑容。

一转身，丽达将一枚药片化入了酒杯中。毫不知情的科学家喝下了这杯酒，渐渐地视线模糊起来，他搂着丽达柔软的身体失去了意志力，陷入了半睡半醒的状态。丽达坐在他身边，开始使用催眠术，她用十分缓慢而低沉的语调说道："今天你应该向我报告工作进度了吧，告诉我，最近你的研究有进展了吗？"她这是扮作科学家的上级，用语言暗示他向她汇报工作情况。

这位科学家在迷迷糊糊的情况下回答道："是的，最近的研究是这样的……"就这样，这位科学家在丽达的催眠下进入了无意识状态，对她的问题一一解答。在他说话的同时，丽达使用录音机进行录音，因为有些太过专业的科学名词她并不明白，她必须记录下来让苏联的专家去分析。在得到了一切想了解的机密后，丽达暗示科学家忘掉刚才所讲的一切情况，之后，她只需要等他慢慢醒来，并依偎在他怀里就够了。

除了使用催眠术，丽达有时还给目标人物注射一种类似自白剂的药品，以便促使他讲出更多的机密情报。五年内，她采用这种方法截获了大量的科技情报，并和那些男士保持着若即若离的关系。在他们看来，丽达一直是个美丽迷人的女人，他们乐于和她接触，并且认为和她在一起十分愉快。

全身而退：克格勃的"燕子"归巢

这几年，丽达的工作和生活都十分顺利。但是，最近她发现有人在跟踪她，也许是某些求爱者，但是她怀疑很可能是澳大利亚反间谍机构的人。

"莫非我引起了他们的怀疑？不可能啊。"丽达在房间里自语着，不知道该不该将自己的怀疑告知上级。

另一边，澳大利亚反间谍机构的一间办公室里，几个情报人员围坐在一起议论调查对象，调查名单中就有丽达的名字。"你们注意到了吗？这个丽达接触的男人要么是政府官员，要么就是澳大利亚有头有脸的重要人物。她的魅力还真是大呢！""的确如此，要说她不过是一个马戏团的女艺人，虽然很漂亮身材很好，但是怎么会有这么多男人喜欢她呢？""最奇怪的是，这些男人或多或少都与核研究基地有关。你们说这是怎么回事？"他们七嘴八舌地说道，最后得出统一的意见，决定对丽达展开暗中调查。

数个星期内，那些和丽达有过接触甚至发生过亲密关系的男人先后遭到了询问，他们惊讶地看着面前的调查人员亮出身份，随后听到他们对于丽达的质疑。这些男人对丽达的印象都很好，有些不明白为何反间谍机构会怀疑她。面对调查人员的问题，他们的笑容都很相似，回答的话语也很相似。"你们是不是搞错了，我和丽达有过来往，是很正常的交往，大家都是朋友，她从来不跟我谈政治，也不会提到有关科学和基地的事情呀！我们在一起时就是为了消遣一下，娱乐娱乐罢了。"

"还真是奇了怪了，这些男人都色迷心窍了吗？怎么就没人怀疑她呢？"一位调查人员嘟囔着，扯了扯同伴的袖子示意要看调查记录。另一个调查人员摇了摇头，道："算了，看了也没用。这些人讲的话几乎都是一样的，他们不可能事先商量好，也许他们说的是真的，丽达是清白的。"

"可是，为了安全起见，我们还是要彻查。"他们的上司在听了调查报告后说道，"毕竟伍美纳核研究中心对整个西方盟国来说都非常重要，我们不能放过一点蛛丝马迹。"他命令属下暗中监视丽达，小心跟踪她，尽快查到证据。

可是令澳大利亚人没想到的是，在澳大利亚反间谍机构中也潜伏着苏联特工，他听闻了这一消息，立刻通报了克格勃。克格勃总部对这件事十分重视，由于澳大利亚反间谍机构现在还未掌握丽达是苏联间谍的证据，他们认为不能在这个时候召回丽达，避免不打自招。丽达接到的命令是，暂时放弃一切谍报工作，且不要和间谍网中其他人员进行联系，并立刻将无线电通信电台、摄影器材等相关设备进行转移，务必小心谨慎。她现在所要做的，就是像她呈现给其他人的那样，在马戏团尽心尽力地表演。

尽管这样，丽达还是没有被澳大利亚反间谍机构的人放过，她发现自己在 24 小时内的所有行踪和行动都在他们的跟踪监视之下，毫无隐私可言。一天晚上，丽达回到家就敏锐地觉察到不对，她在房间里寻查了半天，果真发现了微型窃听器。但是她没有破坏这枚窃听器，她不怕被监听，因为她现在的确没有从事间谍工作了，除了隐蔽的私生活不想让人知道外，她不介意那些澳大利亚人每日监听自己。

丽达的潜伏应当说是完美无缺的，可是澳大利亚反间谍机构就像是块牛皮糖，还就粘住她不放了。克格勃得到通知，知道丽达已经陷入了被长期监视的境地。"看来，丽达没有必要再留在那里了，在这种情况下，她已无法继续开展工作，想办法将她撤离出来。"总部负责人下达了这样的命令，终于决定将丽达转移出澳大利亚，确保这位优秀女间谍的安全。

克格勃开始策划她的撤离行动。首先，他们让情报人员从印度、巴基斯坦以及其他国家发出几封马戏团的邀请信，寄到墨尔本马戏团，邀请丽达出国演出。这种信件时不时地出现，马戏团的人也觉得很正常，丽达表示愿意出国演出，这样，便在克格勃的帮助下离开了墨尔本。她是以出国访问演出的理由出境的，这让澳大利亚反间谍机构没有理由阻止她。

丽达就这样轻轻松松抵达了印度，在那之后她到了巴基斯坦，后来偷偷回到莫斯科，完成了这一次惊险的旅程，全身而退。寻找不到她行踪的澳大利亚反间谍机构无可奈何，对她的搜捕最后不了了之。

战典回响

冷战时期的间谍战

尽管超级大国明里暗里都在竞争，对比彼此的军备和经济实力，但表面上的新闻和信息已经不能让他们感到心安，政府的这种心态不约而同地导致一种情报饥渴。倘若超级大国能更多地知道对方在干什么，再起战火的可能性或许会小一些，因为那些能威胁到对方的因素都在间谍战中被逐渐消化了。这样一来，世界也许会更安全一些吧。这也正是1946年冷战开始后，为何欧洲大地上会不断上演北约与华约集团之间间谍战的原因之一。

北约和华约集团国都在建立庞大的间谍网，站在统一战线上的集团国还共享情报、相互协作。这段时间涌现出一大批精锐的间谍，他们在号称"中欧心脏"的柏林、布达佩斯与维也纳三大都会进行着全方位的较量，各显神通，使得这三座城市成为暗潮汹涌的"欧洲谍都"。

因为，当1946年丘吉尔发表铁幕演说后，昔日德国的心脏——柏林便被推上了风口浪尖，成为东西方冷战的前沿。以美国为首的西方情报组织与以苏联为首的东方情报组织在柏林进行着殊死较量，他们的对抗有时比燃起硝烟的战场更加惊心动魄。

各国间谍之间争斗的胜负往往取决于一念之差。冷战时期间谍战的残酷和血腥也许不为平常人所知，有些间谍的下场十分凄惨，但是，这没有吓倒那些为国奋斗的情报人员，他们前仆后继地投入到这项事业中，并以此为荣。西柏林是冷战时期苏联克格勃十分重视的一个情报来源地，当时他们甚至专门在东柏林市郊卡尔斯霍斯特的苏军总部里设立了情报中心，对抗西德和其他西方国家的间谍，甚至在这里进行大量的策反工作。当时在西柏林活动的苏联间谍至少有三百人以上，这还不包括那些被克格勃成功策反的西方情报部门的人员。

除了西柏林，克格勃的触角更是遍布西方国家的各个重要部门，有些被苏联情报人员安装了窃听器的地方更是美国人无论如何都想象不到的。比如20世纪50年代初，美国驻苏联大使馆。

众所周知，美国人十分偏爱一种外貌美丽、性情凶猛的白头海雕。这种海雕是美国的国鸟，象征着力量、勇气、自由。美国国徽就采用了白头海雕的形象。美国人设计了一只胸前有盾形图案的白头海雕，作为国徽的图案。克格勃在国徽上动起了脑筋，命令技术人员制作了一枚木质白头海雕国徽。这枚国徽看起来十分精致美观，它被苏联政府当做礼物，送给了美国驻苏联大使哈弗里尔·哈里曼。

哈里曼大使十分喜爱这枚国徽，将它挂在美国驻苏联大使馆的办公室里。此后的八年间，克格勃每天都清楚地听到这个房间里的谈话。原来，这枚被当成礼物的国徽早就被克格勃掏空了，里面放入了一个形似小蝌蚪状的微型窃听器——"金唇"。

为了让这枚国徽更好地运作，克格勃还费尽心思在美国驻苏联大使馆对面的一座建筑里安装了一个雷达，对准国徽里的共鸣器。这个雷达的灵敏度很高，能侦察、能录制和翻译出"金唇"传递出的最细微的声音。就是这枚小小的窃听器作出了极大的贡献，将大使馆内的各种机密情报不差毫厘地传递到苏联内务部的情报分析中心。"金唇"执行任务期间，先后有四任美国大使在它的面前办公，但是，他们都没有发现这枚国徽的秘密。

美国人也觉得奇怪，不明白为何克格勃对大使馆的情况总是未卜先知，最后，大使馆的工作人员决定对大使馆内的所有房间和设置进行彻查，这才揭开了国徽，发现了它肚子里的窃听器。这一事件令美国情报部门备感羞辱，他们在大骂苏联人如狐狸般狡猾的同时，加强了对苏联间谍的防范。

其实，早在二战还没有结束时，苏联国家安全总局就展开了对美国的使领馆的窃听活动。根据后来美国反间谍机构的档案记载，1960年以前，情报人员在美国驻苏联的大使馆内就找到了130多个窃听器。过了几年，美国的反窃听专家经过彻查，又在使馆大楼的内墙里挖出了40个专线话筒，这些话筒是在50年代初，苏联政府帮助他们改建大使馆大楼时就安装进去的。最令他们感到恐惧的是，那时苏联人明明没有出现过，却能安装这么多的窃听器，这使得作为此道高手的美国深感恐惧。

苏联克格勃就是这样，总能让美国人哑巴吃黄连有苦说不出。遭到打击的美国中情局由此发誓，一定要在间谍战中挫败苏联人的锐气。之后，双方的间谍较量就更加如火如荼，即使到今天我们也难以猜测，这两个超级大国的间谍战是不是已经停息了。

间谍战术的不断开拓

为了让谍报工作进行得更顺利，培养高级间谍是克格勃十分重视的一环。克格勃在长时间的间谍活动中积累了很多经验，间谍学校的教官不仅擅长教授间谍技能，也擅长开拓间谍战术。随着克格勃的发展壮大，他们所掌握的间谍战术也越来越多，有一些甚至超出正常人所能想象的范围。而他们在进行间谍活动时最擅长的，同时也是所有间谍战术中最广为人知和有效的就是"美人计"。中国人在古代就会用这项计谋了，说简单点就是利用美女或美男出色的容貌来引诱目标，让这些人被美色所惑，在不知不觉中就泄露出高级机密。伴随着时代的进步和科技的发达，克格勃将这个战术发扬光大，他们的情报人员经常协作来完成"美人计"。一旦目标上钩，后备人员就利用先进的电子窃听、录像等手段，偷录偷拍下"色情证据"，以此对目标人物实施讹诈或收买，最好的效果就是成功策反目标，使其成为双重间谍。

为了将这一战术发挥到极致，克格勃专门设立了"性谍报学校"，专门培养美人，从事色情间谍工作。不是哪个姑娘都有资格接受这样的训练的，在进入这种特殊的谍报学校之前，她们先要接受克格勃的详细调查。在克格勃确保她们在政治上完全可靠后，会根据姑娘们的外貌来决定是否录用，因为美丽的外表是最基本的条件。另外，克格勃不需要光有外表没有头脑的花瓶，她们必须是聪明且独具魅力的，而且要懂得一门外语，最好接受过良好的教育并有一些特长，能够有一份掩饰的职业。只要克格勃看中了某些姑娘，便会派出口才绝佳的招募人员去秘密会见她们，告知她们获得了推荐，已经被提名在党政机关工作，如果表现出色将能获得丰厚的报酬，甚至还能够获得政府奖励给她们的大城市里的一套公寓。如果这些姑娘表示愿意考虑，那么克格勃会给她一段时间作出最后的决定，与此同时对她的家庭展开更深入的审查。

苏联克格勃二局就曾专门负责招募、培训男女"色情间谍"，此类女间谍被称为"燕子"，男间谍被称为"乌鸦"。他们和其他间谍一样，会先被送到马克思-恩格斯学校去接受4个月的政治教育，如果成绩优秀再被送到间谍城进行培训。有所不同的是，这些年轻的男女孩会接受一些更为特殊的课程，这些课程会帮助他们克服心理障碍，教授和色诱相关的一些常识和技巧。这些间谍在学习期间将对克格勃保证，永远不泄露所知道的一切，即便是亲人也不会知道其真实的身份。然后，这些毕业后的间谍被克格勃送往各个目标国家，利用美色勾引一些国家的政府要员、高级军官、外交官、科学家和各种机要人员。

不过，除了"美人计"之外，克格勃也鼓励情报人员对目标人物使用催眠术、自白剂，只要能顺利套取情报，他们是不介意间谍人员采用何种战术的。通常情况下，潜伏的间谍为了保险起见，会采用多种间谍战术，一种不行就用下一种，直到成功为止。前提是他们能够保证自己的安全，不轻易曝光。

我们不能不承认，克格勃在冷战时期开拓出的多种间谍战术，在世界间谍史上留下了浓墨重彩的一笔，令世人印象深刻。

间谍战

THE CLASSIC WARS

智慧与勇气的激烈碰撞

★ 沙场点兵 ★

🐾 人物：丽达·埃律特

　　丽达·埃律特，1923年出生在莫斯科，原名是依思菲尔·葛里戈里耶夫娜·尤丽娜，她的父亲是苏联国立莫斯科大马戏团的著名演员，母亲也是当时著名的"空中飞人"。依思菲尔在1943年被克格勃选中，培养成为女间谍。经过十年的严格训练后，丽达练就一身过人本领，包括高超的杂技技巧和作为间谍所需要的各种能力，杂技演员成为她从事特务活动的掩护职业。丽达·埃律特凭借优异的成绩通过了最后的考试，随后，有关部门为她做好了铺垫，将她派遣到澳大利亚，从此，她的间谍生涯就开始了。她依靠着自己的美色和名声得以接近目标人物，从而套取情报。后来被怀疑，她顺利逃离了澳大利亚，让那个神秘美艳的杂技明星消失在那些曾经和她交往过密的人的视线里。

✴ 道具：美色

　　作为一位女间谍，美艳的外貌能为她的谍报工作带来便利，所谓利用美色套取情报，也就是实施"美人计"。凭借自己的美色去勾引那些掌握重要情报的政府官员，让他们放松警惕，甚至是通过发生肉体关系获得这些人的信任，寻找机会得到她所需要的情报。在冷战时期，克格勃训练出来的每一位女间谍几乎都会利用自己的美色来获取情报，她们为了自己的信仰而让身体背叛自己的灵魂，克服羞耻，一次又一次地完成任务。在当时来看，这些女间谍不以奉献身体为耻，她们所做的一切都是为了祖国、为了情报，这份工作不是下贱的，而是高尚的，应当获得人们的尊重。

　　丽达不但利用自己的美色，还利用自己的职业获得名声，这能让她的形象更加丰满和吸引人，从而更容易地与那些她选定的目标人物接触。先从普通朋友做起，然后，随着交情的加深将他们带到她的公寓。她比其他女间谍高人一等的地方在于，她会使用催眠术，这使得她套取情报后不容易被人怀疑，也不用承担更高的风险。

✴ 战术：催眠术

　　将催眠术用在谍报工作中，也许是苏联情报人员的一项创新。

　　使用催眠术，即催眠师对被催眠者采用特殊的行为技术并结合言语暗示，或者由药物诱发使之进入一种暂时的类似于睡眠的状态。随后，被催眠者在催眠师的影响和暗示下说话和讲述，说出平时不愿面对或者隐藏的事情，缓解内心的冲突和紧张。而丽达使用催眠术，则是在催眠过程中诱导被催眠者在无意识的情况下说出重要情报，这种方法比较安全。通常在她完成催眠过程之后，被催眠者毫不察觉，根本不知道自己已经说出了不得了的情报。正因为她会使用催眠术获取情报，降低了她曝光的几率，至少所有与她接触过的政府官员都没能看出任何破绽。

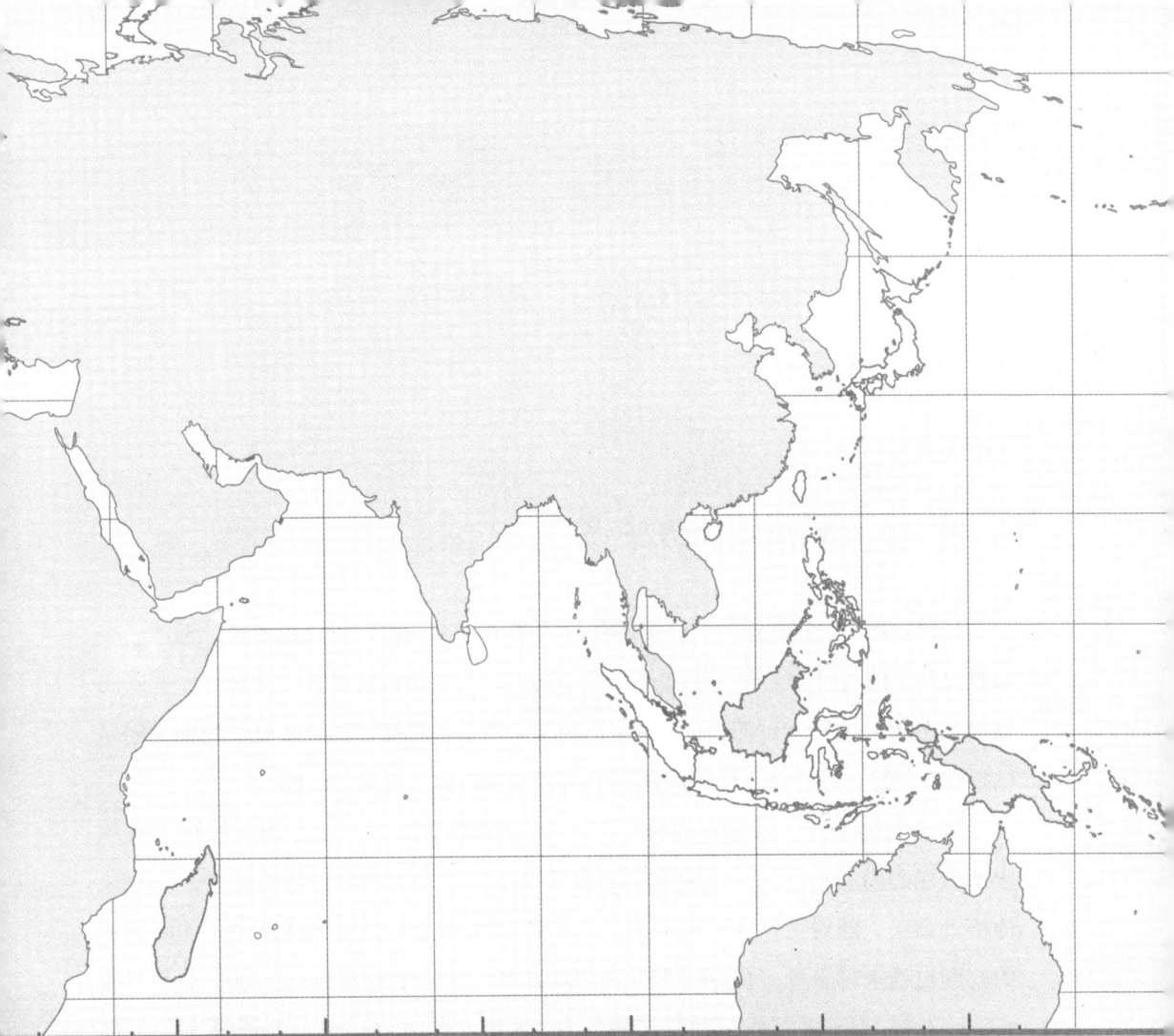

第十四章

破译密码
——无线电上的暗战

　　▲伴随着现代战争的迅猛发展，谍战已经不再单单局限于人与人之间的战争，信息的决战也是极为关键的。作为信息技术的先驱，无线电传输成为新的谍战方式，编译密码和破译密码成为谍战双方较量的手段。而在古今中外的无线电谍战中，就数第二次世界大战期间的无线电谍战最为精彩：信息技术裂变的特殊时代，技术人才不断推陈出新，加上又有世界大战作为历史背景，上演的故事自然是精彩纷呈。

前奏：美国黑室的传奇

1912年，一个只有二十三岁的年轻人进入了美国白宫担任机要员，他的名字叫雅德利。他当时的工作几乎就是一个小文员，主要负责的是抄收和破译一些密码及相关文件。对于一个刚刚进入国家机关的小伙子，最初的工作都是简单而又略显枯燥的，但是，在白宫工作所能赚到的薪金才是小伙子真正关心的。

可谁也想不到，就是在这样日复一日的枯燥工作中，雅德利居然逐渐喜欢上了破译密码的工作，从一大堆毫无规律的字符中发现一个有趣的秘密，总是让他格外高兴。随着工作的不断深入，他所需破译的密码也越来越复杂，他所遇到的问题也越来越繁复，但是这却让他更加高兴。不管是什么样的问题，他都会去挑战并且解决，后来，他逐渐发现，他已经迷上了这样刺激的事情。而白宫的其他机要员也逐渐发现，年纪轻轻的雅德利在破译密码方面显示出了不同寻常的天赋。一些老机要员要用几十年才能掌握的密码破译技术，雅德利只需要几个月就可以驾轻就熟。并没有用多长时间，雅德利已经成为白宫最出色的机要员和密码破译专家。

1919年，三十岁的雅德利做了一件让同行颇感震惊的事情。雅德利向美国国务院递交了一份备忘录，在这份备忘录中，他详细讲述了目前美国政府在

★美国"密码之父"雅德利

密码破译方面的现状，并且大胆提出一个想法：他希望政府能够出资聘用五十名密码专家和机要员，成立一个专门负责密码方面的组织。雅德利的这个备忘录，迅速受到美国政界和军界的重视，总统和相关负责人甚至专门找雅德利了解情况。在与政府相关人士的谈话中，雅德利表述了未来信息技术在战争中将起到至关重要的作用，所以谁能够率先取得最先进的密码破译技术，就等于是率先取得了战争的主动权。

雅德利的计划得到了美国上层的普遍支持，只是过了几天之后，美国国务院和陆军部就同意了雅德利的计划，批准由雅德利牵头并负责成立这个密码组织，专门破译情报部门获得的各种密码信息，这个组织也就是后来为人所知的"美国黑室"。

但是在1929年，胡佛竞选成功成为美国新一任的国家总统，"黑室"的光荣岁月就走到了尽头。美国国务卿亨利·L.史汀生在得知"黑室"的存在后大为震惊，"绅士之间从不偷阅对方的信件"，立即下令撤销了"黑室"，几个月后，雅德利就失去了他的工作。

接踵而来的是更加倒霉的事情，刚刚失业不久的雅德利就碰上了美国的经济大萧条，他连日常的生活都难以维持了。走投无路的雅德利一气之下拿起了笔，将美国"黑室"的事情写成了书，先是在《星期六晚邮报》上连载，随后很快就得以出版。这本书在1931年上市之后，迅速登上全美畅销书榜，并且持续热销。美国官方再三出面否认，反而更促使它的销量飞涨，而且很快被翻译成多种语言。它在日本的销量甚至达到了三万多册，从人均销量来计算，甚至比美国还要高。

这样一来，雅德利成了让美国政府最为头疼的人，虽然图书的畅销为他带来了可观的版税收入，但是他的仕途就此告一段落。他不得不赋闲在家，他把美国"黑室"的事情已经讲的差不多了，新的图书素材也没有找到。但是，他没有想到，他人生最大的荣耀会是在中国，而这一切，还要从日军对重庆的空袭谈起。

★胡佛就任美国总统，"黑室"的光荣岁月就走到了尽头。

手足无措：无法破译的密电

破译密码是谍战中最重要的工作之一，世界各国的领导人对于密码破译工作都非常重视。早在新军阀混战时期，蒋介石对于破译地方密码的工作就特别关心。当年，蒋介石在陇海线上乘坐专列指挥战事的时候，侦测电台总是不离他的身边，他深知，无论指挥者的能力多么高超，一旦军情外泄，所有的努力都会白费，而如果能够侦测到对方的情报，则可以"知己知彼"，做到攻无不克。当时，对于破译人员送来的情报，蒋介石都非常重视，所以在军阀混战时期，蒋介石总是能够料敌先机，比其他的军阀棋高一着。为此，蒋介石先后设立了许多密码破译机构，这些机构分别隶属于军令部、军政部、军统部等。

1932年，蒋介石的亲信戴笠改组特务处，将其扩大为军事委员会调查统计局，也就是后来为世人所知的军统，担任副局长。从此以后，国民政府的密码破译工作，几乎都由被称为"中国的盖世太保"的戴笠本人直接管辖。当时，戴笠经常派遣军统成员到世界各地去学习先进的密码破译技术，也会想方设法地从其他地方挖掘相关人才。

抗日战争爆发之后，日本的密电往来频繁，戴笠方面密码破译的工作更为艰巨。众所周知，日本也是世界上非常有名的反间谍国家，他们的密码组织更加缜密和先进，所以密码谍战更加紧张。尤其是在1938年，抗战进入关键阶段，日方的飞机经常飞临重庆上空进行轰炸，日方的密码传输几乎时时不停。

这就急坏了蒋介石，明明知道对方在通过密码与重庆当地的日方间谍进行沟通，但是，截获的密码却无法破译。戴笠此时的压力非常大，密电组的组长魏大铭因此经常被戴局长痛批。可是，不管密电组的组员和专家们如何绞尽脑汁，就是拿着日方的密码束手无策。

2月18日上午，密电组的密码员先后截获了十几份从重庆发往日本军方的密码，这些密码看似简单，但是毫无规律可言，让所有的密码员和专家毫无办法。在如此短的时间内发送如此多的密码，证明非比寻常，这让戴笠心生一种不祥之感。果然，就在半个小时之后，九架日本零式轰炸机飞抵重庆上空，随即展开轰炸。这一次的轰炸非比寻常，其中的几颗炮弹似乎是"有意无意"地落在蒋介石的官邸附近，蒋介石的云岫楼官邸在此次轰炸中被炸。虽然蒋介石自己因为躲避及时幸免于难，可是守卫官邸的卫士却有二人身亡，四人受伤。

要知道，蒋介石的官邸属于军事禁区，除了亲近的随从和政府要员，一般人是不可能知道的。这样隐蔽的地方，日军的轰炸何以这么准确？想到这里，戴笠和魏大铭都是一身的冷汗。这时候，如何破译那些密码就显得尤为重要。可当时在国

★遭到日军轰炸的重庆

内最好的密码破译专家都已经在重庆了，魏大铭就是被戴笠称为中国的两个半无线电专家之一，他曾经因为发明小型无线电台受到蒋介石的嘉奖。但是现在，连魏大铭也束手无策了。就在这个时候，一位叫肖勃的国民党少校军官，向魏大铭推荐了一本书，正是《美国黑室》。

后来，魏大铭通过熟悉的外国朋友，仔细打听了《美国黑室》的作者雅德利的具体情况，得知这个人就是美国的密码之父，从1917年6月到1918年11月，他就为美国政府破译了一万多条军情密码，为美国最终取得第一次世界大战的胜利作出了非常重要的贡献。魏大铭随即把这个信息转告给了戴笠，戴笠听说以后，决定聘请雅德利到中国来亲自指导密电组破译日方的密码。

1938年5月，肖勃受军统的指派到美国寻找雅德利。在听完肖勃说明来意之后，赋闲在家的雅德利非常高兴，因为他意识到自己再次大展身手的机会来了。但老谋深算的雅德利并没有痛快答应，而是向军统方面提出必须支付他一年一万美元的聘用金，在与军统方面简单沟通之后，肖勃同意了雅德利的要求。

外国来客："密码之父"到重庆

在简单收拾行囊之后，雅德利就带着几大箱子破译密码的有关资料，装扮成皮货商秘密离开了美国。为了防止日本人对他进行暗算，他还将自己的名字改为"罗伯特·奥斯本"。但是雅德利并没有直接前往重庆，他先是绕道欧洲、东南亚，历经两个月才到达香港，在那里做了短暂的逗留。之后，他又几经辗转，最终于1938年11月抵达重庆。

在雅德利到达重庆之前，国民政府已经在积极为他的到来作好所有的准备工

作。军统先是根据雅德利的需要，为他配备好了全套的工作和生活设施，还为他配备了最好的工作人员，包括翻译、助手、厨师、警卫、司机、仆人等，雅德利称呼军统为他准备好的这套班底为"中国黑室"。随后，雅德利的中国学生开始陆续前来报到，"中国黑室"也逐渐运转起来。其间，民国总统蒋介石还专门抽时间会见了雅德利，表示慰问以及感谢。在一切就绪之后，雅德利的工作就开始了。

从1939年1月12日到15日，雅德利和他的密码破译小组连续几天都截获到一组密码，雅德利发现这些密码都只是用了十个日文字母，他意识到日方是以这十个日文字母代替了数字，在将字母转化为汉字之后，他发现，这些情报的内容都是有关重庆的云高、能见度、风向、风力等。之后，雅德利通过测向仪得知，潜伏在重庆的日本间谍就处在南岸区，密码都是从那里发出的。雅德利随即派他的学生携带测向仪潜伏到南岸区，顺利抓到两个潜伏在那里的日方间谍。雅德利知道事情并没有那么简单，气候情况可以由日方间谍传送出去，但是，日方飞机要躲过重庆方面的防空火力却不是那么简单。

果不其然，没有几天，密码小组又截获了一组更为隐秘、深奥的密码电报。就是在截获电报不久的1939年5月3日，日本航空部队的四十五架中型攻击机在重庆上空投放了一千多枚炸弹，重庆千余人被炸死炸伤。5月4日，重庆市区再次遭受二十多架轰炸机袭击，超过五千余人被炸死炸伤。这就是历史上有名的"五·三"、"五·四"大轰炸。

因此，雅德利的密码破译工作不得不加快速度。在密码破译过程中，他发现对方发来的密码是一种永不重复的新型密码，而这种密码很可能来自于一本英国小说。但是要在茫茫书海中找到这本小说哪有那么容易？在寻找破解密码方法的过程中，雅德利还想到了一个铤而走险的方法，那就是，当日方飞机再次飞抵重庆上空时，他到前沿阵地上去观察日方飞机是怎样躲过重庆方面的防

★重庆大轰炸中死难的中国平民

空火力的。这一看他才发现，原来重庆方面的高射炮根本就没有打中日方的飞机，上方下达的指令全部都是有偏差的。

于是，雅德利开始怀疑间谍就是卧底在国民党军队中的，而且是一名指挥官。经过严密的排查之

★因为"独臂大盗"的存在，国民党的高射炮成为了摆设。

后，高炮部队一个绰号为"独臂大盗"的营长进入了雅德利的视线。其实，雅德利跟"独臂大盗"早在之前就有过一面之交，他是因为在战争中受伤，所以失去了一条胳膊。"独臂大盗"本人曾经在外国留学，会说一口流利的英语。这一下，雅德利感觉他距离谜底已经越来越接近了，于是，雅德利带着自己的助手趁"独臂大盗"不在家的时候潜入进去，在赛珍珠写的小说《大地》里找到了他破译出的密码，而在那些地方还有"独臂大盗"所做的标识。

原来，"独臂大盗"是汪精卫安插在重庆的间谍，他每天都通过暗藏在上海的联络员向汪精卫发送密电。"独臂大盗"所发出的密电内容是：让日本轰炸机在飞行时务必保持在12000英尺以上。因为当时重庆方面用于防空的高射炮，射程最高也只有10000英尺，所以，重庆方面的防空火力才会对日方的飞机形同虚设。

世界叹服：发现珍珠港阴谋

在破获了"独臂大盗"的密码之后，雅德利还破获了日本试图空投伞兵暗杀蒋介石的计划，使日本方面无法继续在重庆上空肆无忌惮。当然，除了这些事件，雅德利对于国民政府最大的贡献还在于，他帮助"中国黑室"建立起了一套科学、完整的管理系统及操作模式，这使得重庆方面的密码破译能力迅速赶上了日本。"中国黑室"中很多日后声名显赫的密码破译人才，也大多是得到过雅德利的言传身教，他用自己的经验和技能将他们训练成为一流的密码破译人才，并且将这些密码破译方面的教学经验留在了中国。

1940年3月，雅德利与重庆方面的合作到期，他终于坐上了返回故乡的飞机。国民政府此时的技术侦查部门已经发展到了七个，技侦人员发展到了八百多

★池步洲成功预测了日军对珍珠港的偷袭

人，"中国黑室"可以说已经是初具规模。4月1日，为了改变技侦部门各自为政的缺点，戴笠在雅德利所组建的结构模式的基础上，对技侦部门进行了重组，将他们全部合并到"中国黑室"，成为国民政府军事委员会技术研究室。该技术研究室对内称之为"中国黑室"，对外则统称为"军技室"。

同年5月，当时担任"中国黑室"第一组专员的池步洲在破译日本的外交密电时，发现一段时间内，日本外务省与檀香山日本总领事馆的往来电报数量忽然剧增，这引起了他的怀疑。檀香山是夏威夷的首府所在地，是旅游度假的圣地，那里停泊的也多是美军的舰队。但当时美国是中立国，德意日的轴心国集团当时主要攻击的是苏联、英国以及远东地区，日本突然给檀香山如此密集的发报多少有些不正常。于是，池步洲开始留意那段时间日本外务省与檀香山日本总领事馆来往的所有电报。经过密码破译之后他发现，日本外务省在电报中多次要求檀香山日本总领事馆报告如下一些情况：美军停泊在珍珠港的所有军舰名称、数量、进出港时间和所停泊的具体位置；驻扎在珍珠港美军的作息时间和日常规律；夏威夷的气候等。

池步洲随即就把翻译完的电文交给了第一组组长霍实，霍实看过电文之后，也是心中一惊，他指示池步洲继续关注日本方面关于珍珠港的所有来电，只要破译之后就马上上报。霍实还指示池步洲专门就这件事写成报告，上报给蒋介石的侍从室。

1941年12月3日，池步洲截获了一份由日本外务省发给日本驻美大使野村的绝密电文，电文的内容共有三项：一是立即将各种密码本烧毁，只留下一种普通密码本，同时将一切机密文件全部销毁；二是尽可能通知有关人员将自己的存款转入中立国银行；三是帝国政府已经决定，按照御前会议的决定采取坚决的行动。在将这些电文破译之后，池步洲又将之前破译出的电文进行了整理，根据这些电文所反映出的情况断定：日美在近期将要开战。而且池步洲还意识到，日军选择与美军开战的时间很可能就在星期天，袭击的目标可能就是驻扎着美军军舰的珍珠港。然后，池步洲马上将这些文件上报，并向上方陈述了自己对于这些电文进行整理后的推断。

池步洲的资料送到侍从室之后，侍从室的相关人员迅速报告到蒋介石那里，蒋介石看过之后就通知了美国驻重庆使节，使节将情报转送给了美国军方。但是，令人难以理解的是，面对如此紧要的情报，美国军方并没有给予足够的重视，他们一边认为日方根本不可能有足够的胆量和能力对美军进行攻击，另一边也对中方的密码破译能力持怀疑态度。美国军方的很多高层军官甚至认为，如果这份情报是真的，那也不过是日方的一个圈套。

可是，美军的傲慢最终为他们带来了前所未有的灾难。四天之后，也就是1941年12月7日，日军偷袭珍珠港成功，美军遭受了前所未有的沉重打击，太平洋战争自此爆发，美军对日宣战。

疑云重重：中国黑室赴印作战

在珍珠港事件被验证之后，美国军方对中方的密码破译能力刮目相看。随着太平洋战争的爆发，"中国黑室"再次破译了几份电报，内容都是有关从越南西贡起飞的日本轰炸机的情况。根据电报上所显示，这几架日本飞机已经向英国军舰"威尔斯亲王号"和"劫敌号"进行了攻击。在得知这些情报之后，戴笠马上通报蒋介石，由蒋介石将这些情况转交给了英国驻华大使柯尔。但是没有想到的是，英国人压根就不相信中国的密码破译技术，他们认为这样的情报内容简直是荒唐的，柯尔连声表示"这是不可能的事情"。可是就在第二天，他就从英国政府发来的电报中证实了这个消息，于是，他急忙去向国民政府军委会致歉。之后不久，英国方面就提议与中方联合建立侦听部门。

★印度加尔各答，中国第六监察区队曾在这里工作。

蒋介石同意了英国方面的请求，并委派军令部第二厅厅长杨宣诚作为与英印军总部情报处协商合作事宜，同意成立科研室加尔各答工作队。这个工作队的主要工作是侦测缅甸、马来西亚等地日军海航、陆航的电报讯息，从而帮助英印军空军指挥部组织布防。在此期间，重庆方面提出，中国侦译队有权把所侦测到的情报报回重庆，并且英印军必须向中方侦译队提供已经截获的日军海航、陆航情报以及各种所需数据供中方参考。

1942年4月，英方和中方终于达成合作，中方组成的第六监察区队准备开赴加尔各答。10月24日，第六监察区队被空运至加尔各答，随后驻扎在皇后公园。而在中国侦译队抵达之前，英国方面的侦译队已经成立，其规模非常庞大，成员有一百五十余人之多，但是，他们在密电侦译上却一直没有什么收获，在向第六监察区队介绍这些情况的时候，英印军东方军区空军指挥部情报处处长福克纳上校难以掩饰其窘状。

第六监察区队在听取了英方的情况之后，就迅速展开了工作。他们搜集了英军侦测侵缅日军无线电通信的材料，然后又结合自身经验，经过统计分析之后，很快就将日方的密码进行了破译。第六监察区队所侦获的日军航空部队情报包括这支军队在印支地区的兵力分布、隶属关系、战斗序列、活动方式等，帮助英印军方很快对日军航空部队进行了全方位的了解。此后更是帮助英方空军在吉大港空战中成功拦截日本机群，迫使日方最终放弃了对加尔各答以及印度本土的空袭计划，第六监察区队对印度空防起到的作用难以估量。

通过中方在密码破译方面的出色表现，英国军方对中国的情报搜整能力大加钦佩，于是，英国军方就要求中国提供侦译技术给他们，从而帮助英国建立电讯情报工作的基础。但是，第六监察区队并没有同意英方的要求，英印军总部随即竟然蛮横地回复，宣称如果中方不与英方进行技术交流，那么对英方来说，第六监察区队就已经没有存在的意义了。第六监察区队倪队长听闻之后，急忙电报重庆，戴笠得知以后马上回电，严斥英方中止合作，命令第六监察区队全队即刻撤回重庆。英方就此不仅没有达到自己的目的，还失去了第六监察区队这样得力的帮手。1943年10月，第六监察区队结束与英方的合作，乘飞机回到重庆。

从1942年11月到1943年10月，赴印第六监察区队侦获日军驻缅陆航部队通信密码情报共三百余份，为英军在印缅作战提供了巨大的支持，而英军的技术侦察机构在这段时间里却毫无收获。

通知美方：截杀山本五十六

在偷袭珍珠港成功之后，日本海军大将山本五十六开始指挥军队向东南亚进军，攻占英国、法国在东南亚的属地，以图控制马六甲海峡。但是，战争的局势并未向山本五十六所设想的方向发展，随着美军加入盟国，日军在太平洋战场上的优势逐渐被削减。1942年6月，美军在中途岛战役中痛击日方军舰，使日方的航空母舰舰队遭遇了前所未有的失败。而随之而来的瓜达尔卡纳尔岛海战，则给予了日军最致命的打击，使日军再无力发动大规模的海洋作战。但是，日本国内当时的民众还被日军高歌猛进的浮华宣传所蒙蔽，日军的失败被认为是不能忍受的事情，为了激励士气，山本五十六在参谋长宇垣缠的建议下，决定前往南太平洋前线的肖特兰地区进行巡视。

1943年4月13日晚，日军发出了两封密电，一封是发给到达地点下属的，另一封则是用LA码发给日本本土，在电文中称："联合舰队司令长官于4月18日亲自巡视巴拉尔岛、肖特兰岛，如天气不佳则顺延一天。"日军用LA码发给日本本土的密文迅速被中方截获，池步洲和赵世英等人马上将这种日本外务省专用的LA码破译，随即又很快将日方发给

★中国密码专家池步洲

到达地点下属的电文也破译出来。破译成功之后，中方没有浪费时间，而是将这份密电直接转达给美方。美军这一次没有再对中方有丝毫怀疑，马上部署空军准备在空中截杀山本五十六。

美国总统富兰克林·罗斯福亲自向海军部长弗兰克·诺克斯下令："干掉山本。"诺克斯随即授意切斯特·尼米兹海军上将去执行命令。尼米兹在与南太平洋战区指挥官威廉·哈尔西经过商讨之后，在4月17日制定了拦截并击落山本五十六座机的刺杀行动。哈尔西随后就调集了一个中队的P-38闪电式战斗机执行这项任务，从不同部队抽调出三十八位精英飞行员。但是哈尔西只告诉他们即将拦截一名"重要的高级军官"，没有透露具体的名字。4月18日的清晨，在七名幕僚的陪同下，山本五十六从拉包尔基地东机场乘坐第705航空战队的飞机起飞，飞往所罗门群岛布干维尔岛附近的野战机场。

在山本五十六出发后不久，十八架加挂了副油箱的P-38式战斗机也从瓜岛机场起飞，经过430英里无线电静默的低空飞行后，最终有十六架准确到达目标空域。随即六架负责护航的零式战斗机与P-38式战斗机在空中开始缠斗，山本五十六的座机在交火中被多颗子弹打中，其中一发子弹打进了山本五十六的下颚，从太阳穴飞出，使得他当场毙命。山本五十六乘坐的飞机坠落之后，机上的十一人全部葬身于布干维尔岛的密林之中。4月19日，美国的搜索队终于在原始

★截杀山本五十六空战（想象图）

森林里找到了飞机残骸，他们一眼就认出了山本五十六，只见他手握着"月山"军刀，横倒在残骸旁边。

中方的密码破译工作如此精确，让美方不得不再次表示钦佩。但是，"中国黑室"的传说伴随着第二次世界大战的结束画上了句号。随着戴笠在飞机失事中死去，军统逐渐被中统压制。内战爆发之后，池步洲反对内战，调到上海中央合作金库上海分库从事金融工作，不愿再担任密码破译工作，就连"中国黑室"的创始人雅德利，在回到美国之后，先是开了个饭店，后来因为生意惨淡而被迫关闭，之后也不了了之了。从此"中国黑室"就退出了历史的舞台。

战典回响

"五·三"、"五·四"大轰炸

重庆成为国民政府的陪都后，就成了日军的重点轰炸目标。1938年初至1938年底，日本对重庆主要为试探性的轰炸。出动的架次较少，多数为陆军航空队。1938年10月，日军攻陷武汉后，下达了正式对重庆进行战略轰炸的命令，目的是希望震撼作为战时首都的重庆，打击中国政府抗战的意志。

从12月底起，由陆军对重庆开始实施战略轰炸。1939年5月，改以海军实行轰炸。5月3日及4日，日机从武汉起飞，连续轰炸重庆市中心区，并且大量使用燃烧弹。重庆市中心燃大火两日，商业街道被烧成废墟，3 991人死亡，2 323人受伤，损毁建筑物4 889栋，约二十万人无家可归；罗汉寺、长安寺也被大火吞噬，同时被炸的还有外国教会及英国、法国等各外国驻华使馆，连挂有纳粹党旗的德国大使馆也未能幸免。

日军对重庆的大轰炸给中国人民带来了极大的灾害，同时对国民政府也构成了严重的威胁，这一切都加强了国民政府对密码战的重视，促进了"中国黑室"的诞生。

★沙场点兵★

人物：雅德利

美国印第安纳州人，1912年在华盛顿担任美国国务院机要员，从而迷恋上密码破译工作。1919年，雅德利向美国国务院递交备忘录，建议成立一个由五十名密码专家和机要员组成的密码组织。国务院和陆军部在几天后都同意了雅德利的这一计划，专门负责破译情报部门获得的密码信息的美国"黑室"就此成立。十年后，国务院勒令关闭"黑室"。1938年，中国国民政府聘用雅德利在重庆建立破译密码的专门机构，即"中国黑室"。1940年，在结束聘用之后，雅德利回到美国。曾出版《美国黑室》《中国黑室——谍海奇遇》等书。

道具：无线电

伴随着1893年尼克拉·特斯拉在美国密苏里州的圣路易斯首次公开展出了无线电通信技术，无线电这种新型的信息传递方式在近百年的时间里日新月异。光绪二十三年（1897年），无线电技术正式进入中国，从此，中国也开始拥有自己的无线电技术。

最初，人们都不太习惯用无形的电波进行信息之间的沟通，但是，随后而来的第一次世界大战加快了无线电交流的发展。战争中的双方发现，由于飞机、汽车、轮船的次第出现，传统依靠人力进行战事信息交流的方式既不稳定，又太过缓慢。于是，跟得上时代节奏的无线电开始被广泛利用。到第二次世界大战的时候，利用无线电传输信息的技术已经非常发达，不同的国家甚至根据无线电的特质，结合自身的民族特点，发明了很多不同形式的密码传输格式。

战术：密码

编译密码和破译密码是间谍与反间谍之间的博弈方式，就如同是作战双方的交火一样。但因为受到无线电技术的限制，所以第二次世界大战期间的无线电编码一般都是局限在0—9这十个数字。但凡能够进入密码组的人，首要的要求就是在数字方面非常敏感，能够迅速判断出无线电传输的信息与数字之间的联系，而当时世界上的各个国家几乎都是在研究如何以别的文字形式来替换这十个数字。雅德利所带来的密码破译方法，就是扩散思维，引导人如何去将敌人发来的错综复杂的密码变为十个数字，从而进行破译。在中国谍报界非常有名的池步洲，在离开军统的密码局之后，就在金融部门工作，这足以说明破译密码所需的人都是在数字上拥有惊人天赋的。

战典

THE CLASSIC WARS

智慧与勇气的激烈碰撞

THE CLASSIC WARS

间谍战

第十五章

外线
——只为理想奋斗的动力

▲双料间谍是间谍中最为神秘的一种,即打入敌人的情报部门做本方的间谍。鼎鼎大名的波波夫就是世界上有名的双料间谍,但是,第二次世界大战的凶险已经成为过去,"冷战"时苏联与北约的对峙才更加让人热血喷张。但是在"冷战"时期,也有出色的间谍被后人津津乐道。受过高等教育、愿意为共产主义事业奋斗的菲尔比,就是"冷战"时最富传奇色彩的双料间谍。

前奏：风度翩翩的间谍王子

在浪漫旖旎的康河旁边，矗立着一座举世闻名、历史悠久的大学，它与牛津大学齐名，是诞生诺贝尔奖得主最多的高等学府，它就是剑桥大学。无数的科学家、政治家和学者从这里毕业，迈出他们事业的第一步。但不为人所知的是，在世界间谍史上，有一位大名鼎鼎的天才间谍，也是剑桥的得意门生。

他曾经悠闲地沐浴在康河恬静的月色中，享受银白月光的轻拂。直到有一天，他找到了自己的信仰，然后毫不犹豫地将所有的精力投入到那项伟大的事业中去，凭借着自己出众的才华，塑造出完美的绅士形象，顺利打入英国情报机构长达11年，并且蒙蔽了所有人，度过了孤独而惊险的间谍生涯，一直在向苏联提供情报。他就是潜伏在英国情报机构的英雄人物，后来被称为"间谍王子"的菲尔比。

从剑桥毕业的他，看起来风度翩翩，所有人都被他那深邃的眼眸吸引，为他的绅士形象折服，在英国人当中拥有很好的人缘。他天生就是当间谍的料，具备英国人偏爱的个性和相貌，且背景清白，才华横溢，英国情报局在1940年便录用了他。听闻录取通知时，他还有些惊讶，因为英国人很容易就相信了他。不过菲尔比的确聪明过人，没过多久就成为一名出色的间谍，在工作中

★康河一景

顺风顺水，后来被任命为军情六处（MI6）反间谍部门对苏情报处处长。

这正中他的下怀，十分方便他利用职业之便向苏联传递情报。在此期间，他得知英美联合向阿尔巴尼亚输送反共分子的计划，于是千方百计地将这个情报送了出去。这让阿尔巴尼亚人有了准备，当英国情报人员秘密潜入时，那里的阿尔巴尼亚人早就布好了陷阱等着他们来跳，他们逮捕和杀掉了不少英国情报人员。

谁都不会想到，菲尔比会是苏联派到英国的卧底，这个双重间谍隐藏得太妙了。

后来被挖掘出的一份解密文件中，还提到了菲尔比担任英国记者时的间谍工作。当时正逢1937年西班牙内战，法国和前苏联暗中支援西班牙政府军，希望他们能够同佛朗哥领导的法西斯军队抗争到底。有一天，斯大林突然下达命令，要求苏联国家安全局派出一位优秀的间谍去刺杀佛朗哥将军。解密文件透露，接到这个命令的负责人哈尔特找到了一个具有良好家庭出身的英国记者，他热情而忠诚，马上被认定为合适人选送往了西班牙。但是，哈尔特后来被突然召回莫斯科并神秘失踪了，这件刺杀事件最终没有实施。这份解密文件中描述的英国记者与当年担任战地记者的菲尔比十分吻合，而且，二十五岁的菲尔比的确去过西班牙。

而英国人直到很久之后才察觉到这件事。这是后话。

由于工作出色，1949年，菲尔比被英国政府派往华盛顿，负责统率英美情报交流系统，开始与美国中央情报局进行深入来往。从此，菲尔比更加如鱼得水，不仅在英国情报部门享有声誉，还先后得到了罗斯福、丘吉尔、杜鲁门等人的高度评价。很多人都认为，他终将成为英国情报局的头号人物。

作为一名完美的苏联情报人员，菲尔比每一步都走得小心谨慎。他对苏联相当忠诚，没有被多年的双重间谍生活所压垮，他尽心尽力地传递情报，贡献很大。与此同时，他也给英国政府提供了许多有价值的绝密情报。因为当英国情报局在1951年起开始怀疑菲尔比的身份时，更多的人不愿相信这个事实。他们花了十年时间去寻找菲尔比是双重间谍的证据，但总是徘徊在真相的大门之外。到了1961年，英国政府得到可靠情报，证实了菲尔比的确受雇于苏联情报机构，才决定要逮捕这个隐藏了这么多年的"鼹鼠"。菲尔比经验老到，事先觉察出危险，在1963年1月23日这天成功摆脱了跟踪他的特工人员，逃离了英国，最后安然回到了苏联，受到了英雄般的欢迎。1988年，这位冷战时期最成功、最具破坏性的间谍王子安详辞世，享年七十六岁。

改变理想：在成长中的蜕化

菲尔比不是在苏联长大的，但是有着强烈的苏联情结。他于1912年元旦出生在印度的安巴拉，在印度政府部门任职的父亲给他取名为哈罗德·金·菲尔比。也许是因为从小就受到身为阿拉伯语言学者的父亲的熏陶，菲尔比具有颇高的语言天赋，也很勤奋好学，拥有聪明头脑的、他在十七岁那年就考入了剑桥大学。那一年是1929年，他一入学便得到了大家的瞩目，老师和同学都对菲尔比很有好感，认为他成绩优秀、风度翩翩。不久，他就被冠名为"剑桥才子"出现在剑桥大学社会主义者学会里。

一开始，至少在头两年内，他也只是和其他同学一样，按时参加学会活动，打发一下课余时间，没有更多的想法。不过随着阅读了越来越多的书籍，菲尔比看到了资本主义的腐朽和法西斯主义的嚣张横行，他开始关注现实社会中的政治制度和各大党派的言行举止，并对政治产生了浓厚的兴趣，有了深入研究的念头。最让菲尔比感到迷惘的是，他不知该不该坚持对英国工党的支持和迷恋。

在他深入了解之前，他从未这般忧虑过，为了解除心中的困惑他博览群书。随着眼界的开阔，他逐渐明白，英国工党与世界左派的主流并非处于同一立场，菲尔比开始怀疑起工党的能力和主张。1931年，英国受到世界经济危机的影响，国内政局一片混乱，工党面对反对势力所能调动的后备力量显得惊慌失措，他们在反对党的攻击之下简直毫无招架之力，渐渐失去了选民的支持，最后出现了工党内阁辞职的事情。这一次工党的失败，让菲尔比心目中的工党形象一落千丈，同时，他对整个议会民主制的有效性也产生了严重的怀疑。菲尔比决心重新思考自己的信仰。

他成了社会主义者学会中的活跃份子，经常在那里和同学探讨批判工党左翼思想。随后，他接触到了共产主义思想，突然有了眼前一亮的感觉。菲尔比慢慢融入到了共产主义的世界里，他翻看了欧洲关于社会主义的经典著作，心

★完美的绅士菲尔比

中充满感慨。这段时间，他将大部分精力花费在读书上，并担任了该学会的司库。此外，他还积极地参加学会举行的热火朝天的讨论会，听取各方面的声音和意见。在不知不觉当中，他发现自己已经被共产主义理想深深吸引，并且从中获得了强大的精神力量。

当1933年夏天的康河碧波荡漾时，菲尔比已经和过去完全不同了，他即将结束在剑桥大学的最后一个学期，他已经作好了要将生命贡献给共产主义理想的决定。他拿着剑桥毕业证书离开了这座名校，前去寻找共产主义组织。

这时，适逢奥地利维也纳的工人革命运动蓬勃兴起，菲尔比一得到消息就收拾好行李，兴奋地上路了。他孤身抵达维也纳，在那里没待多久就遇见了苏联情报机构的成员，如愿以偿地加入了苏联情报机构。"人人都会不假思索地同意加入一支精明强干的队伍"，他这样对招募者说，表示从此以后将诚心诚意为这个伟大的共产主义国家奋斗，贡献自己的一切力量。

他的信仰，如此单纯而洁净，从那时起便伴随他一生，支撑着他，鼓舞着他，在任何困难和险阻面前都绝不低头。

菲尔比接受了短暂的培训，然后回到英国。他恢复了那个风度翩翩的绅士模样，经常出入亲纳粹分子组织的英德联谊会上，寻花问柳，还在业余时间招揽几个朋友创办了一本叫做《评论的评论》杂志。他在为今后的间谍生涯埋下伏笔和铺垫。

随军记者：在战争的狼烟里奔驰

很快，他的第一个任务来了。西班牙战争爆发了，苏联情报机关需要一个英国记者去西班牙搜集相关情报，于是，菲尔比顺利地应聘为《泰晤士报》记者，以战地记者的身份前往西班牙法西斯占领区。他在硝烟中穿梭，在接近前线的地方潜伏着，肩负着全面搜集有关法西斯战争准备资料的任务。苏联情报机关在英国和法国都给菲尔比安排了联络人，他能够在得到情报的同时便能马上通过这些人传送给国内。

这次任务菲尔比完成得很成功，不仅给苏联提供了许多情报，还得到了英国《泰晤士报》的认可和信任，这对他在英国的间谍行动大有裨益。

经过战争狼烟的洗礼，他更加迫切地希望能进一步获得重要情报。"如果能打入英国情报机关就好了，可是要怎么做呢？"他暗自思考着，期待着早日

★西班牙内战时期的国际纵队战士

★弗朗哥在西班牙成立独裁政府

得到这样一个机会。事实证明，菲尔比的运气真的不错。1940年夏天，他被《泰晤士报》国外新闻编辑悄悄叫去谈话，询问他是否愿意"做些有关国际方面的工作"。菲尔比敏锐地觉察到了一丝契机，不假思索地点点头。紧接着他被几位身份不明但看上去很有权威性的人找去会谈。这些人流露出对他优良的家庭背景以及超群的工作能力的欣赏，尤其是对于他在西班牙战争中表现出来的敢于冒险的勇气给予了赞赏。他们问他是否能为国家从事更危险的工作，且严守秘密，菲尔比这时已经确定，看上他的就是英国军事情报部门。

菲尔比优雅且郑重地接过了面前的橄榄枝，几日后便收到通知，去英国秘密情报局报到。"居然这么容易就进去了？"他实在有些不敢相信。在记忆中，对他的唯一调查是军情五处查了一下他的档案，当然，那些人没有看出任何问题。

作为一位克格勃的间谍，菲尔比能够如此轻而易举地进入英国情报部门，的确令人惊讶，但这或许就是他独特的魅力所在。情报部门的人际交往虽然复杂，但对于菲尔比来说不成问题，他圆滑的交际手腕和亲切迷人的笑容赢得了同事和上司的一致喜爱。谁都认为，凭借他的家庭出身，他受到的教育，他的工作经历和那高人一等的头脑，菲尔比成为重要培养对象只是时间问题。正如大家所预料的，菲尔比从破坏活动科调到特别行动执行处只花了不到一年时间，后来，他被调到了从事反谍报活动的第五科。

所有的一切都按照菲尔比所需要的发展着。

到了第五科，他所进行的工作便是窃取情报。不仅要窃取欧洲国家的无线电通讯情报，还要拆看波兰和捷克那样的中立国和较小盟国的外交邮袋。他每天重复最多的动作就是：解开邮袋的绳结，启下封条，取出里面的东西拍照，再把邮袋里的东西丝毫不差地放回去。最需要技巧的则是，精确地按照原样重新系好绳结、贴上封条。这一系列的工作正好锻炼了他偷取苏联所需情报的技巧。

在日复一日的拆看邮袋的过程中，他获得了一个对英国非常重要的情报。经过多次比对和分析，他几乎能够认定，德国人当时正在西班牙策划一个代号为"博登"的行动。他们计划在直布罗陀海峡安置一套侦察夜间通航情况的设备，从而破坏直布罗陀海峡的通航，切断西地中海的供给线。

这是一次在英国立功，且获取英国情报部门信任的大好机会，菲尔比马上将这个情报上报。英国通过与西班牙政府的交涉，让西班牙政府答应决不执行德国人的"博登"行动，顺利解决了这个棘手的难题。菲尔比这次在英国情报界，甚至在欧洲情报界声名大噪。英国情报部门开始给予他更大的职权，几年后又将他升为第九科的负责人。

菲尔比暗自欣喜着，要知道，此刻他已然位于英国情报局最核心的地带了！

随着菲尔比功绩的增长，他在1946年又一次获得提升，被任命为英国驻伊斯坦布尔大使馆一等秘书，兼任英国秘密情报局土耳其站站长。他成为当时英国最年轻的驻外情报机构的负责人，英国情报界无人不知菲尔比，很多菜鸟情报人员更是把他奉为偶像。这时，即使有人站出来说，他是一位演技高超的双面间谍，在当时也没人会信。

如履薄冰：双料间谍的暗战之路

也许没有人会像菲尔比这样，作为一位双重间谍，在英国情报处占据如此高位。他度过的每一天，都是胆战心惊的，如履薄冰对于他来说已是家常便饭。如果说过去几年安然无事，一切顺利，那么1948年的他真算得上是步步惊心了。

这一年，菲尔比被任命为英国秘密情报处在美国的最高负责人，负责与中央情报局和联邦调查局保持密切关系和进行日常联络，办理由截收电报引起的各类情报案子，这让他更加接近高度机密的情报。在此任期间，菲尔比仔细观察着美国情报机构的内部情况，比以往掌握了更多高度机密的情报材料。

可是突然有一天，上级告诉他，最近英国反情报机构在调查一个人，这个人很可能是潜伏在英国政府机构的苏联间谍。当这位上级向他透露被怀疑对象的名字时，他禁不住一愣。菲尔比其实早就知道，英美情报部门在联合对苏联在美国的情报活动进行调查，调查人员查出了一些蛛丝马迹，认为美国重要机构的泄密事件极有可能都是苏联间谍干的，其中，最重大的一起泄密案是在英国驻华盛顿大使馆1944年和1945年期间发生的。这个间谍的代号是"霍默"。为了找出这个名叫霍默的人，英美调查人员对接触核心机密的外交部人员展开了监视和探查，最后，英国反情报机构将视线集中在三四个人身上，其中一个是时任英国外交部驻美国处的处长麦克莱恩。

"天哪，麦克莱恩曝光了吗？哦，不会，他们还没有足够的证据。但是，如果他们一旦对他进行审讯，我们在剑桥的关系难免不会被挖出来啊。"菲尔比担忧地在房间里踱步，他不仅认识这个人，而且两人是在同一时间被克格勃招募的。自从毕业之后，他们没打过几次照面，但他们都就读于剑桥大学著名的三一学院，如果麦克莱恩是苏联间谍的身份曝光，对菲尔比是非常不利的。

他必须在麦克莱恩受到单独审讯之前营救他。

但是，他还没有想好要如何做。在此之前，他要求麦克莱恩镇静地待在岗位上，停止一切间谍活动。华盛顿的情报部门已经开始着手彻查这件事，英国大使馆上空的阴暗云层越来越厚，仿佛随时可能劈下一条闪电。

偏偏这时，他接到了好友盖伊·伯吉斯的电话。

"嘿！菲尔比，你猜猜我现在在哪儿？我竟然到华盛顿来了！"伯吉斯用他那一贯慵懒不羁的声音说道，言语中却隐约透着点无奈。

"该死的，你怎么去那儿了？"菲尔比叫道，他这下头大了。两人絮絮叨叨了半天，多半是菲尔比在听伯吉斯发牢骚。不过菲尔比总算弄清楚了，伯吉斯是刚刚从伦敦调到

★正在接受采访的菲尔比

华盛顿任使馆二等秘书的。这个伯吉斯看起来是个靠不住的人，性格有些颠三倒四，还是个同性恋，但他拥有一副迷人的容貌和出众的交际手腕，也曾在军情六处工作，是他的同事。更重要的是，他也是菲尔比的剑桥同学，当年正是菲尔比把伯吉斯推荐给了克格勃，伯吉斯便从事起和他一样的事业。伯吉斯并不像他的外表看起来那般吊儿郎当，他和麦克莱恩一样，是位出色的间谍，同样为苏联政府提供情报。

但伯吉斯令费尔比感到头痛，因为他深知以伯吉斯那暴躁的脾气和个性不适合做外交官。果然，没过多久，他听到了伯吉斯开始酗酒，并且在私生活方面越来越不检点的消息。这个不省心的同学兼同事让他不得不考虑，要不要将他和麦克莱恩一同打包，送出华盛顿。

于是，菲尔比开始策划整个营救计划。

"如果伯吉斯从驻华盛顿的英国大使馆回到伦敦，他去看望美国处的处长不会显得奇怪，那么就可以趁机实施对麦克莱恩的营救。"菲尔比喃喃自语着，不停地在脑海中展开规划。几天后，伯吉斯那里传来了好消息，原来他在弗吉尼亚连续三次超速开车，这引起了弗吉尼亚州长的不满，对英国外交部提出了强烈抗议，指责他们滥用外交特权。被伯吉斯弄得鸡飞狗跳的英国大使馆只有通告伯吉斯立刻离开美国返回伦敦。

危机四伏：计划赶不上变化快

伯吉斯回到伦敦后，他按照菲尔比的指示，先和苏联联系人取得联系，汇报了在华盛顿的全部情况，商量了营救麦克莱恩出逃的计划，随即，伯吉斯带着一张写有约会时间和地点的纸条去麦克莱恩的办公室。

他们装作点头之交谈论了几句，然后两人握手，伯吉斯把纸条塞进了麦克莱恩的手里。几天之后，麦克莱恩和伯吉斯再次碰头，继续就出逃一事进行商谈，他们还对菲尔比的处境问题进行了讨论，事后对菲尔比表达了他们的忧虑。

"如果我们走了，他们势必会怀疑到你头上，到时你怎么办？"伯吉斯紧皱着眉头，他可不希望这位超级间谍因为他们而曝光。

菲尔比坦然地说道："虽然我们已经采取了种种预防措施，但是，在调查你们的活动时，尤其是你们逃走后，他们肯定会怀疑我。但是现在没有更好的办法了。不过，我想他们也找不到什么证据，更何况我可以主动帮助解决英国大使馆泄密案件。以我目前的地位，他们在没有足够证据之前是不可能对我动手的。"

伯吉斯拍了拍战友的肩膀，嘱咐道："但愿平安无事吧。"

营救计划一步步进行着，这时的菲尔比一改之前按兵不动的行为，他抛出了一枚烟幕弹。他给局里写了一个备忘录，建议他们不必在大使馆的人身上浪费时间，而应该将精力放在那个从苏联叛逃的克里维茨基的身上。"把他所提供的资料，与1944年至1945年泄密期间派驻华盛顿的外交官的名单进行核对，不是更加有效吗？"菲尔比的这个提议得到了认同，但是负责人告诉他，档案里并没有任何这种做法的记载，他们需要考虑一下再决定。

趁此机会，菲尔比在与苏联联系人接头时，通知他们赶紧加快营救计划，确定好出逃的线路。另外，他还需要提醒伯吉斯立刻行动。正愁没有正当机会时，大使馆的交通官员已经两次询问他，伯吉斯放在停车场的那辆林肯牌大陆型汽车怎么处理。于是，菲尔比采用十分紧急的言辞给伯吉斯写信："如果你不立即办就太晚了，不然我将把那辆汽车送到废物堆去了哟。"

伯吉斯自然能明白他信里的意思。

紧跟着，军情五处决定把克里维茨基的供词和泄密期间派驻华盛顿外交官的名单进行核对，他们在核对之后拟定了一个怀疑人名单，随后，立刻送到菲尔比这里。菲尔比不动声色地在这份怀疑人名单上大做手脚，将麦克莱恩的名字放在最后，这使得正常的调查程序受到严重干扰。

他几乎可以认定，麦克莱恩和伯吉斯二人已经偷偷逃脱了。

几日后的一天清晨，菲尔比正坐在办公室内悠然地品尝咖啡，阅读当天的报纸。蓦地，电话铃响了，军情五处驻美国代表佩特森焦急的声音传了出来，"我刚刚接到一份从伦敦打来的特急电报，可是，我刚给秘书放了一周的假，如果就我一个人，肯定得花上一整天时间才能破译出密码。金，你可以把秘书借给我一下吗？"

不会吧，难道麦克莱恩被捕了吗？他应该跑了吧？莫非是伯吉斯出了什么事？菲尔比握着听筒，呼吸有点急促，但他还是马上冷静了下来，"当然没有问题了，你就先用我的秘书好了。"他假装若无其事，随后告诉佩特森，一破译出密码就通知他。

没过多久，他得到了佩特森的消息。佩特森看到走进他办公室的菲尔比抬起头，脸上的表情十分阴沉，"金，麦克莱恩和伯吉斯叛逃了。"

化险为夷：三十六计走为上

麦克莱恩和伯吉斯现在正在莫斯科品味着伏特加的辛辣，他们微笑着坐在一起打趣道："让我们猜猜看，菲尔比什么时候也会坐在这里呢？"

他们走后，确实让菲尔比面临着暴露的危险，但是，菲尔比没有采取克格勃为他制订的逃跑计划，他还想再等等看，看英国情报部门会对他怀疑到何种程度。"也许情况还不是十分紧急，还没有到最后关头。"他这样对苏联联络员说，拒绝了马上转移的建议。他一回到家就拆掉他房里所有可能暴露他身份的秘密设备，将它们埋在乡村的一片树林中。

菲尔比现在已经干净利索，只需要见机行事就好。"我应当在了解联邦调查局的态度以后，再就此作出决定。"他对自己这样说。仔细分析了现在的处境，所有状况中他唯一可以确定的是，他还能够蛰伏一段时间，打探清楚美国情报部门对他的态度和想法。也许这段时间会拖得很长，但是他认为，只要有机会就要接着干，不到万不得已不值得逃走。

菲尔比毕竟在英国情报部门待了太久，他是处于这个机构核心的重要人物，即使有微小的痕迹，英国情报部门的同事也不一定会怀疑他，并且真的调查他。算一算，他在这个情报部门里已经干了十一年，其中七年都是担任高级职务，其间建立了很好的人脉关系，他还跟军情五处一同合作了八年，与美国情报机关紧密配合了将近两年。和他共事过的情报人员很多，他们都了解菲尔比的处事方式和出众的能力，更重要的是，他们不敢轻易挑战调查他的这个任务。菲尔比十分了解英国情报局的那一套办事程序，对美国联邦调查局也有足够的认识，因此，他足以预见他们一般会采取的行动，从而一一应对过去。除此之外，他深知法律和惯例对他们工作的种种限制，这些限制能够帮助他"钻空子"顺利过关。另外，毋庸置疑的是，在伦敦有许多身居高位、曾经夸赞过他的人希望看到他清白无辜。菲尔比曾经是他们口中最为信赖的人，他们不希望看到这样的

★成功回到苏联的菲尔比

人被泼上一身脏水。最关键的是，他们根本拿不出什么实际证据来，菲尔比无须太过担心。

事情朝菲尔比所预料的那个方向发展着，虽然外交部把他召回伦敦后进行了质询和秘密审问，但正如他所料定的那般，他们没有指认他是苏联间谍的证据。事情进行到1956年9月，深受嫌疑的他被外交部开除，菲尔比本可功成身退，但他没有休息，他以《观察家》和《经济学家》周刊特派记者的身份抵达贝鲁特，在那里继续展开活动。

直到1961年，由于苏联情报机关的高级人员乔治·布莱克被捕，菲尔比是苏联情报人员的事实才被真正确定下来。觉得受到奇耻大辱的英国情报部门决定逮捕菲尔比，但菲尔比早就觉察到了危险。1963年1月23日，菲尔比应邀出席一个晚宴，在赶赴晚宴的途中，这位经验老到的超级间谍成功地摆脱了跟踪他的英国特工，随即乔装打扮成一个阿拉伯人逃走，最终顺利逃离了英国。接着，他穿过叙利亚，抵达了土耳其，经过几个月的颠簸，于1963年7月在莫斯科和苏联情报部门取得联系，菲尔比受到了热烈的欢迎并得到最高表彰。

纵观世界间谍史，除了菲尔比，人们很难找到一个这样潜伏如此之深且传递过诸多重要情报的人，他是宛如英国绅士般英俊潇洒的间谍王子，他为苏联克格勃的辉煌书写了光彩夺目的一页。

战典回响

变幻莫测的两张脸庞

菲尔比在晚年时曾这样评价自己的间谍生涯："真的，在我的一生中，我的运气一直好得出奇。在很多极度危险的时刻，我都想，完了，无路可逃了。突然就会有一线阳光洒进来，让我找到出路。我难以形容，自己拥有了多么幸运的人生。"

他的真实身份是前苏联克格勃，在上世纪四五十年代潜伏在英国情报机关，并长年在高层任职，为苏联情报机构传递情报无数。他说无比幸运，这是事实，但他的确拥有超人一等的智慧和灵活应变的能力，才将变幻莫测的两张脸庞更替得不着痕迹，成功地欺骗了英国人那么多年。

他在西班牙工作期间，某一天夜里，他遇到了紧急情况。那天夜晚，菲尔比正要去接头地点传送情报，行走在途中时，忽然眼前出现了一队叛军巡逻队。巡逻队队长要求他立刻到指挥部去一趟，很可能是对他产生了什么怀疑。菲尔比心脏快要跳到嗓子口，但他依然十分镇静，他眼睁睁地看着旁边的军人一拥而上将他绑起来，押往指挥部。说不紧张那是骗人的，虽然做了间谍，但菲尔比还是会害怕，更何况他当时裤兜里揣着一张写有情报的小纸片。怎么销毁这张小纸片呢？菲尔比想破了脑袋，着急得不得了。在指挥部办公室时巡逻队的队长离开了一会儿，菲尔比急中生智想出了个点子。他对看守士兵说自己的烟瘾犯了，想吸两口，得到许可后，菲尔比在掏烟时故意把钱包掉了下去。钱币散落一地时，士兵们都无暇顾及他，纷纷低头捡钱。趁此机会，菲尔比将纸片放进嘴里嚼碎吞了下去。就这样，他顺利化险为夷。

作为1934年苏联海外谍报机构在英国剑桥大学秘密的青年学生之一，菲尔比是大名鼎鼎的剑桥间谍帮中贡献最杰出的一个。菲尔比利用他所处的特殊地位进行间谍工作，经常向英国，常常包括美国传送情报（因为英美分享情报）。只不过他对英美提供的苏联情报大多是假情报，或者夸大了某些情报的价值。正是由于他的这种操作，英美决策部门根据错误的情报作出了错误判断。菲尔比这种性质的特务已经不是单纯的提供情报，他被叫做"鼹鼠"，其作用远远超出了一般的间谍。

菲尔比英俊的容貌和绅士般的言谈举止也给他带来了好处。他非常聪明，而且十分善于隐藏自己的情绪和心理活动。同时，他的心理素质很好，能够在两个身份和两张面孔之间进行转换。无论他在什么地方工作，遇到什么样的同事和工作环境，他都能顺利开展工作，并获得同事和上司的好感。许多和他熟悉的人，都被他的个人魅力所折服，以至于这些人后来简直难以相信他竟然是苏联在西方最大的间谍。当1951年反间谍机构开始怀疑菲尔比后，对于他的审查一直持续了好几年，但迟迟未能找到证据，且菲尔比坦然自若的表现反而让他们无所适从。1955年11月7日，为了了解这个没有多大意义的调查，英国首相兼外交大臣麦克米兰亲自在英国下院给菲尔比打了保票："我敢保证，菲尔比是个忠心耿耿的不列颠臣民。"此后，菲尔比得以又为苏联工作了好几年。

被他那精巧面孔迷惑过的无数人，在得知真相后都无不捶胸顿足，深感惊恐。

★沙场点兵★

人物：哈罗德·金·菲尔比

"间谍王子"哈罗德·金·菲尔比是世界间谍史上的传奇人物，他受过高等教育，具有高度职业技巧，善于运用交际手腕，在英国情报部门左右逢源，同时具备极大的冒险勇气，是冷战时期名副其实的超级间谍。他以优异的成绩毕业于剑桥大学，在共产主义信念的号召下，于20世纪30年代初加入苏联克格勃组织，经过短暂的间谍训练后回到英国，随即成功进入英国军情六处。菲尔比是位出色的双重间谍，他凭借着超强的工作能力一路高升，先后担任反间谍部门的负责人、英国秘密情报局土耳其站站长，以及英国秘密情报处在美国的最高负责人。利用职务之便，他为苏联提供了大量重要情报，贡献很大。1963年，菲尔比这位身经百战的间谍身份暴露，却成功脱险，逃往前苏联。看到英雄归来的苏联政府给予他高度评价，并授予他中将军衔和"红旗勋章"。

道具：记者身份

记者是一个很好的掩饰职业，在战争时期成为一名记者，最大的用途就是被派往前线，拍摄一些战场上的图片资料，并且在第一时间获悉战役的胜败，将这些消息迅速地发回国内。战地记者往往能够受到本国军队的支持和尊重，如果一篇报道写得好，还有可能得到嘉奖。还有，作为战地记者活动范围大，能够借采访的机会接近某些高层人物。无论从哪方面来看，战地记者的身份都有助于进行谍报工作，菲尔比也正是看中了这一点才会先从战地记者做起。

事实证明，他是一名优秀的战地记者，也正因为有了这一身份，英国情报部门发现了他的才华和冒险精神，从而开始有意识地接触他。菲尔比利用这一身份作为掩护，成功打入军情六处。战地记者对国家忠诚、不惧怕战场硝烟的形象深入人心，让菲尔比在一开始就获得了不少人的好感，对他此后顺利展开双重间谍工作十分有利。

战术：打入敌人情报部门

在各国间谍惯用的战术当中，打入敌人情报部门无疑是最有效又最危险的一项，不是任何间谍都适合使用这样的战术。然而作为具有良好家庭背景和高等学历的菲尔比来说，这条道路是最佳选择。他是剑桥大学的高材生，举止优雅，在社交圈内拥有良好的口碑和人缘，与那些正宗的英国绅士没有任何差别。另外，不是他主动找上英国情报部门，而是他的资历和经验勾起了情报部门对他的兴趣，这不能不说是一种幸运，也更加表明了他作为一名间谍所具备的独特气质和魅力。

在顺利打入军情六处后，菲尔比将本职工作做得异常出色。他敏锐的观察能力和细腻的思维使他在工作中一路顺利，伴随步步高升的是更大权力的到来。他从未掉以轻心，在处理本职工作时很小心，在为苏联传递情报时更加小心翼翼。事实证明，他和他的几位校友在打入敌人情报部门后取得了丰厚的成果，他们的教育背景、个性和生活习惯都决定了他们能将这个战术运用得恰到好处。

战典

智慧与勇气的激烈碰撞　间谍战

THE CLASSIC WARS

第十六章

双面间谍
——成也萧何，败也萧何

▲对于间谍这样一个危险的职业来说，时刻都会有掉脑袋的风险，可谓是"不成功，便成仁"。所以，间谍必须抛弃对荣耀和尊严的追求。因为间谍所追求的，本身就不是功名和欲望。一旦身首异处，可能也不会有人来为你收尸。因为，间谍本身就意味着不可告人，若是为了贪婪来做间谍，只想尝到当间谍的甜头，而不去坚定自己的立场，这样的间谍注定无法赢得谍战的胜利。

前奏：冷战时期的布莱克

莫斯科郊外的清晨和夜晚一样安静，只有风儿在轻轻歌唱，温暖的阳光洒在大地上，四处洋溢着花香甜美的味道。欢快的鸟儿将我们带到了一座别墅前的草坪上，碧绿青草上，有两位老人坐在一块儿愉快地交谈着，偶尔发出一阵清朗的笑声，他们等着各自的妻子将烤牛肉送到他们的手中。这样的场景如此和谐而恬适，但如果让英国情报机关的官员们知道了，一定会气愤难当，因为这两位老人曾经是他们友好的同事，却成为了叛逃者，用消失在地平线上的背影告知他们一个难以接受的事实：我们实际上是克格勃的间谍，你们都被骗了。其中一位老人正是被誉为"20世纪最优秀间谍"的哈罗德·金·菲尔比，另一位则是在世界谍报史上创造了又一个奇迹的乔治·布莱克。

乔治·布莱克本姓贝哈尔，生于鹿特丹，父母给他起名"乔治"，是为了纪念国王格奥尔格五世。他是在菲尔比被英国情报机构解职后，苏联国家安全部在五十年代初物色到的一位能够打入英国情报机构的间谍。当时由于菲尔比的离开，克格勃对英情报机构的渗透工作面临着停滞。为了延续菲尔比的工作，二十九岁的乔治·布莱克被选定为接班人。布莱克最初的信仰不是共产主义。

在二战战火快要燃尽的那段岁月，布莱克选择了参军，他加入进荷兰的抵抗力量中进行战斗，在战争结束后成为一名海军情报军官，从此开始了他的谍报生涯。1947—1948年，本来就精通多门外语的他又进入一所学院学习俄语，此后，他的才华和经验被英国情报机构看中，马上成为一名正式的情报人员。不为大多数人所知的是，布莱克还和一名叫做亨利·库里尔的埃及共产党党员有联系，这个人对布莱克阐述过不少共产主义理论，但在当时还未对布莱克产生多少影响。

　　要推动事情的发展总需要一些契机，布莱克人生中最大的契机在1949年到来。这一年，他被派到韩国担任副领事的外交工作，实际上是从事在汉城的谍报工作。然而，时运不佳的他在朝鲜战争刚刚爆发不久后，就被进军的朝鲜军队拘留了，成了朝鲜军队的俘虏。但正因为成了俘虏，才使布莱克有机会成为一名间谍。

　　在此期间，苏联国家安全部的负责人命令部下物色合适的情报人员，最好是具有与菲尔比相近背景和能力的人。带着这种目的，国家安全部的官员接触一些中国、朝鲜抓获的俘虏，寻找志同道合的英国人或者美国人。这时，乔治·布莱克出现在他们眼前。

　　国家安全部官员格里戈里·库兹米奇是第一个审问布莱克的人，他是在1951年决定招募他进入克格勃的。他还记得当时和布莱克见面时的情形，那时的布莱克眼神无光，谈到英美帝国主义时，眸子里不自觉地流露出一种失望的情绪。"他对西方政治的完全失望，对英美入侵朝鲜也有些不满，可是，他还没有全然接受共产主义，因此拒绝透露英国的情报。" 库兹米奇这样说道。

　　到1953年春，布莱克被释放时已经完全抛弃了过去的信仰，被成功策反，进入了克格勃的阵营。这年3月，布莱克踏上了归国的路途，他和英国公使、领

★克格勃总部大楼

事等人一起，在苏联驻北京大使馆的帮助下，经由北京、莫斯科、西柏林，历经曲折回到了英国。经过一段时间的休养，布莱克被分配到军情六处，从此开始了窃听和秘密拆封外交邮袋的工作，与此同时，负责向苏联情报机构传递重要情报。此后十年，他一直为苏联提供有关英国情报机构行动及人员的情报，和菲尔比一样，成为一名出色的双重间谍。

青涩少年：在英国的训练

布莱克从小好学，但童年时代也历经坎坷。十三岁时，布莱克的父亲就因病去世了，他被送到埃及的姑母家寄居。在开罗，布莱克见到了他的叔叔，也就是后来成为埃及共产党领导人的亨利·库里尔。在这位叔叔的照顾下，布莱克健康地成长着，他继续学习，并且阅读了大量的书籍，其中有一些是库里尔叔叔介绍给他的，类似于共产主义普及读物。虽然不大看得懂，但经过和叔叔三年的相处，年轻的布莱克能多少明白叔叔从事的是什么事业，所信仰的主义好像和西方政治制度不同。

懵懵懂懂之间，布莱克接受了早期的共产主义教育。这时的他并未想到，自己有一天也会和叔叔走上同样的道路。

十六岁的布莱克已经长成一个英俊的帅小伙，他觉得自己应该有能力回到家乡闯出一番事业了，于是匆匆与叔叔和姑母告别，背着不多的行李回到了荷兰。

可是，安稳的日子没过上几天，布莱克也还没有想好今后要做些什么，德国人便来了。黑压压的德国人走上荷兰的土地，盖世太保整日在街上四处游荡，试图抓捕到一些反抗者，甚至共产党人。这一天，不知道走了什么霉运，布莱克稀里糊涂地被德国人抓走了，还被关进了集中营。德国人建立的集中营看守严密，一般情况下不会有人成功逃走，即便逃出了大门，也可能被再次抓回来或者是击毙，但布莱克确实不是一般人，他每日琢磨着怎么越狱，如何躲过德军的哨卡。终于有一天，他的机会到了，他运气颇佳地逃了出来，摆脱了德军的追捕，然后一路飞奔，顺利地逃到外地的叔父家。布莱克敢于冒险的精神从那时就显露出来了，这段惊险的经历也对他后来从事间谍工作提供了临危不乱、急中生智的经验。

对德国人深恶痛绝的布莱克认为，继续游荡不是一个身强体壮的年轻人应该做的事，不久之后他就寻找到荷兰的抵抗组织，成为其中的一员。当时，他的任务不是冲锋陷阵，而是传递信件，有点儿类似于通讯兵。在滚滚的硝烟下，布莱克不惧怕敌人的枪炮，他成功执行了几次传递情报的危险任务，表现尤为出色。二战结束后，布莱克凭借着在战争中的出色的表现，获得了荷兰女王授予的四级拿骚十字勋章。

虽然加入了当地的抵抗组织，布莱克还是成了残余盖世太保分子追捕的对象。为了避难，布莱克决定只身前往英国，抵达英国后又报名参加了英国海军。他一板一眼地接受海军训练，灵活的身手和聪慧的头脑得到了长官的喜爱。几个月后，他的上级又发现了他的一个优点，如获

★双重间谍乔治·布莱克

珍宝，"原来布莱克这小子精通英语、荷兰语、法语和德语啊！很适合做情报人员嘛。"他给布莱克做了主，将他送到军官学校接受与情报工作相关的培训。此后，布莱克被派到海军情报部门工作，由于工作能力不错，随后被派遣到特别行动委员会荷兰分部工作，负责密电码的截收和破译，俨然是一位职业技术能力出色的情报人员了。

由于布莱克工作认真勤恳，到二战结束时，他已经连连高升。作为一名在外貌和工作能力上都十分出众的海军上尉，布莱克又被调职，成为汉堡英国军舰上的情报官，并做出了不少成绩。1947年，英国情报部门看中了布莱克，有意将他收为麾下的一员，作为重点培养的对象。不久，布莱克便得到了特别情报处官员肯尼思·科恩的推荐，被外交部录用，被派往剑桥大学唐宁学院学习俄语。布莱克非常珍惜难得的学习时光，在唐宁学院学习俄语将近一年就精通了俄语，这样他精通的外语又多出了一门。

获得了结业证书的布莱克回到外交部报道，外交部将他分配到外事局九处一科，职务是代理领事。实际上，布莱克从事的仍然是情报工作，他的真正身份是军情六处的特工人员。这份工作让他在紧张中感受到了血脉贲张的快感，他具备一个特工应有的素质，这份工作正是他想要的。

兢兢业业工作的他，当时并不清楚，自己对于英美政府的忠诚度会面临巨大

的挑战。事情是从几个月后开始的。当时布莱克接到通知，外交部需要他到韩国首都汉城去担任副领事。表面上他要进行外交工作，其实他的本职工作依然是搜集情报。1949年，布莱克顺利抵达了汉城。同一时间，他的命运之轮开始慢慢运转起来。

朝鲜被俘：转投克格勃

1950年6月25日，朝鲜半岛的上空出现了成片低沉的乌云，忽然这些乌云被一股强大的气流冲断，分散在南北两边。尽管事先闻到了空气中蔓延的危险气息，预料到了朝鲜半岛上那块铁幕已经达到很高的地步，但布莱克也没有想到，朝鲜战争真的就这样爆发了。

作为一位出色的情报人员，他却让自己不幸地卷入了这场战争，布莱克着实有些郁闷。他和英国公使馆里的其他人已经来不及逃走了，浩浩荡荡的朝鲜人民军来了，他们的队伍中有苏联派来的顾问，从实力上来讲，韩国军队是无法与其比肩的。这支朝鲜军队不久后便攻入了汉城，这时英国公使馆里所有人，包括布莱克在内都被逮捕，成为朝鲜军队的俘虏。布莱克沮丧地被朝鲜士兵押着，连同英国公使馆的人一起，被拘留在鸭绿江边的满埔。

鸭绿江的那边，震天的炮声比雷鸣还要刺耳，经历过战争的布莱克还算镇定，很快接受了自己已成俘虏的事实，安心地待在朝鲜士兵看管的营地里，过一天算一天。不过即使在营地里，他还是听到和看到了一些事实，比如李承晚政权的昏庸无能，比如美国飞机对无辜的朝鲜村庄的野蛮轰炸，还比如朝鲜军队中那些苏联顾问的激情演说。他身处被共产主义理念包围的环境里，渐渐的，小时候在埃及叔叔那里听到的一些话开始在耳畔回荡。在学习俄语时看到的那些有关共产主义的文字也慢慢浮现出来，越来越清楚地呈现在眼前。

布莱克发觉自己和以前不同了，他对英美当局的很多做法非常失望，反而更愿意和苏联人多一些接触。在朝鲜拘留营里，不止布莱克一人有了这种改变，很多人在苏联人的讲解下开始主动学习共产主义思想，并产生了浓厚的兴趣。这时，布莱克就觉察到了自己内心的动摇。直到他遇到了苏联国家安全部政治教育部专门派来的意识形态专家格列戈里·库兹米奇，他在此人的感召下越来越向苏联阵营靠拢。

库兹米奇常常和布莱克见面，与他讨论政治和英美国家的政治制度，并选择合适的时机对布莱克进行思想上的"敲打"。自从被俘已经过了十六个多月了，布莱克的思想有了很大的转变，他主动地找到库兹米奇说出自己的想法，"也许你不太相信，但我已经信仰共产主义了，并且从今往后愿意为克格勃效力。"

"这太好了，布莱克，我当然相信你。"库兹米奇像所有共产党人对待同志那样地和他握手，欢迎他加入克格勃。布莱克的确是悟出了点什么，当时他这样说道："我很愿意为苏联工作，但是请你们答应我三个条件。首先，我只提供与反共产主义国家有关的英国情报，毕竟我回国后的身份仍是军情局的人，不需要进行不必要的冒险。其次，我不需要酬金，因为这是我自愿的。第三，你们不必提前释放我。"

布莱克的要求得到了应允，他作为间谍的档案被克格勃记录在案。只是他没有料到，后来这位招募他加入克格勃的库兹米奇却叛逃到美国，投靠了中央情报局，这实在是个很有戏剧效果的事件。

1953年3月，布莱克和英国公使、领事等人终于回到了英国。因为时隔几年回国，他们受到了英国外交部高级官员的热烈欢迎，在休息一段时间后被重新安排了工作。由于过去情报工作的出色，布莱克被分到了军情六处克伦威尔街分部，每日的职责就是窃听和秘密拆封外交邮袋，暗地里给苏联传递有价值的情报。

第三年的春天，布莱克的工作更加顺利，他被派往西柏林奥林匹克体育场内秘密情报局工作站，在那里作为技术行动部副主任，指导研究驻德苏联军队的情况。他的另一个任务则是，监视某些军官，寻找那些有嫌疑的人，揪出他们之中有可能投靠了苏联的叛徒。其实他自己就是那只最大的"鼹鼠"，只是那时显然还没有人怀疑他。

就在这时，布莱克的上司发现他与苏联人有接触，布莱克毫不惊慌地声称自己正在向苏联人传递假情报，试图让他们上当。他的话获得了上司的信任，从此布莱克为苏联服务成了特许的事情，大家也不觉得他和苏联人联系有何奇怪。可惜他们万万没能料到，布莱克效忠的东家真的就是克格勃。

名单曝光：背叛者的命运

无论在什么年代，叛徒永远无法逃脱制裁，下场一定是凄惨的。在冷战时期，叛逃的情报人员时有增加，前一刻的忠诚不代表永远的忠诚，因此在苏英美国家之间发生的叛逃事件和追捕事件层出不穷。

有人叛逃就会有人告密，因为太过忠诚而被潜伏者出卖的事情也不少。在这点上，布莱克与菲尔比的作风不同，他常常下得了狠手，将手中掌握的英国情报人员的名单和资料提供给克格勃。在曝光间谍名单这点上，他做得相当彻底。

布莱克曾将军情六处全局工作人员名单和资料传递给苏联情报部门，他还在柏林任职的四年里，提供了军情六处建立间谍网的情报，将他们在共产主义国家中招募的近四百名间谍人员名单泄露了出去。这无疑给英国的情报部门造成了极大损失，即使苏联人没有能力对所有人实施暗杀或者监禁，但是他们布下的眼线也无法发挥作用了。在任何情况下，布莱克都热衷于清除苏联的叛逃者。

1953年，东德国家安全局局长比亚韦克中将叛逃到了西柏林，并且改名换姓在西柏林住下。为了保护他的安全，英国情报人员在他的公寓里安装了保险锁，还有和他们联络的报警器，一旦遭到威胁，他能及时求救。可惜的是，他们为比亚韦克选择的房子位置实在不对，居然正好就在布莱克所住的那个胡同里。不久之后，精明敏锐的布莱克发现了比亚韦克的踪迹，他将这件事通报了苏联。克格勃是不会放过叛徒的。1956年2月的某一天，比亚韦克私自出门散步，结果在小巷子口被暗处闪出的两个人拖进了一辆小汽车，从此消失在英国情报部门的视线里。

历史上真实的暗战，远比影视作品中的精彩。

布莱克接下来对付的是一个暗中投靠美国中央情报局，出卖了四百余名潜伏在西方的苏联间谍人员的家伙。他叫做彼得·波波夫，在那封信落入布莱克手中之前，没有人知道他已经背叛了共产主义。1953年，他在维也纳和美国中央情报局的有关人员接触后成为叛徒，随后的两年内给美国提供了大量情报。后来因为上级将他从维也纳调到东柏林，他联系不到美国中情局的人了。为了尽快有效地开展工作，波波夫给联络人写了一封信，委托当时正在东德访问的英国军事使团转交给美国中情局。结果，这封信按照正规流程落入柏林情报站的布莱克手中。拆开信封之后，布莱克不动声色地读完了信，然后把信转交给了中央情报局。与此同时，波波夫叛逃的事实也被克格勃总部获悉了。

克格勃还想给波波夫一个机会，没有马上处置他，而是把他紧急召回莫斯科，对他实行严密的监控。直到1959年初秋10月，凉风轻轻拂动莫斯科郊外的绿叶，克格勃终于决定处决波波夫这个叛徒了。这天，波波夫登上了一辆公

间谍战

THE CLASSIC WARS

智慧与勇气的激烈碰撞

共汽车，他小心谨慎地坐在座位上，准备向美国驻莫斯科使馆中一名中情局间谍传递情报。不料，事情早就被监视他的克格勃掌控，波波夫被当场抓获。为了杀鸡儆猴，据说他被投入了烈火熊熊的炉子里，在惊惧的叫喊声中化为了一堆焦炭。

不知道布莱克有没有想象过自己的下场，对于英国情报部门来说，他也是一名罪大恶极的叛逃者。因为他的出卖，先后有大约42名英国间谍丧命。间谍之间，暗中的较量一直都不曾间断。

最大成功：黄金行动的彻底报废

在泄露了那么多间谍名单后，布莱克经过考虑，准备泄露一个更大的情报。

这个情报涉及到英美两国。那是1953年的一天，布莱克作为英国军情部门的杰出情报人员，获悉了一个刚刚出炉的计划。知情人员都在偷偷议论这个名为"黄金行动"的计划，认为这是一项创举。在搞清楚了这项计划的实施方案后，布莱克在心里"哈哈"大笑了几声，觉得制订这个计划的人实在是天真过头了。要知道，这个计划一旦在某个环节出现问题，其目的就无法达到。

没有思虑太久，布莱克就寻找机会将这个计划透露给了克格勃。"英美情报部门最近展开一项计划，要从西柏林挖一条长450米长的隧道直通东柏林。他们的目的是在东柏林至莫斯科的三条地下电缆上，实行英国工程师设计的搭线方法，通过该线路窃听苏联与东德之间的军政电话。此外，他们还将窃听东柏林与波茨坦的苏联军事管制总部的电话。甚至连苏联驻德防区和华沙之间的电话，他们都将实施监听。"

完全不知道这个秘密已经被布莱克泄露给苏联的英国人开始动工了，由于这条隧道要从美占区开

★将柏林一分为二的柏林墙

挖，因此他们寻求到了美国中央情报局的支持，让美国人也加入这个计划。他们为了这条隧道耗费了一年的时间，付出了约2500万美元进行挖掘和安装窃听器。

当这条被寄予厚望的隧道交付使用时，布莱克听到上司激情澎湃地说："英方和美方在未来三年内都期待这条隧道能给我们带来许多的超级情报，这样一来，我们便总能在苏联采取军事行动前准备好，布置好应对措施。"布莱克除了点头称是，脸上还拉扯出一个大大的微笑。

然而英国和美国情报部门一直没能通过这条隧道打听到什么重大情报，哪怕是1956年苏联出兵匈牙利之前，地道里的窃听器也没有传送出一点儿相关消息。

隧道上面的苏联人在干什么呢？在得到布莱克通风报信之后，他们就立即把机密情报改在其他线路上传送了，只有当他们需要放出假消息时，他们才会通过这几条电缆打电话。

就这样，苏联人耍英国人和美国人上了瘾，他们足足忍耐了三年都没有揭露他们的阴谋。直到1956年4月22日，一位苏联通信工程兵在维修电缆时突然掉进了隧道，柏林隧道才第一次暴露在阳光的照耀下，赤裸裸地呈现在世人眼前。这下国际社会炸开了锅，等着看英美两国的笑话。果不其然，苏联当局马上就召开了记者会，严厉地谴责他们未经允许非法入侵苏联管辖区，如此行为令人不齿。为了扩大影响，苏联人还组织众多记者参观了这条通向美占区的隧道，国际舆论一片哗然。但英美两国的传播媒体不以为意，大肆宣传在这三年内，英美两国通过这条隧道获取了众多情报，认为这是冷战期间的极大成功。

但是，这种论调在几年后彻底变成了一个笑话，让天下人笑掉大牙的笑话。

就事实而言，可以说，当年出卖了"柏林隧道"的秘密，是布莱克给英美情报机构造成的最大损失。

布莱克在柏林一直工作了四年，其间他的表现中规中矩，看起来非常正常。1959年，他被调回伦敦秘密情报局总部，在伦敦工作了不长的一段时间后，苏伊士运河危机爆发了。当时英法意三国出兵企图夺回运河，却以失败告终。英国情报部门为了在中东地区开展工作，决定挑选一个掌握多国语言的人过去。这时，上层决策人眼睛一亮，"语言天才"布莱克的脸从他脑海里蹦了出来。

于是，布莱克踏上了去黎巴嫩学习阿拉伯语的路途。

越狱潜逃：在莫斯科的漫长时光

布莱克刚刚到达黎巴嫩不到一个月时，突然，有一天他在门口看到了一位神情严肃的英国情报人员。

"发生了什么事吗？"他立刻警觉起来。

"你刚刚被告发了，一个名叫霍斯特·埃特纳的人说是通过你向苏联提供情报的。"这位情报人员郑重其事地说，但随即他放松下来，笑道："不过我们知道你同埃特纳的接触是经过秘密情报局批准的，所以这件事就此了结了。"

"原来是这样啊，谢谢你。"布莱克眉头稍稍微蹙，送走了这位同事。

霍斯特·埃特纳这个人他确实认识，是他在柏林期间发展的一位双重间谍。因为这个人过去曾经在西德情报局长莱因哈德·格伦将军的机构中任职，对西德的情报系统十分熟悉。但是埃特纳生活奢侈，私生活又不检点，因此被解雇了。利用他的个性弱点，布莱克成功说服他为英国秘密情报局工作，他的任务就是向克格勃提供假情报。不过，让布莱克没想到的是，这件事这么快就被西德保密局知道了。原来埃特纳的妻子发现他有外遇了，一气之下就告发了他。埃特纳立刻被逮捕，罪名是向苏联提供情报。没有多费口舌，这个埃特纳就承认了自己的双重间谍身份，并供出了和他联络的人——"范弗里斯"。"范弗里斯"正是布莱克当时在西德使用的化名。西德保密局将这一情况告诉了英国情报部门，但由于这件事布莱克早就在机构中备案，因此并没有遭到怀疑。

但是，布莱克在不久后就遭遇到人生中最大的危机。

布莱克终于尝到了被人出卖的滋味。那时正逢1961年，一名波兰情报高官"狙击手"从组织中叛逃，他将他所知的潜伏在英国情报部门的苏联间谍名单曝光了，其中就有布莱克。得知这个消息的军情六处感觉受到了羞辱。过去菲尔比的事件已经令他们脸上无光，现在又出了一个布莱克！他们立刻戳穿了布莱克的双重间谍身份，将他逮捕。同年的5月3日，伦敦中央刑事法院审理此案，乔治·布莱克因为叛国罪被判刑。由于在他手中有四十二名英国间谍惨遭苏联人的毒手，因此他将坐四十二年牢。如果不是英国废除了死刑，布莱克肯定逃脱不了被杀的命运。

"原来，黄金行动也是你泄密出去的？"审理他的特工们异常愤慨，难以想象进行了三年的窃听计划实际上早就被苏联人知道，想必苏联人一直在背后嘲笑他们的愚蠢吧。

"是的，我从不后悔我的决定。"布莱克微笑着，接受着同事们招呼他的拳头。

与其他叛逃者相比，布莱克算是幸运的。

布莱克被关押在伦敦北部的斯克拉布监狱，起初因为英国政府害怕他越狱，还实施了特殊看管。不过后来秘密保安局局长罗杰·霍利斯爵士告知监狱负责人，对布莱克的调查已经结束了，不需要再浪费人力看管这个叛徒了。放松警惕的监狱长把布莱克安排到普通单人牢房中，又因为他懂得阿拉伯语，所以让他教授监狱官员一些阿拉伯语。

在这座监狱中，布莱克结识了四个好朋友，其中一个名叫肯尼思·戴库西，他是位金融巨头，被捕入狱的原因是诈骗和诬陷，另外三个人是肖恩·伯克、米歇尔·兰德和帕特·波特尔。他们被布莱克的才华所折服，也认为布莱克对于英国当局的某些批判是中肯的，渐渐的对他产生了同情。在监狱中，他们就开始谋划越狱的事情。

那个时候的监狱看管不是很严密，况且不论什么时代，总有人能想方设法从监狱里逃出来，更何况布莱克具有从德国集中营逃出的经验呢。1966年，肖恩·伯克刑满获释了，布莱克的机会也来了。这一年的10月22日，适逢监狱惯例的放电影时间，狱警的守备有些松懈，趁着夜色，布莱克接到了某人从窗外递给他的一根铁棍，他即刻用铁棍撬开了铁窗，从房顶上爬了出去。外面正下着倾盆大雨，能见度很低，这给布莱克形成了很好的掩护。

★晚年的布莱克

布莱克就像当初从德国集中营逃出去的那样，急速奔向15英尺外的围墙，登上肖恩·伯克为他准备好的尼龙绳梯，身手敏捷地翻墙而走。除了胳膊骨折外，布莱克没有受什么伤。他逃出监狱后，在肖恩·伯克的安排下躲在伦敦以北的一个隐蔽的住宅里。在那段时间，气急败坏的英国政府派出了很多警力搜捕他，但依然没有寻找到他的踪迹。

布莱克还得到了克格勃的协助，他藏在一辆坐卧两用汽车的床下逃出了英国，抵达比利时。后来，他经过西德前往东德，在克格勃官员的安排下乘飞机到达了莫斯科。和他的前辈菲尔比一样，布莱克受到苏联人民的热情欢迎，得到了苏联政府授予的列宁勋章和红旗奖章，从此在莫斯科安稳地生活下来。

战典回响

冷战时期的"克格勃"

大名鼎鼎的克格勃是在冷战时期发展到巅峰的苏联情报组织，它从建立之初就一直是苏联对外情报工作、反间谍工作、国内安全工作和边境保卫等工作的主要负责部门。它的地位比较特殊，是一个凌驾于党政军各部门之上的"超级机构"，只对苏共中央政治局负责，拥有很高的权力和自主行动力。由于其培养了一大批著名的特工，挖掘了西方国家的诸多重要情报，克格勃被英国的情报机关称为"世界上最大的搜集秘密情报的间谍机构"。它与美国的中情局、以色列的摩萨德、英国的军情六处并称为世界四大间谍组织。

克格勃成立于1954年，KGB是俄文"国家安全委员会"一词缩写的译音，它的前身正是苏联内务部国家安全局。它的出现顺应了苏联在二战结束后对抗西方国家的需要，将多而密的触角伸向了多个国家，涉及的范围之广超乎人们的想象。为了截取情报，为了获得有价值的情报，克格勃无所不用其极，它开办专门培训间谍的学校，培养各类谍报人员并派往各个国家。在那段时期里，克格勃几乎成为一个标志和符号，许多国家将"克格勃"视为"特务"和"间谍"的代名词，足见其在当时造成了多么巨大的影响。

克格勃是冷战时期，也是迄今为止世界上最大的特工机构。它内部结构庞大，组织严密，各个部门自行其事，但互相牵制。冷战期间，克格勃的活动十分频繁，即使针对假想的敌人，它也会派出众多的间谍进行渗透，寻找并消灭那些铁托分子和犹太复国主义阴谋家。其渗透的方式多种多样，在民间、在政府部门很可能都会有克格勃的存在，令人防不胜防。而对于真正的对手，克格勃的行动就更加"嚣张"了。克格勃所选派的间谍具有很强的隐蔽性，像菲尔比和布莱克这样的人不在少数，他们为苏联提供了不少具有重要价值的情报。

在冷战初期，苏联情报部门认为向法国和西德的渗透最有意义。相关高层决策人认为，让情报人员打入法国统治集团，能更好地利用战后法国共产党的巨大影响力为其服务。由此，克格勃几次都成功打入了法国政府机构。正是因为有了克格勃的不断扩张，冷战才走向了高潮。

克格勃在这段时期想要获得的情报资料越来越高端机密，除了要将侦察潜艇设备系统的资料搞到手外，还试图获取核动力和军事技术等各方面的情报。在五十年代，克格勃十分重视盗窃英美国家的科技情报，众多的科技情报人员中，有一位名叫列昂尼德·谢尔盖耶维奇·扎伊采夫的政治侦察官员，他专门从事科技侦察的工作，为苏联政府提供了大量情报。

在那段时间，从克格勃训练学校走出来的苏联特工们在各自的岗位上扮演着不同的角色，他们的身体常常需要违背自己的心意来行动，他们为了共产主义事业奉献自己。一位苏联间谍曾经这样描述他的生活状态："我必须让马克思哲学将自己的意识分为两部分，一部分告诉我可以结交自己的朋友、建立自己的圈子，同朋友无拘无束会非常幸福。另一部分则在我遇到危险时出现，提醒我什么时候该行动，什么时候不能轻举妄动。我觉得这样能将生活和工作分开，不会让我陷入混乱，并能一直完成组织上派给我的任务。在当时我认为这是作为一个间谍应当具备的最正常的能力，现在看起来，这种情况更加倾向于一种精神分裂症。"

乔治·布莱克的余生

2007年11月12日这天，乔治·布莱克精心地梳洗了一番，他问自己的儿子，自己是否老了，随后听到儿子无比欢快地回答："您一点儿也不老，简直和当年一样英姿勃发呢！"

老布莱克高兴地大笑两声，迈开稳健的步伐向门口走去。他走出了莫斯科市中心的一条林荫大道后面的小巷，仰望湛蓝的天空，感慨万分。今天是俄罗斯对外情报局为他授勋的日子，并且在授勋仪式后，要为他这个被英国军情六处恨之入骨的双重间谍庆祝八十五岁的寿辰。

布莱克回想起当年的一幕幕，嘴角不自觉地高扬着。现在的他显然没有过去那般帅气了，但是他说话时眼睛里总是含着笑，虽然在岁月的洗涤中成了一位身材干瘦的小老头，但人们从他的眼神中依然能够找到过去那位狡黠、睿智间谍的光辉形象。

朝鲜战争爆发时，布莱克时任英国驻汉城领事馆副领事，后来被朝鲜军队俘虏。"就是在那时，我看到美军毫不留情地轰炸他国领土，连朝鲜的小村庄也不放过。我对西方政权渐渐丧失了信心，开始重新审视自己的选择，终于在最后得出结论，对抗共产主义是错误。" 虽然苏联后来解体了，但布莱克依然认为自己当初的决定是最正确的。

"即使改变了信仰，我当时也不一定要当间谍，原本我可以远离情报工作，也许会加入英国共产党，在街角出售《工人日报》，过着更轻松舒适的生活，"布莱克对他的后辈这样说道，"但是，我知道我能够为这份事业贡献更多，那么为什么不做呢？" 现在看来，促使他作这个决定的原因并不是多么伟大，但他以自己的行动证明了共产主义信念的巨大推动力。即使在1991年苏联解体后，俄罗斯政府中的一些人曾一度主张将布莱克驱逐出境，他仍然没有过后悔的念头。

按照布莱克的话说，他与苏联的缘分早已注定，最终会选择共产党，并非是一种偶然的顿悟。

少年时代的他在叔叔亨利·库里尔那里接受了共产主义的启蒙教育，加入英国情报部门后被送到剑桥学习俄语，这些经历似乎都在预示着他的未来会与苏联产生某种奇妙的联系。不久之后，他被派遣到朝鲜，在那里接触到了真正的共产主义组织，他觉得应当正视自己在信仰上发生的改变。

自从1966年逃狱成功抵达莫斯科之后，布莱克在莫斯科居住的时间几乎与在西方生活的时间一样长，他把这里当做自己的家。在一次伏尔加河的泛舟途中，布莱克结识了比自己年轻13岁的俄罗斯女子伊达，两人一见钟情结为伉俪，婚后育有一子，过上了平静安逸的生活。布莱克作为一名退休的前克格勃人员，每个月可以领到养老津贴，政府给他提供了宽敞的公寓。偶尔天气晴朗，他便会邀请其他前克格勃成员，到他在莫斯科郊外的别墅聊聊天、散散心，顺便回忆一下当年的英勇事迹。

★沙场点兵★

人物：乔治·布莱克

乔治·布莱克于1922年出生在荷兰，父亲是一名犹太人，母亲的家族是荷兰贵族。从小他的语言天赋就显露出来，是个不折不扣的"语言天才"。在年轻的时候，他便精通英语、俄语、荷兰语、法语和德语，才华出众。正是由于他精通多门外语，他成了英国外交部和军事部门都想网罗的人才，在1944年正式成为英国军情六处的特工。

在朝鲜战场上经过共产主义思想的熏陶，他决心不再效忠英美等国家，转而为共产主义国家苏联服务。他经过考察和训练，加入了苏联克格勃，其间谍的代号为"钻石"。1953年，他安然无恙地回到英国，继续从事情报工作，负责窃听和秘密拆封外交邮袋。和其他潜伏在那里的特工一样，布莱克多次将英国情报部门的人员名单传递给克格勃，四十二名英国间谍的死亡与他有关。1961年他被捕入狱，却在后来越狱成功，安全抵达了莫斯科。

道具：工作经验

谁都喜欢雇佣具有丰富工作经验的人，即使是情报部门也是如此。由于培养一位合格的情报人员需要花费大量的时间和金钱，所以当身份背景清白又有工作经验的人出现时，便被锁定为他们的重点招募对象。布莱克就是这样一个人，当他决定为克格勃工作后，他档案上那些丰富的工作经验就成为他的踏脚石，不但能帮助他重新获得工作，还能帮助他继续待在情报部门。

他充分利用在英国情报部门的工作经验，截获各方面的情报和资料。这些工作经验为他所用，一方面能够掩护他的真实身份，另一方面能够如鱼得水地缩短和重大情报的距离。没有多少人会怀疑像布莱克这样履历表厚实的情报人员，他还亲历过险恶的战争，这更容易使他得到人们的同情和关心。布莱克凭借着自己的工作经验，在很长时间内都相当顺利，为克格勃提供了大量的宝贵情报。

战术：曝光间谍名单

对于情报机构来说，最机密的文件就包括所属部门间谍的名单，还有他们在海外发展的间谍和在敌对国家策反的间谍人员名单。这些人的生命如果遭到了威胁，很可能会导致整个情报系统的瘫痪和瓦解，使情报部门无法正常运作。所以，曝光间谍名单算得上是一个釜底抽薪的战术，即使不能将名单上的人一网打尽，也能给敌人的情报网造成沉重打击。一般而言，实施这个战术将面临暴露自己的危险，不过，如果这个名单上的人是渐渐消失的，泄露名单的间谍也不容易被发现。

布莱克是个对叛徒毫不手软的人，不断地曝光其所知的间谍名单，希望帮助克格勃肃清组织内的叛徒和削弱英国情报部门的实力。他掌握的间谍名单之全令人惊叹，他会选择这个战术的目的很直接，就是尽量更多地铲除英国情报人员，让苏联情报人员获得更大的活动空间。

战典
THE CLASSIC WARS

智慧与勇气的激烈碰撞　间谍战

THE CLASSIC WARS

第十七章

潜伏
——行走在刀尖上

▲没有什么比潜入到敌人的腹地去执行任务更让人窒息的，而对于间谍来说，既要完成任务，又要完成长时间的潜伏，并不是一件容易的事情。但是大多数间谍又不得不从事这样艰苦的工作，不过，好在他们有一本"现实版教科书"，这个人就是银幕上那个谍战英雄詹姆斯·邦德的化身——达斯科·波波夫。或许你觉得银幕上"007"的故事已经足够惊险了，那么当你看过波波夫的故事之后就能明白，什么叫真正的刺激。

前奏：007的原型

自从1962年，由肖恩·康纳利出演的第一部"007"电影上映以来，四十多年的时间里，我们记住了这样一位温文尔雅、风流倜傥，又锐不可当的"影坛第一特工"。"007"原本出自伊安·弗兰明的系列谍战小说，"007"詹姆斯·邦德是贯穿始终的男主角，一个为英国情报机构工作的超级间谍。

虽然詹姆斯·邦德只是作家虚构出来的艺术形象，但是这个艺术形象的产生却来自一个现实世界中的人物，这个人的故事或许比詹姆斯·邦德的故事更让人惊叹和不可思议，他的名字叫做达斯科·波波夫。在世界谍战史上，他是独一无二的天才间谍，也被称为最快乐、最勇敢的超级间谍。他曾委身于纳粹的"狼穴"，为盟军的最终胜利立下了重要的功勋，就连前英国谍报机关的头目斯图尔特·孟席斯少将也对他赞叹不已，称他"太诡计多端"，堪称是最厉害的双料间谍。波波夫曾经说过："要使自己在风险中幸存下来，最好还是不要太认真对待生活才好。"这句话后来被奉为间谍们的教科书式用语。

★007电影海报

波波夫生在南斯拉夫一个富商的家庭，自幼享受着良好的教育和优越的生活条件。1940年，他先是被德国反间谍机关征招，并被派到波兰执行任务。同时，他也在为英国军情五处和军情六处工作，他曾经成功预测过珍珠港事件，可惜没有得到上司重视。波波夫的能力在间谍中可以说是出类拔萃，虽然经过无数次战争的洗礼，但是他总能有惊无险。

由于波波夫特殊的工作，所以他对舒适生活更加渴望，于是他决定要在工作之余好好地照顾自己。他在莎威有一个常住的套间，要知道这可是伦敦屈指可数的豪华酒店。不但如此，他的身影经常出现在高级餐厅、最昂贵的桌游俱乐部，还将无数个深夜交给最顶级的夜总会。他的生活充满香槟的芬芳，很显然，酒杯里的产物——隐形墨水公式也被记录在案。他曾经在十四个月里因为滑雪、租高档公寓和约会好莱坞女明星而花去八万美元，引起上司的勃然大怒。

他写给每一个女友的每一封情书的信封上都印有"皇家服务"的字样，它们也同样享有尊贵的开封检查待遇。在英国谍报界，他被冠之以"花花公子"的名号，而这一点可以说是唯一谈不上机密的机密。英国情报总部对他的描述如下：只要波波夫有足够的时间，那么一定会在巴黎香雾缭绕的脂粉堆中找到他。

身份转变：从毛头小子到特工

1940年2月伊始，在南斯拉夫的家中享受假期的达斯科·波波夫接到这样一封急电："紧急。请于2月8日至贝尔格莱德塞尔维亚大饭店见面。您的知己约翰尼·杰伯逊。"电报是自柏林发来的，波波夫放下电报就飞奔出门，悠闲的假期和坎坷的道路在BMW的尾气中混杂着飞扬的尘土愈行愈远。

约翰尼是谁？又是什么事紧急到让波波夫如此紧张？其实，约翰尼是波波夫的挚交好友。那是战况紧张的1936年，他们相识在德国南方布雷斯高的弗赖堡大学，在奥斯兰人俱乐部里，两个人刚刚邂逅就发现是这样的一见如故。性格使然，没过多久他们便情同手足。所以当波波夫看到那份简明扼要的电报之后，便知道有重要的事情发生，于是忧心忡忡地向贝尔格莱德进发。

波波夫以最快的速度赶到了约会的地点，一见面便知道大事不妙，约翰尼看上去很忧郁，双份纯白兰地一杯一杯地见了底，烟灰缸里堆满了烟蒂。他一见到波波夫就开门见山地倒起苦水："希特勒要吞并全世界，现在德国人完全丧失了意识，尤其他还有那么多高级间谍。"顿了一下，他抬起眼睛，郑重而真诚地

★达斯科·波波夫照片

说道："兄弟，我现在需要你帮助我渡过难关，我搞到了许可证，这样一来，被德国封锁的船就能离开特里斯特，一共五艘，我想把它卖给别的中立国家。"

"那么你有出售目标了吗？"波波夫问道，"如果许可证得不到英法的承认，船可能会先被他们抢走。"

"所以我需要你，你可以利用你的社会关系，把这事办成，但是绝对不要引起别人的注意。"

听到这里，波波夫就明白约翰尼需要他做的就是纳粹间谍。

不过这相当地合他的心意，一来可以帮助好友解决燃眉之急，二来可以利用自己国家的特殊地位做一些力所能及的反法西斯行动。（当时南斯拉夫还是与德国亲善的中立国）所以，波波夫几乎没有犹豫就答应下来。与约翰尼取得一致意见后，波波夫直接找到了英国驻巴尔干国家的商务参赞斯德雷克，并对他全盘托出了自己的计划：假借某个中立国之名，将五艘商船弄给英国。几天以后，伦敦就批准了这个计划，并且汇来了购船的钱。两周后，接到通知的约翰尼从柏林带来必要的文件，将德国货船易手他人。

大功告成之后，两人悄悄庆祝了一番。几杯酒过后，约翰尼对波波夫说："我是阿勃韦尔（德军情局）的人，上次请你帮助也是上面要求我这样做的。他对你的行动相当满意，也希望能跟你好好聊聊。"

波波夫听了之后心里紧张得直打鼓：

"谁是你的上司？为什么选中了我？"

"我们的最上面是威尔希姆·卡纳里斯，他的政治观点和哲学思想跟咱俩很像。我已经向他极力地推荐了你，说你是一个谍报天才，能派上大用场，然后老头子就让我来找你试试。没想到你这么行！太漂亮了！我觉得，你会对我的建议感兴趣吧？"

"可是……我并不知道要做些什么。"

"哦，这个没关系，用不着一上来就一鸣惊人，你只要搜寻一些英法的小道消息就够了，利用你外交界宠儿和政界宾客的身份，我觉得不难搞。"

"好吧，约翰尼，看在你的分儿上，我答应你。"

于是，波波夫和他告别之后就去找了英国参赞，这个英国佬儿矜持地说了句："有意思，跟他保持联系也不坏，你需要的情报我会派人给你。"

进入德国：风趣的双料特工

过了半个月，波波夫等来了约翰尼，一起来的还有一位德国使馆官员，显然是约翰尼的顶头上司，叫门津格。门津格很直接："我们在英国有不少情报人员，其中不乏精英，不过现在我们需要一个"方便"的工作者，你的社交关系可以帮我们搞到很多特殊情报。当然，事成之后我们也会给你丰厚回报的。"

达斯科按照英方的授意爽快答应下来，第二天一大早就去英国大使馆汇报了此事。此次是第六处（MI6）驻巴尔干的头目化名史巴雷迪斯的官员负责下达指示："好好为德国人干事吧！设法跟他们搞好关系，要求开展工作的时间和准备旅行的时间，如果他们派你到伦敦或别的中立国家的话。另外，你要让他们知道，你在伦敦有一个懂行的外交官朋友，他现在急需用钱，而且只有他可以帮你的忙，情报嘛，可以通过外交邮袋传递。"

波波夫把这个消息带给了门津格，二人约了见面详谈。一见面，门津格就按捺不住地问道："那个外交官朋友是谁啊？"

"一个可靠的老相识。"

"那太好了！"门津格说着打开了公文包的锁扣，一个金属小瓶子露了出来，"这就是密写剂。"接着吩咐约翰尼向波波夫说明如何使用密码，如何接头等等注意事项。这次见面之后，波波夫正式成为一名德国间谍，并且开始工作了。

几星期后，波波夫在约定的地点接受了史巴雷迪斯下达的重要任务，这下子有的忙了，"海狮行动"计划所有情报正在等待波波夫去搜集。与他谈话之后，两名新情报员被波波夫介绍给史巴雷迪斯，一个是他的哥哥伊沃，另一个是大学同窗尼古拉斯·鲁卡斯。就这样，英国在南斯拉夫的情报网壮大起来。

"嗨，伊万！"伊万是波波夫现在的化名，门津格和约翰尼刚到波波夫家里作最后指示时就这样称呼他。波波夫即将被派往英国，任务是搜集有关城市的地貌、人口分布、政府机构、军事设施等情报。波波夫了解任务之后，顿时明白此行的任务是为"海狮行动"提供轰炸目标。

半个月后，波波夫在罗马维亚芬尼多街的巴黎咖啡馆（阿勃韦尔把它称为"接头点"），品着咖啡，等待着与他接头的人。事先约好的接头暗号是摊开一份南斯拉夫的《政治报》，上面摆上一包"摩拉乏"牌香烟和一盒南斯拉夫火柴。没过多久，一位看起来像是教授的人接近他并且攀谈起来，暗语对上后，两人雇了辆马车向国家公园驶去。

在靠近公园的地方，"教授"停了车，交给他2 000美元，并告诉他一会儿有个朋友来见他。果然，这位朋友就是约翰尼，他带来了新的指示和关于"海狮行动"计划的变动情况。他一面很自然地欣赏周围的风景，一面压低声音对波波夫说："海狮行动"计划暂时搁浅了。空军总司令戈林元帅要亲自指挥战鹰狂轰伦敦和英国其他港口，因此原定行动不变，希望你能马到成功！你现在的领导人是卢道维柯·卡斯索夫少校，真名叫欧罗德。他是阿勃韦尔驻里斯本的头目，这是在欧洲最主要的情报站，"他略停了一下，接着又快速地说道，"你可以用公用电话和他取得联系，就说找卡尔·施米特接电话。约好时间和地点之后，你要提前一小时到那里，有个女人会从你身旁走过，向你使眼色，然后你就跟她走好了。"

按照约翰尼指示的接头方法，波波夫很顺利地找到自己的新上司——卡斯索夫接上了线。

★戈林向希特勒汇报他的"海狮计划"

这个人办事果断、干练，立即亲自教波波夫使用密码、投寄信件，还交给他一架莱卡照相机以及一本使用说明书。

同时，他又指派阿勃韦尔三处驻里斯本的头目克拉默上尉对他进行了严格的审查。一切都没有问题之后，卡斯索夫命令他要住在一家由德国人控制的饭店——阿维士饭店。

当波波夫住进饭店，到餐厅用过几次餐后，他很快发现一个漂亮姑娘向他屡送秋波、频递媚眼。有天晚上，波波夫碰巧在电梯里遇到她，电梯里只有他们两人，那姑娘火热的眼神里冒出的全是欲念之火，好像下一秒就要将他撕碎。但是由于各种不便，他们没有更多地交谈。

出了电梯，波波夫回到房间，走进浴室冲了个淋浴，出来的时候竟然发现那位在电梯里向他频送秋波的姑娘已经躺在他的床上了。虽然她穿了纯丝织长睡衣，但是胴体的曼妙曲线隐约可见。

看到波波夫从浴室出来，这位姑娘竟然大大方方地倒了一杯白兰地，对他说道："来吧，有趣的男人，跟我喝一杯。"

说着便起身在他脸颊上吻了一下，不经意地用乳房摩擦着波波夫的胳膊，"再给我倒一杯酒，然后给我讲讲你的故事，好吗？"

她那假装羞答答的样子使波波夫立刻起了疑心，对她的兴趣也抛到九霄云外去了。

于是，他就顺着这个女人的意思讲了一大堆自身的经历，特别是他到里斯本的过程和打算。这个女人看上去对他编造的故事十分满意，因为还没等他讲完，她那搔风弄情的热情就不见一丝踪影。这下波波夫完全确定她就是德国间谍！这么做是为了确认自己对希特勒的忠心！于是波波夫故意把快喝尽的威士忌酒瓶子递给了她，说道："如果你睡不着的话，就把它带着吧，你已经在情场上搞到了你所需要的故事。"

第二天，波波夫向上司汇报公务后，卡斯索夫严肃地说道："关于那姑娘的事，你不要追查了。上面对你的警觉性很满意，期待着你从伦敦带来的好消息。

头脑风暴：他不是个肌肉男

带着阿勃韦尔的期望，波波夫搭乘荷兰皇家航空公司的班机飞往英国首都伦敦。刚下飞机，一个面色红润的男人就迎了上来。

"你好，是波波夫先生吗？我是乔克·堆斯福尔，是MI6处的，史巴雷迪斯已经通知总部说你要来。很高兴见到你。"说着，拿起他的行李招呼他上车。很快，车停在了萨瓦饭店。正当波波夫填写住客登记表的时候，一个英俊潇洒，像好莱坞电影明星一样的英国军官走了上来："嗨，你好，波波夫。我叫罗伯逊，是MI6处BA1科的科长，负责敌人假情报的鉴别工作。我的化名是叫'塔尔'，希望能帮助你的情报搜集任务。"

于是，在塔尔的陪同下，波波夫终于踏进了他真正的服务机构——MI6处的大门。这是一套由情报机关租用的公寓式建筑，尽管里面相当舒适，但是波波夫并不舒服。大约有十二三个官员对他轮番进行了四天严厉的审问，就差对他拷打了。在一切都表明真实可信后，他又被带到一间摆设考究的办公室里，被引荐给一位五十来岁、身材瘦弱的权威人士。经介绍，他才知道，眼前这位军人就是赫赫有名的MI6处负责人斯图尔特·孟席斯少将。

"很高兴见到你。希望你能够适应我们的工作方式。我的所有情报员都要向我仔细汇报。顺便说一下，你的汇报相当不错。这周末希望你能到我家和我们一起度过。"

没有推辞，波波夫很快就和罗伯逊一起来到了少将家。少将十分好客，特别是孟席斯太太，更是举止得体、温柔善良。她一见波波夫，就立即把他介绍给一个名叫嘉黛·沙利文的迷人姑娘。

这个姑娘是奥地利一个纳粹头子的女儿，可是继承的基因里却缺少了父亲的信仰，于是出逃来到英国。嘉黛似乎对波波夫很有兴趣，她那双迷人的大眼睛里充满了柔情蜜意。一看到姑娘的双眼，波波夫便觉得像电击一般的感觉，难以言喻，真希望和这个姑娘多待一会儿。

短暂休息后，波波夫便在MI6处人员的协助下，进行了大量的"情报搜集工作"：比如，他拍了一个伪造飞机场的照片，记录了一些飞机和军舰的数目与型号，描绘了重要地区的地形图等等详细的资料，并利用卡斯索夫给的莱卡照相机，拍了许多海军方面的"情报"。交给德国人之后，对方相当满意，并且赞赏有加，说这种情报实在非常宝贵。

与此同时，美丽的嘉黛姑娘也来到波波夫的身边，成为波波夫在工作和生活上的重要伴侣。她貌美迷人，花枝招展，热情不羁。她带着波波夫参加了无数次的宴会，把他介绍给所有值得拉拢关系的名流，并且帮助他配制密写剂，编写密码信，起草明文信。当然，她还频频地为波波夫提供一流的床上服务，当他把头放在她那魅力无穷的大腿内侧时，便知道这辈子再也离不开这个女人了。

在嘉黛的帮助下，波波夫用密写的方式为卡斯索夫提供了大量的伪情报，并谎称由于情报太多、体积太大、分量太重，不宜邮寄，必须回里斯本当面转交。实际上，这是为尽快回到德国情报机关，刺探他们的内部组织而设置的一条妙计。

果然，一切都按照MI6的计划有条不紊地展开了，波波夫在临战前准备时心中兴奋不已。只是当嘉黛驱车为他送行时，他感到一阵难过。在机场，当他抚摸着她那娇嫩的皮肤时，一种炽热的恋情不禁油然而生。但是他们都明白，生活是苍茫短暂、崎岖艰难的。从某种意义上说，人与人的关系由于战争的存在而变得更加坦白和现实。生离死别随时威胁着人们。永恒只能作为一个美好的概念存在于时间和空间之中，而不能真实存在于男女性爱之中，这确实是让人悲痛又无奈的。可是当飞机升空时，望着逐渐模糊的伦敦塔，达斯科忍不住在心中喊着："我会回来的！"

遵照事先制定的联络办法，波波夫很快就和上司顺利接头。

卡斯索夫在一所别墅里对他进行了一番细致且持久的审讯。每一个情报的细枝末节都要追根寻底，绝不放过一丝漏洞。他从各个不同角度来盘问，以便发现新的动向。当他听到嘉黛·沙利文向波波夫推荐的另一个情报员狄克·梅特卡夫时，敏感得就像一只机警的猎犬嗅到了猎物的踪迹一样，连续不断地提出了很多问题，直到最后，他十分谨慎地说："在谍报工作中，一定要做到绝对的了解和控制。要想办法深入地摸一摸他们的思想状况。一个出色的间谍，决不会把自己的安全与色情混为一谈。"真是个狡猾的老狐狸。最后，他又向波波夫透露了一个绝密的情报，这后来成为其主要收获之一，"很快，我们就不需要你再去操心那些蠢得要命的传递方法了，让外交邮袋见鬼去吧。我们弄了个小玩意儿，这是柏林方面正在发明的一种把一整页的材料缩小的方法。通过显微镜看，只有句号那么大小的一个微型胶片，我们叫它'显微点'。"

不久，嘉黛和狄克就被发展为双重间谍，他们分别取代号，叫"胶水"和"气球"。与阿勃韦尔经营的其他双重间谍不同，他们是英国军事情报处和波波夫自己挑选的，而不是"逆用的"。鉴于嘉黛的父亲是个纳粹党党员，所以塑造成"出于爱国的动机才为德国充当间谍"。她专门利用她的社会关系去搜集政治情报和机密，以及新的军事司令员和新的任命等等情报。而狄克打扮成"出于贪财的动机"，向德国谍报部门频频输送准确的情报。

因为之前波波夫手下已经有了两名新成员，并组成了一个小组，这样英国情报当局认为应该给他取一个新的代号，叫"三驾马车"。随着两名情报员的成功招募，他在阿勃韦尔的圈子里也愈加明艳照人了。这使得他的工作比以往顺利多了。

"三驾马车"制订了一个名叫"迈斯德计划"的洗钱方案，以此获取德国方面的信任。以往阿勃韦尔对"逆用"间谍的情报费总是用外汇支付。因为按照英国的法律，凡进入英国的外国人，其所带外汇都得换成英镑。在换钱的时候，每张英镑上的顺序号都要记下来，这样一旦情报小组中的一人被捕，那么从他腰包里的钞票号码上就可以将其他的人一网打尽。为了避免这样的危险发生，"三驾马车"找到了一个有钱的戏院老板，后者同意由他出面兑现英镑，然后用他账上别的钱来支付给"三驾马车"，此计划顿时赢得阿勃韦尔的赞赏。

紧接着，波波夫通过"气球"送出了一个报告，说明英国已为毒气战作好了一切准备，从而使德军完全打消了发动毒气战的念头。同时，"三驾马车"还喂给敌人许多政治情报，当然这些情报对战争没有直接影响，目的只是为了提高他们的威望。大部分通过"胶水"送过去的政治情报在反对最高统帅部的心理战中起了作用，"马基雅维里计划"就是其中一例。

为了让德国人对东海岸的水雷区产生一个错觉，"三驾马车"的任务是把英国海军虚构的布雷图送给德国人。为此，"三驾马车"设计了一场戏：有一个叫伊文·蒙太古的英国海军参谋总部人员，因为是犹太人，他听了许多关于集中营的可怕故事，如把人放进烤箱里烤死等等，所以很怕德军胜利之后的事情，他希望从德国人那里得到某种人身保险。达斯科乘机和此人结成好友，并请求他把那些绝密的海防图设法送给德国人。

于是，有关英国海军的水雷布置图就这样到了"三驾马车"手里，而德国情报部门对此一直深信不疑，把它作为绝密情报呈送给元首，使希特勒打消了从东海岸进攻英国的想法。

一天，阿勃韦尔突然通知波波夫，让他准备到美国去发展一个谍报小组。卡斯索夫对他说："日本可能要同美国开战，我们也不能坐视。美国老是在我们的后背搔痒，给丘吉尔和斯大林提供大量的军事物资援助，使我们的士兵一个个被美国坦克碾得粉碎。我们不能再让它如此猖獗下去！要赢得这场战争，必须先发制人，而间谍战是首先应予重视的。我们在美国的组织被美国联邦调查局搞得一塌糊涂，这帮家伙都成为美国反间谍机关的笼中之鸟，等待着束手就擒。因此，卡纳里斯将军将重新组织一个与德美联盟没有任何联系的全新的前哨情报站。很走运，他选中你作为开路先锋。"

在征得英国情报当局的同意和支持后，波波夫以南斯拉夫新闻部驻美国特派员的身份飞往纽约，开始了他的美国之旅。他此行的真正使命是，使德国在美国的间谍没有机会密告由美国开往英国的货船离港日期及其船上所载的武器资料和军用物资等情况。

此外，向美国联邦调查局及时通告日本入侵美国的消息也成为此行的重要任务。临行之前，波波夫借口监督和指导"胶水"与"气球"的工作，帮助他们独立工作。同时，也为了给德国人留下深刻的印象，他又搜集了各种情报，估计这样能博得他们热烈的掌声，并热情地欢送他去美国。

待一切准备就绪后，波波夫终于来到了美国，随行的有在百慕大"随大流"上机的英国情报官员佩珀。两人顺利地通过了海关的盘查，立即有人将他们引到已经预订好的旅馆房间处。在那里，他们和联邦调查局纽约办事处的头子——福克斯沃思见了面。经过一番例行公事般的审问，这位特务头子便告辞而去，临走时只是祝愿他们玩得尽兴，重要的话题一个也没有提及。

此外，德国人还把三名他们的自己人塞到波波夫的间谍网里来。为了不引起怀疑，他只好积极地把这些人接收过来。但当他们来到英国后，波波夫便通过英国警察当局拘捕了来人。为了避免嫌疑，英国方面机警地掩护了破案的真实动机，并把为其服务的两面间谍也抓进去一个。

在波波夫领导下的谍报网空前壮大的同时，他们的战术谋略主要转向了发出假的警告和策反上。其目的在于使德国人混淆视听，加重战争失败的心理压力；同时使德国军队在西线保持最大的数量，从而减轻前苏联前线的压力。一个相当有代表性的例子是"斯塔基行动"。在这次行动中，他们向德国情报机关提供了

★盟军援助苏联的"谢尔曼"坦克

点点滴滴的情报，使其相信在加来港地区正准备发动一次大规模的两栖登陆。这就诱使德国空军进行侦察，并把轰炸机群引到英国皇家空军的后院，使之处于易受攻击的境地。最能说明出奇制胜的一个谋略计划是伪造的海图行动，即"马基雅维里计划"。

在这个计划中，波波夫想出了一个主意，即把伪造文件和书信放到一个英国军官的死尸上，然后让这具死尸随着海浪冲到西班牙海岸去。表面上看来这像是一次飞机失事。死尸上的文件中有关于向希腊进攻的绝密卷宗。而同时，波波夫又在向德国人的报告中说有许多英美军人应召在苏格兰接受跳伞训练以及英国方面对最近的一起飞机失事事件顾虑重重等消息，使德国人开始相信盟军进攻希腊的结论。柏林当局立即派增援部队去希腊，向撒丁岛派了增援部队，潜水艇也奉命开往克里特。结果，西西里的防御力量削弱了，使巴顿将军得以兵不血刃地冲进巴勒莫城。

在与卡斯索夫的一次谈话中，波波夫根据卡氏无意中透露的一宗德国谍报活动的案件，帮助盟军抓获了一名隐藏很深、危害极大的纳粹间谍，为"诺曼底"登陆计划的顺利实施扫清了情报方面的障碍。

事情是这样的：有一天下午，波波夫去要活动经费，并抱怨说给自己的钱太少了。卡斯索夫见状连忙解释道："请相信我，我们已尽了全力。为什么我们没有给你们更多的钱呢？原因是我们把一大笔钱给了我们的一个情报员，这个人出身清贫、地位低微，但他向阿勃韦尔提供了难以相信的重要情报。"

"什么样的情报呢？"

"再也没有比这更多更好的情报了。有军事的、政治的、甚至有德黑兰会议记录和盟军将要进行的一次大型两栖登陆的准备性消息。"

"我不相信。一个地位低下的人不可能搞到这些，他必须是一个地位很高的人。他究竟是谁呢？"

"我告诉你吧，事实上他是你的同乡，离杜布罗夫尼克不远。"

这个消息立即引起波波夫和英国MI6处的高度警觉。他们从各方面推测认为，此人很可能是阿尔巴尼亚人，因为杜布罗夫尼克离阿尔巴尼亚边境最近。MI6处立即开始对所有能接触德黑兰会议记录的人员进行了排查摸底。很快，范围就缩小到英国驻安卡拉大使的一个阿尔巴尼亚籍的随从身上，此人的化名叫"西塞罗"。随着"西塞罗"的被捕，德国在英国中枢机构的特务网已被打击一尽。同时，作为策反的一大成果，约翰尼也倒向了英国一边。

大约在1943年4月中旬，MI6处要波波夫和约翰尼去调查一种德国人正在试制的具有很大杀伤力的新武器。这种武器叫FZG-76型火箭，英国人后来把它称为V-I火箭，或叫"战车"式火箭。很快，两人发现，在德国皮尼蒙德附近的两家生产小型飞机的工厂正在研制一种发射装置，并了解到他们还批量生产一种无人驾驶、能运载1吨重炸弹的单翼飞机的消息。英国皇家空军马上派出轰

★飞行中的V-I火箭

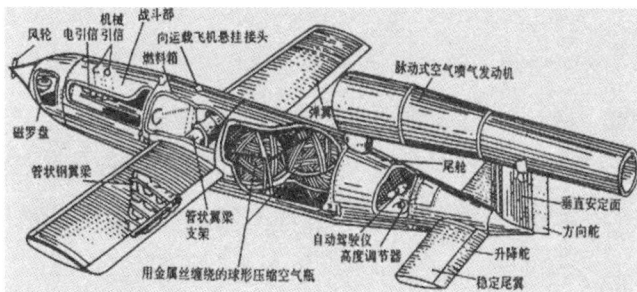

风轮 电引信引信 机械 战斗部 向运载飞机悬挂接头 脉动式空气喷气发动机
燃料箱
磁罗盘 弹翼 尾轮 垂直安定面
箭状钢翼梁 方向舵
箭状翼梁 升降舵
支架 自动驾驶仪 稳定尾翼
高度调节器
用金属丝缠绕的球形压缩空气瓶

★V-I火箭结构示意图

炸机群对该地区进行了密集式轰炸，使德国人的生产瘫痪了半年之久。

就在英国人频频发起强大的间谍攻势时，德国人感到必须加强自己谍报组织的建设。阿勃韦尔拟订了一个在他掌管的双重间谍中选择一个人用于一项最重要的谋划，即代号为"太上皇"总反攻的计划，以期提高谍报人员的素质，挫败盟军的情报攻势。

于是，在阿勃韦尔内部展开了一场评价间谍的活动。

为了不让德国人对自己的活动进行深入调查，以免从中发现纰漏，也为了能打入到敌人的核心计划——"太上皇行动"中去，通过约翰尼的牵线搭桥，波波夫认识了阿勃韦尔手下一个至关重要的人物。此人叫卡姆勒，是阿勃韦尔一处的中尉情报长官。他的部分工作是对潜伏在世界各地的间谍搜集到的情报作出评价，并转送到柏林。他也是谍报界中层人士中最有可能接触"太上皇"计划的人。于是，波波夫便想方设法地和他搞好关系。

卡姆勒是个孤芳自赏的人，他从来不屑对那些特务组长拍马屁；相反，有时候还要干扰这些人的工作，其原因就在于他太能干、又太有妒忌心了。所以他与卡斯索夫、克拉默等人的关系很不融洽。波波夫抓住他这一弱点，经常在他面前发牢骚，说卡斯索夫根本没有什么才能，只是为了保住自己的舒适职位，恬不知

耻地夸耀自己而已。时间一长，卡姆勒果然把波波夫看做是可以推心置腹的人，对他几乎无话不谈。他偶尔有意无意地帮助波波夫评价一些纳粹特务，使之了解到许多幕后消息。

正当波波夫四处探听德国双重间谍的身价，并以此推测自己的安全系数和参加"太上皇"计划的可能性时，他从卡姆勒处发现，在里斯本还有一个阿勃韦尔的特殊间谍网，名叫"奥斯特罗"。

这个发现一度使他思想混乱，因为他原以为自己的间谍网是纳粹德国摆在西欧的唯一一张牌。看来德国人可能对自己产生了怀疑，或者是想通过"奥斯特罗"来侦察自己。必须除掉这个组织，防止后院起火！

通过约翰尼的大力协助，波波夫终于查清了这个组织的活动情况。原来，"奥斯特罗"这个特务组织是由一个名叫卡迈普的人领导的，他领导着三名间谍，分别叫"奥斯特罗1号"、"奥斯特罗2号"、"奥斯特罗3号"。1号和2号在英国，3号在美国。这个组织蛰伏的时间很长，阿勃韦尔一直把它隐藏得很深，甚至卡斯索夫和克拉默都不能掌握其动向。他们也只听命于柏林方面的指示，仅由卡姆勒的秘书费罗琳充当交通而已。

波波夫在侦察的同时，立即通告了MI6处。MI6对此案十分重视，专门派专员来里斯本协助调查。MI6很快就意识到"奥斯特罗"对"三驾马车"的潜在威胁：它有可能把德国情报机关引向"错误"的道路。德国情报机关对它的信任超过对波波夫的信任，这样不仅会阻碍波波夫参加"太上皇"计划，而且波波夫早晚要暴露。于是，英国情报局决定清除这个组织。为了不使清除工作引起阿勃韦尔的疑心，避免他进行深入调查，危及英国方面的双重间谍网，MI6决定采取借刀杀人的办法：为了败坏"奥斯特罗"的声誉，"三驾马车"向柏林发出得到证实了的真实情报，使之与"奥斯特罗"送去的情报形成鲜明的对比。

正当波波夫扫清了通往"太上皇"行动的障碍，准备打入敌人的核心机构时，从柏林的约翰尼那里传来了一个不幸的消息：德国人还有一个老资格的双重间谍网，并对波波夫产生了怀疑。

看来，形势已迫在眉睫，必须拔除前进道路上的所有钉子。

约翰尼发现的是一个三人双重间谍，头头是前奥地利骑兵军官科斯勒博士，后就职于阿勃韦尔在布鲁塞尔的情报中心站。科斯勒博士是个犹太人，但却是阿勃韦尔的高级军官。仅凭他的种族，就足可让那些反对纳粹的人认为他是个"敌后策反分子"。

科斯勒通过英国皮特公司驻欧洲大陆分公司的经理范托建立了他和英国方面的联系。此人诈称帮助英国向德国将军们说明战争的真实进程，以便说服他们向盟军求和，很快就骗取了英国方面的信任。英国情报当局认为此事很有前途，便把科斯勒和范托接纳为双重间谍。前者代号为"哈姆莱特"，后者代号叫"木偶"。

后来，科斯勒又给自己的情报网增加了一名情报员，此人代号叫"鲻鱼"。由于英国方面的轻信，这个情报网向阿勃韦尔提供了大量有关生产和工业的绝密情报。

得到这个间谍的详细情况后，波波夫立即向英国情报机关作了汇报。但鉴于上次清除"奥斯特罗"的行动已受到德国人的怀疑，英国情报部门只能对此小心提防，不能将之连根拔去。这样一来，就意味着"三驾马车"最终丧失了打入"太上皇"行动中心的机会。

为了阻挠德国人的反攻策略——"太上皇"行动，英美决定尽快实施反攻计划——"海王星"计划。为了保证反攻计划的顺利进行，MI6要求波波夫按照既定谋略计划的要点行事：首先要使德国情报机关相信，反攻将在加来海峡开始，而且在第一批部队登陆之后，紧接着就有第二批实力更强的部队在同一地区登陆。同时，在波尔多地区可能也有一股部队登陆。此外，还要像虚设假情报员那样，制造假军队。要虚构三支军队，一支名叫美一军，另一支番号叫英国集团军，第三支是美国第14集团军。

为了完成任务，波波夫等人如同进行猎狗和野兔的追逐游戏那样，设置了一些细小的标记，引诱德国情报机关去追逐根本不存在的军队。他们向阿勃韦尔提供了大量有关师团的驻地、部队的调动、物资的供应、仓库的所在地、修理车间等诸如此类的情报。为了使这些假情报更能迷惑敌人，他们又掺入点儿真实情报加以润色。

为了愚弄纳粹的窃听机构，波波夫又派人建立了一个高频电台，24小时连续工作，模仿虚设的部队转移情况，不停地从师团向司令部发报；为了欺骗德国空军的侦察机，他们又提供了事先伪装好的假军营的住址情报，使德国人对飞机拍下来的照片深信不疑；为了使德国人更加相信他们所汇报的情况，他们又向中立国的大使馆泄露有关方面的消息，再由其传到阿勃韦尔的耳朵里去。

由于间谍战的辉煌业绩，同盟军以极小的代价顺利完成了"海王星计划"，使德国人的反攻阴谋遭到彻底失败。正当英国人沉浸在胜利在望的狂热和乐观情绪之中时，"三驾马车"又奉命回到里斯本的"狼穴"中，等待执行一项更重要的任务。

测谎血浆：玩世不恭下的钢铁意志

初到里斯本的一个多月中，波波夫轻松得简直没事可干，于是便到赌场里散了散心。有这样的好日子完全是因为德国谍报部门在"海王星计划"中损失惨重，组织遭到严重破坏，急需休养生息，重整军心。

有一天，波波夫正在赌场玩一种赌注不限的百花乐时，来了一群朋友，向他打招呼问好。他们中间有一位貌似天仙、白肤棕发碧眼的比利时姑娘。他们把她介绍给波波夫，说她名叫露易斯。

她伸出手来与他握手，那种热情简直使波波夫明显感到赌桌是那样的无聊。于是他提议到酒吧去喝一杯，露易斯欣然接受邀请。从酒吧到波波夫的房间，这是一个相当自然的发展过程，并没有引起波波夫对这个女人的怀疑。直到晚上欢度情海之后，露易斯看上去还是那么纯洁多情。可是到了清晨三四点钟，波波夫忽然醒来，发现自己单独一人躺在床上。也许是仲夏的晨曦，也许是沙龙的嘈杂声吵醒了他，他一睁眼就看到通向客厅的门开着。波波夫顿时警觉起来，开始安静地屏息倾听了一会儿，听到他的办公室抽屉被打开的声音。这下他顿时明白过来：露易斯是阿勃韦尔派来监视他的！

★葡萄牙首都里斯本

幸好波波夫从来不在房间里放重要的文件，所以索性放任让露易斯翻个够。

几分钟以后，露易斯踮着脚尖走进了卧室。波波夫假装睡着的样子，从眼睛缝里看着她。她走近床边，轻轻地爬上来躺在他的身旁。波波夫见时机已到，翻个身，用胳膊肘支起身子，装出一副睡眼惺忪的样子说："亲爱的，睡不着吗？"

露易斯转过身来，趴在波波夫的身上说："我不是故意要把你弄醒，我只是想抽一支烟。"

听了这句话，波波夫把胳膊从她身上伸过去，到床头柜里拿了一包香烟。

"嗯，这里才有香烟呢，抽一支吧。"

"真不好意思，"她喃喃地说，仍然被波波夫抱得紧紧的，"我现在很困难，我只是想找点钱花，可是达斯科，我真的不是一个小偷，这是我第一次……"

波波夫闻言把她从身上推开：

"你应该再装得像点儿，我外衣就在那边，口袋里装满了筹码，你不是看着我把它们塞进口袋里去的吗？宝贝儿，我们可是从赌场出来的，你只要捞一把，然后回去再把它们换成现钞不就得了。你要钱尽管拿，但是你必须告诉我你究竟是为谁工作？"

"你这话是什么意思？"

波波夫气坏了，伸手打了她一个耳光，这个女人开始哭泣起来，但还是不肯说实话。波波夫看这样也不再逼她了，他们于是珍分惜秒，几番云雨，欢度良宵。

经过这件事，波波夫越来越感到自己处境危险，他预感到德国人又要变个花样对他进行审查了。果不其然，没过几天，他就见到了从柏林赶来的约翰尼，约翰尼告诉他说："明晚你将要向反间处的施劳德和纳森斯坦汇报。还有一个刚从柏林来的人，他是专门来审问你的。这是我在几小时之前从密码处搞到的真实消息。到时你要汇报的情况是属于绝密级的，不但重要，而且紧急。他们肯定会追根究底，让你费尽脑汁。他们也绝对不会像卡斯索夫那样彬彬有礼。"

"放心吧，不会出什么问题的。"

"当然，再狡猾的狐狸也斗不过老猎手，只要你保持清醒的头脑，拿好你的枪，你是可以用智斗取胜的。但是如果他们使用测谎血浆的话，你怎么办？"

"测谎血浆？那是什么玩意儿？"

"这是新从实验室里试制出来的，叫硫喷妥钠，是一种破坏人的意志的新药。据说服这种药以后，就不会说假话。你应该试一下，阿勃韦尔驻里斯本情报站最近运来了一些药。"

"约翰尼，你相信这种药的性能吗？你要知道各人对药物的反应是不一样的。"

"我承认你对酒精的抵抗力是很强的，但这玩意儿是一种致幻剂之类的东西。"

"你得弄点儿这个药，我得作好准备。"

"我试试，应该没问题。"

下午3点左右，约翰尼果然拿了一包药回来，并带来一名懂行的医生，不但对硫喷妥钠的作用颇有研究，而且对纳粹疾恶如仇。

"25毫克"，医生用皮下注射器量了量剂量。"这个剂量足以使神经系统处于半麻痹状态。如果你有什么事就到隔壁的房间来找我。几分钟以后，你就会有所反应的。"

很快，波波夫便感觉头晕、恶心、犯困。眼前所有的事物都好像显得非常有趣而奇怪，每一个人都是那么可爱。当波波夫感到舌头膨胀到口腔都装不下时，便对一旁的约翰尼叫道："来吧，开始试验。你就从我们戏弄那几个盖世太保的笨蛋（指他们在弗赖堡大学的小闹剧）那儿开始提问好了。"

约翰尼开始问些无关痛痒的问题，胡乱地问到波波夫的家庭、童年时代以及大学时代等情况，接着便把问题转到英国，问他在那里的活动情况和所接触过的人。

结果波波夫不是回避，就是否认，或是撒谎。虽然他说话有些困难，但回答的答案却证明他的头脑还是很好使的，看来在药力完全发作的情况下，波波夫还是能很好地控制住自己。

"药劲儿有点儿过去了，约翰尼。"一个小时以后，波波夫对他说道，"我甚至连一点儿睡意也没有，可是醉得够呛，我从没这样过。"

到了晚上，为了进一步试验自己对测谎血浆的承受能力，波波夫主动要求医生把测量剂量加大到50毫克。这次几乎把波波夫搞垮了。朦胧中，他只知道约翰尼在问问题，根本不知道在问些什么，也不知道自己回答与否。他只觉得自己好像翻了一个跟斗就睡了过去。

第二天下午5点左右，波波夫被猛烈地摇醒。他睁开双眼，看见约翰尼站在自己身旁，眼前摆着十分丰盛的食物。

"几点了，试验结果如何？"

间谍战

THE CLASSIC WARS

智慧与勇气的激烈碰撞

"下午5点整。昨晚你表演得精彩极了，我都想推荐你参加好莱坞奥斯卡金像奖的角逐了！据说奥斯卡本人是世界上表演失去知觉的最佳演员。我审问你很多次。第一次是刚注射以后，还有一次是你睡着以后。任何力量都不能动摇你，什么都没从你的嘴里露出来。现在，你应该好好休息了，打起精神对付今晚的审讯。"

于是当天晚上，漫长而又严谨的审查就在柏林来的审讯专家米勒少校的控制下开始了。

他对波波夫的每一句话都要进行仔细的分析，但却从来不用威胁的口吻，表面上好像让人感到他在设法体谅你，帮助你更好地表达自己的意思。其实这是一种使受审者不感到拘束的技巧，一开始显然他是想用一些无关紧要的问题来宽慰对方。

但是，接踵而来的则是包藏着祸心的问题。经过六小时的审讯，米勒才对波波夫温和地说道："你看上去似乎非常疲倦。但是，真不好意思，我们还有不少情况必须向你了解。刚好，我这次从柏林一个朋友那儿弄了些上等咖啡，尝尝那可爱的滋味吧朋友，咱们一人来点儿吧，也好把这讨厌的公事打发了。"

说着，便叫军医拿来两瓶药水，并让医生先给自己注射。然后用殷切的目光注视着波波夫。

波波夫明白这是德国人的鬼把戏：那支给米勒注射的药水顶多是普通的营养剂，而给自己注射的绝对是测谎血浆！但现在的情况是，他必须接受注射，于是波波夫表现出十分高兴的样子接受了注射。

不一会儿，他开始感到头晕目眩，两脚悬浮，波波夫知道是药性上来了。这时，只听米勒又问起了有关"太上皇"行动和德国双重间谍网被英方侦破等方面的问题。

道高一尺魔高一丈，幸亏之前做了实验，对此有了防范，最后终于使米勒打消了疑虑。审讯结束后，米勒对波波夫说道："希望你能答应我们去与古特曼（此人是波波夫的报务员费里克的化名）取得联系，告诉他再搜集些具体的情报，我们急着要，等你回到英国再搜集恐怕为时太晚了。"

经过这次试验，德国人还是继续信任波波夫的，他们可能不久就要启用他。果然，没过几天，德国反间谍处修改了卡斯索夫要他留在里斯本的计划，要他尽快回到伦敦去领导那里的间谍小组，并给他准备了一笔数目相当可观的奖金。

金蝉脱壳：险象环生的最后时刻

1944年5月上旬，黎明前的黑暗，一个伟大的行动即将上演。对德国情报机关而言，他们要求的情报提纲越来越多、越来越严密。提纲中所用的答案得经过认真编造、仔细研究，还必须让它们与盟军的战略计划相吻合，得到敌人的信任。这样就必须通过电台发出新的情报，使盟军已经塑造好的强大的战斗序列形象更加伟大壮观。每一个为自由而战的双重间谍人员都以高昂的情绪工作着。每一次都要一遍又一遍地进行情报的检查与校对，使之互相协调，百分之百地保证不出现一个岔子。但是，有时人们却经常出些容易被忽略了的细节性的错误。正是这种错误，使波波夫领导的间谍网遭到了毁灭性的打击。

那是个可怕的消息，在5月中旬的一个深夜里，匆匆赶来的MI6处的人急切地对波波夫说："达斯科，艺术家（约翰尼的化名）已被捕。听说是与金融走私有关，但德国人已经查到了他的通讯册。总部希望你在敌人还没发觉的时候尽快回里斯本通知其他人员转移。"

听到这个消息，宛如五雷轰顶，波波夫差点儿没有站住。与此同时他本能地感到，其他潜伏在德占区的谍报人员都会被德国人逮捕起来，严刑拷打，直到用

★英国海德公园

各种卑鄙的手段结束他们的生命。于是，波波夫星夜兼程地赶到里斯本，开始营救和组织逃亡工作。可遗憾的是，一切都为时太晚，几乎"三驾马车"手下的所有欧洲谍报人员都没能逃脱纳粹的魔爪，就连他本人也差点儿在营救过程中被纳粹捕获。

不久之后，纳粹的统治在大炮声中彻底崩塌，"三驾马车"就像是一颗深埋在敌人腹地的炸雷，玉石俱焚的同时，纳粹也消失得无影无踪。历史最终以正义必胜展开了崭新的一页。

然而，在熙熙攘攘的英国海德公园的公墓群旁，嬉闹的孩子们发现，一位鹤发童颜的老人总是在星期天的黄昏在这里安详地坐上一两个钟头，不分春夏秋冬、不管风霜雪雨。他就是为二战立下赫赫战功的世界超级双重间谍达斯科·波波夫。面对如血残阳，这位老人是在垂悼亡友，还是追忆佳人，或者是在眷念往事？也许每个人都会对此作出不同的回答，但每个人都会铭记：历史不会忘记这些为人类幸福作出伟大贡献的英雄！

战典回响

个人魅力在谍战中的作用

波波夫作为一名双料间谍，能够取得如此大的成就，这很大程度上得益于他的个人魅力。他利用社交界光鲜的外表和潇洒的气质作掩护，游走于上流社会，在不断取得女子欢心的同时，将一份份重要情报收入自己囊中。

另外，波波夫坚强的意志也是其个人魅力的重要体现。面对纳粹的种种试探，他用自己坚强的意志进行了坚决的反抗，面对危机四伏的环境，他处乱不惊，很好地处理了各种复杂的局面，这与他的个人魅力是分不开的。

出众的个人魅力是波波夫最好的伪装，任何人都不会想到，如此英俊潇洒、气度不凡的公子哥居然会是一名间谍。同时出众的个人魅力也是他执行任务、获取情报的重要武器。个人魅力，是波波夫手中最有力的王牌。

★ 沙场点兵 ★

人物：达斯科·波波夫

达斯科·波波夫（1912~1981年），南斯拉夫人。1940年，他在好友约翰尼·杰伯逊的劝说下加入纳粹间谍机构。但他从心底里反感希特勒的政策，于是偷偷与英国驻贝尔格莱德大使馆取得联系，英国军情五处正式招募了他。在德国人那里，他的代号是"伊万"；在军情五处，他的代号是"侦察兵"。英国将军皮特里曾评价称：波波夫一个人牵制了7-15个德国步兵师，差点改变二战进程。

道具：谍报

作为双料间谍，波波夫的谍报网是非常发达的，这不仅是间谍身份带来的便利，更重要的是他原本的光鲜交际圈，利用外交界宠儿和政界宾客的身份获取情报。获取是一方面，保守情报的秘密又一方面。因为作为双重间谍的风险也是双倍，同时受着两方的试探和审查。而他也不断为自己的情报网添丁，先后吸收为数不多但是精良的谍报人员。

战术：打入内部

波波夫通过好友顺利进入了德国，并且直接接触了特务头子门津格。一切都是在英方的授意下进行，利用无关紧要的情报来取得对方的信任。不但如此，还精密地制作了百分之百可信的假情报，取得信任，后来还制订了一个名叫"迈斯德计划"的洗钱方案，以此获取德国方面的信任。

他拍了一个伪造飞机场的照片，记录了一些飞机和军舰的数目与型号，描绘了重要地区的地形图等等详细的资料，并利用卡斯索夫给的莱卡照相机，拍了许多海军方面的"情报"。交给德国人之后，对方相当满意，说这种情报实在非常宝贵。

为了让德国人对东海岸的水雷区产生一个错觉，"三驾马车"的任务是把英国海军虚构的布雷图送给德国人。于是，有关英国海军的水雷布置图就这样到了"三驾马车"手里，而德国情报部门对此一直深信不疑，把它作为绝密情报呈送给元首，使希特勒打消了从东海岸进攻英国的想法。

战典

智慧与勇气的激烈碰撞

THE CLASSIC WARS

间谍战

第十八章

阴谋爱情
——冷战时期的"女沙皇"

▲有位诗人曾经这样赞美年轻时的爱情："这世上飞奔过蔓草的少年，哪一个不是正在思春的年纪。"爱情的美妙几乎可以让这世上的任何人都沉醉其间，爱情可以让你成长，也可以让你变得笨拙。所以当爱情出现在面前的时候，每一个人都难以控制自己。那么，这就给了谍战精英们可乘之机。美好的爱情总是那么难，它到了面前时，每个人都想要去把握，但这个时候你得注意：它是美好的天堂，还是凶险的陷阱呢？

前奏：精密设置的爱情陷阱

意大利著名跳伞运动家乔吉奥·里纳尔狄一直以为自己不会遇到那个命中注定的人。但是随着1954年春天的到来，他爱情的春天也到来了。那位美貌的女子在蓝天飞翔，直到落地，完美的跳伞过程给他留下了深刻的印象。他问了旁边的人，这才知道，原来她就是多次在国际国内高空跳伞大赛中获奖的"跳伞皇后"安妮娜。

这位美貌动人的可爱女人加入了意大利的一家跳伞俱乐部，两人在跳伞表演后迅速相识。安妮娜看起来是那么迷人，性格温和，举止端庄，她的笑声也让乔吉奥迷醉，更重要的是，她和他一样疯狂地热爱跳伞运动。她二十岁出头，在职业、相貌和性格各方面都是乔吉奥心目中完美的妻子人选。经过几次约会后就产生了这样想法的乔吉奥深怕自己的鲁莽会吓到安妮娜，但是让他没想到的是，安妮娜表示，她对他也很有好感，愿意两个人交往看看。

从那时开始，乔吉奥就陷入了安妮娜为他布置好的爱情陷阱里。

但是他事后并不觉得这只是个陷阱，因为安妮娜真的成为了他的妻子，这是毋庸置疑的。作为夫妇就应当坦诚相待，因此当安妮娜满怀激情和愧疚地向他袒露自己的真实身份时，他除了震惊之外，更多的是想到了深爱着的这个女人对他的温柔体贴和关怀。

安妮娜对丈夫讲起她是如何被克格勃招募的，谈论起她的信仰和间谍工作。克格勃会选中她，完全是看中她的职业和聪慧，希望她到意大利领导这里的苏联间谍网。她如此的精力充沛并且能干，让乔吉奥看到了妻子的另一面，到后来他甚至觉得，作为间谍的妻子是那样具有魅力。

乔吉奥开始动摇了。这时安妮娜对他隐瞒的只剩下一件事了，那就是她比看上去还要大十多岁。经过妻子每天"枕边风"的影响，这年的秋天，乔吉奥便同意和妻子一起为克格勃工作了。

夫妻俩开始正式为苏联搜集各种情报。

因为安妮娜的名声和跳伞技术，她得以有机会为意大利伞兵和北约的空军进行跳伞表演，有时还会担任他们的老师；乔吉奥在意大利也十分有名，常常担任军队跳伞的技术指导。这种条件使得他们总能接近北约军队和意大利的海空军基地。如此一来，他们便充分利用跳伞的机会使用微型摄影机，拍摄到许多秘密基地的照片。安妮娜后来还把丈夫训练成了快拍高手，为克格勃拍摄到了各类文件和资料。一切都在安妮娜的掌控中顺利发展着。

天罗地网：安妮娜的特务网络

将丈夫拉入自己的阵营后，安妮娜准备尽快地建立起一个庞大的情报网，这是克格勃派给她的最主要任务。出发之前，克格勃总部曾经交给她一份名单，名单上的人都是适合招募为特工的人选，另外，上司还给了她一笔钱作为活动经费。她有针对性地选择名单上的人进行策反工作，时不时用金钱帮助他们解决一些问题，很快就网罗到一些愿意为她工作的人。

在进行谍报工作中，安妮娜表现出极强的领导能力。她还经常能在获取情报和传递情报时发明一些先进的方法，这些都令她手下的特工为其折服。久而久之，他们都称呼她为"女沙皇"，可见安妮娜当时在意大利情报网中的威望和地位有多高。

有一次，安妮娜受邀去北约组织在亚平宁半岛的军事基地做跳伞表演。她知道这是一次拍摄到秘密照片的好机会。于是，她在自己跳伞安全帽的前端装了一架微型照相机。这种高性能的照相机是当时世界上最先进的照相机之一，一旦开关启动，它每秒钟能够自动拍摄九次，即使在2 000米到3 000米的高空，也能清晰地拍摄下目标。

将目标清晰地记录在微型胶卷上后，

★微型摄影机

她通过特殊的通信渠道——使用"秘密信箱"将它传递出去。这种方式是非常安全和隐蔽的，因为"秘密信箱"设置的地点只有她手下的特工才知道，而且"秘密信箱"遍布在城市的各个令人意想不到的角落。即使有特工被人跟踪，这些"秘密信箱"也不容易被发现，因为它在外人眼里就只是个普通且常见的容器。

除了使用"秘密信箱"，安妮娜还会通过高速度、高周波电讯密码将文字情报传递给克格勃总部。随着情报网的扩大，她和她手下的特工们提供的情报越来越多，涉及到的领域和范围也越来越广。那段时间内，她手下的特工遍布北欧各国和西欧、非洲等许多国家和地区，如同张开了一张巨大的隐形的网，随时随地截取西方国家的情报。

必然邂逅：无处不在的美艳陷阱

安妮娜最近为克格勃总部给她布置的新任务感到头疼。这个任务很有难度，危险性也很大，最关键的是她不知道如何才能接近目标地点。根据上级给她的资料显示，在意大利北部有一个秘密海港，是北约组织和意大利军方建立的一个军事基地，一般人不可能知道那里。在这个秘密基地里还建有一座秘密工厂，专门制造各种新式鱼雷。她的任务就是搞到这个基地的平面图，这意味着她必须在那里跳伞并拍摄下基地的全貌。

"可是，这个基地我怎么进得去呢？那里被严密监控着，任何外来的飞机都会被当做敌机对待。那样我如何能跳伞？"安妮娜对手下的特工们说道，可他们也想不出好办法。

忽然有一个特工提醒她道："我调查到，蒙哥哈利将军就是负责那一区域警戒的，如果能得到他的帮助的话……"

安妮娜明白他的意思了，她认识这位蒙哥哈利将军，那是个身经百战的

★位于意大利的北约军港

将军，时任空军副参谋长，他看过安妮娜在北约国家的跳伞表演，很早之前就和她认识了。她开始进行周密的计划，势必要在目标区域跳伞。在思考对策期间，安妮娜开始频繁约会蒙哥哈利将军，两个人相谈甚欢，友谊更进了一步。后来，安妮娜安排了一次女子跳伞训练队的表演，表演的地点在热那亚附近，距离那个秘密军事基地很近。蒙哥哈利将军接受了她的邀请，去观看这次表演，和安妮娜站在银波闪闪的大海面前，仰望碧蓝天空中那宛如蒲公英般飘飞起来的跳伞运动员。

安妮娜面带微笑为这位将军讲解跳伞的各项事宜，语言越来越激动，她显然是被眼前的场景所感染了。"哦，亲爱的蒙哥哈利将军，我现在特别想跳伞，你知道吗？这种心情实在是……"

"实在是难以抑制吗？哈哈。" 蒙哥哈利将军笑道，他犹豫了一会儿，毕竟这里靠近军事禁地，但是面对安妮娜几乎哀求和娇嗔的请求，他最后还是点头答应了。他命令部下给附近军用机场打了个电话，让他们准备一架军用小型运输机给这位跳伞皇后使用。就这样，安妮娜顺利地飞达了这片禁区的上空，在一跃而下之后迅速将目标摄入自己的微型照相机中，完成了任务。

非常危机：乔吉奥被怀疑

1956年的一天，安妮娜把丈夫乔吉奥送出了门。这天的天气不是很好，她嘱咐乔吉奥早一点回来。其实她这是暗示丈夫出门赴约时要千万小心，不要被可疑的人跟踪了。乔吉奥像往常一样和美丽的妻子告别，走出了家门。

他一路上的心情都很不错，也许是因为最近的工作——他传递情报的工作十分顺利所致。这样的好心情让他渐渐放松了警惕，忘记了妻子安妮娜的嘱咐。他抵达事先约定的地点，等待着一位苏联军官的到来。

这位苏联军官按时到了，他和乔吉奥简单地聊了几句，说话的内容并未涉及到什么机密，只是粗浅地问候了彼此的近况和生活，有些话表面上听起来毫无破绽，但只有他们知道其中的深意。原本苏联军官的身份也是保密的，但是意大利安全机关老早就盯上了他，就连这次和乔吉奥的会面，也被意大利安全机关人员监视了。本来是监视苏联军官的这些人发现了乔吉奥，立刻对他也产生了怀疑。

意大利安全机关研究了这次会面的情况，就是否要调查乔吉奥引发了讨论。

"他真是那个跳伞家乔吉奥吗？他怎么会和苏联人见面呢？真是奇怪。""没错，就是那个著名的跳伞家乔吉奥，她妻子也是个很出名的花样跳伞家呢。按理说他没有动机帮苏联人做事，也许这只是单纯的普通朋友的见面。""但是，还是要查一查才能放心吧。"

于是，意大利安全机关的特工开始对乔吉奥实施监视和跟踪，试图找到一些蛛丝马迹。这时的乔吉奥还浑然不知危险正向他逼近。

化险为夷：冷静的里纳尔狄夫人

不过几天，安妮娜很快发现了周围环境的不对劲儿，她皱着眉头询问乔吉奥，"亲爱的，从今天开始，你出门要格外注意一下，看看有没有人在跟踪你。我总感觉，你被人监视了。"乔吉奥惊讶之余郑重地点头，安慰妻子道："也许是你太紧张了，不过我刚和那位军官见过面，该不是这件事引起了他们的怀疑吧？"

"这可说不准，总之你要小心点儿。"安妮娜拥抱了一下丈夫。

就在这天，接到了一个消息，这是他们潜伏在意大利安全机关里的同志送出的情报：警告，乔吉奥已被怀疑，面临危险！

胆大心细的安妮娜当天晚上就做出了应对措施，她告诉丈夫："你不要再和那个军官会面了。另外，中断和那些身份不明确的人物的来往，你的情报活动也立刻暂停！"几个月后，一直监视乔吉奥的意大利安全机关的特工们郁闷了，他们没有找到一丁点儿证据能够证明乔吉奥还有另外一个身份，于是做出了他和那名苏联军官只是偶然性交往的结论。好歹乔吉奥也是个著名的跳伞家，老这么监视他，会引起和他交往的盟国官员的不满。

当他们听到苏联驻奥地利的商务参赞叛逃的消息时就打了个冷战，不清楚这个叛徒泄露了多少情报。但幸好这个人只知道苏联在意大利有一个强大的间谍网，却没有掌握间谍的名单。不过意大利安全机关还是对里纳尔狄夫妇产生了进一步的怀疑，只是苦于一直找不到证据，无法采取任何行动。

为了确保他们的安全，克格勃总部即刻命令他们停止一切间谍活动，安妮娜开始和丈夫安心地从事跳伞运动。

战典回响

克格勃的前世今生

在世界间谍史上，苏联克格勃所占据的篇幅不容小觑。这个机构神秘而庞大，在冷战期间到达了辉煌的巅峰，却在此后渐渐衰落，成为了间谍界的过往云烟。

1953年3月，随着斯大林的离世，国家安全部被撤销，由贝利亚兼任部长的内务部来接管原先的工作。直到1954年，苏联共产党中央委员会和苏联最高苏维埃主席团才决定把国家间谍情报和安全工作从内务部分离出来。这个被分离出来的机构在成立形式上隶属苏联部长会议，实际上却由苏共中央政治局领导，直接由苏共总书记负责，它就是克格勃——国家安全委员会。克格勃的所有工作计划都由苏共中央政治局批准，如果遇到重要问题就直接向政治局报告，日常工作由苏共中央书记处指挥。

由于冷战时期对抗美国的需要，克格勃在苏共的授意下不断扩张，机构人员不断增多。那一时期，从上到下，从国内到国外，克格勃都建立了一套完整的情报系统。因为地位特殊，克格勃的权力极大，没有任何一个苏联政府机构能和它相提并论，它的职权相当于美国中央情报局和联邦调查局的总和，在苏联政治体制中占据重要的地位。那段时期，只要克格勃抖一抖，苏联政局就会受到影响。在克格勃的全盛时期，共有四十多万人为其服务，有九万多名秘密间谍活跃在世界各地，还有那些潜伏在西方大国各级权力机构的大批特务也是克格勃的忠诚部下。另外，当时负责克里姆林宫和政治局首脑的安全警卫也出自克格勃。

无法想象克格勃统领了多少情报人员，在多少国家和政府机关安插了特工，在20世纪能与美国间谍机构争雄的也就只有克格勃了。克格勃之所以会发展到这样的地步，很大程度上在于苏联政府给予的强大的支持。苏联政府可以说是十分依赖克格勃，对其寄予了极大的希望，期望它能源源不断地窃取到美国的军事情报和各种科技情报。

这样根深蒂固、盘根错节的情报部门也会瓦解吗？

这是在戈尔巴乔夫当政后所发生的事情。戈尔巴乔夫执政时期，苏联处于一段比较尴尬的阶段。苏联的经济出现混乱的局面，民众掀起了"民主化"和"公开性"的浪潮，希望政府能够对人民诚实一点儿，公开一些。在这种风潮的冲击下，克格勃作为秘密情报部门受到了社会舆论的指责和非难。特别是80年代末期，克格勃无法改变当时苏联国内政局动荡、经济混乱、民族矛盾尖锐的情况，它的存在成为了众矢之的。

在一个需要稳定生活、发展经济的环境下，克格勃还有继续存在的意义吗？苏联政府开始产生了这样的怀疑。然而戈尔巴乔夫一直信任克格勃，希望克格勃能帮助他稳定政局。1991年3月，苏联议会还通过了《苏联国家安全机关法》，赋予了克格勃至高无上的新权力。戈尔巴乔夫把军队削减了50万人，却没有裁剪克格勃的队伍，反而拨了几个空降师给克格勃，作为它的特种部队。

但是这种权力的增加并没有使它的寿命延长，因为不久之后，克格勃就在苏联解体的过程中受到了致命打击，这种冲击由"8·19"事件引发。当时克格勃主席克留奇科夫加入了"紧急状态委员会"，在他的指挥下，克格勃的特种部队接受了攻打叶利钦白宫的命令，克格勃因此受到了牵连。终于，在这一年的10月，苏联国务委员会撤销了克格勃，决定成立几个各自独立、各司其职、机构平行的间谍情报机关。看到克格勃总部被撤销，乌克兰、格鲁吉亚等共和国也取消了克格勃，成立了自己的国家安全局。

至此，世界上最大的间谍组织——克格勃伴随着苏联的解体消失在莫斯科的秋风中。

★沙场点兵★

人物：安妮娜

被称为"跳伞皇后的"安妮娜·马利亚·里纳尔狄是苏联20世纪50年代的一名花样跳伞冠军。她聪明漂亮且头脑灵活，是美人中少见的那种极具智慧的一类。她的外貌比她的真实年龄看起来年轻很多，对男人具有天生的吸引力。克格勃正是看中了她的优势才将她发展成为一名超级间谍，1954年春天，她抵达意大利之后就开始着手建立情报网。安妮娜首先策反她的丈夫为其工作，然后利用花样跳伞家的名声在当地的上流社会活动，有条不紊地指挥手下的情报人员展开工作，并运用其高超的交际手腕和职业的便利得以进入一些军事禁区。她是苏联在意大利间谍网的领袖人物，为苏联提供了大量情报和机密图片资料。

道具：职业

在那个年代，一名美貌的女花样跳伞家是不多见的，这份职业本身就很特殊，会让人感到新奇和仰慕。安妮娜在为克格勃服务之前并未意识到自己的职业有多么重要，但是对于克格勃来说，这份职业简直是太棒了！她不但可以利用这份职业掩护自己，还能通过跳伞对目标区域进行拍摄，完成其他间谍根本无法做到的任务，这第一手的照片资料有时比文字情报更具价值。事实证明，安妮娜充分利用自己的职业，将跳伞和谍报工作有效地结合在一起，使得每一次的跳伞表演都别具意义。

战术：建立间谍网

克格勃派出的间谍大多数都是单兵作战，除了和当地的联络人有所联系之外，他们只按照上级的指示行动，一般策反间谍和发展间谍的事情不会由他们来执行。但是安妮娜显然和一般的间谍不同，她手中握有资金，并且具有灵活的交际手腕，她的间谍活动一开始就涉及到围绕着自己在意大利建立间谍网并扩大间谍网。这种战术能在短时间内囊括更多的情报资源，建立后备力量，扩大苏联在意大利进行间谍活动的范围。

安妮娜表现出一个间谍组织领袖人物应当具备的优异能力，她总能凭借自身魅力策反一些人，包括她的丈夫。也可以说，她是为了间谍事业才结婚的。暂且不论她有没有付出过真心，她成功地扩大了自己手下的间谍队伍，让这个战术发挥了应有的作用。苏联在意大利的情报网因为她显现出强大的生命力，获得了大量有价值的重要情报。

战典
THE CLASSIC WARS

智慧与勇气的激烈碰撞　间谍战
THE CLASSIC WARS

第十九章

感情投资
——爱情的杀伤力

　　▲间谍从来不吝惜出卖自己的身体、自己的尊严，更别说是出卖自己的情感。像贝扎克这样的男人本来就是危险的，他们是谍战中的老手，是克格勃最杰出的"乌鸦"。他们拿出自己的情感去诱惑女人，比拿出枪械还要容易和简单。或许，这也是间谍的苦闷与无奈，因为间谍的世界本来就是无情的：不是你死，就是我亡。不要忘记，谍战与其他的战争本来就没有什么差别，它们都是战争。

前奏：贝扎克的风流计

在克格勃派往各国的"乌鸦"中，有一位名叫贝扎克的男子。他是位出色的间谍，更是位善于谈情说爱的高手，被他迷倒的女人有很多，她们都迷恋贝扎克的深情眼神，对他献出了真心和他想知道的一切情报。贝扎克在接受克格勃训练之前，是铁托的游击队队员，在经过了严格的训练之后被派往英国，开始进行间谍活动。他的掩护身份是南斯拉夫驻英大使馆新闻顾问。平日里他就是一个风流倜傥的大使馆官员，曾经与不同的女子有过交往。不过这些女人都有一个共同点，那就是她们都是政府机构的职员。

贝扎克是按照组织上的命令去接近这些女人的，他比其他的男间谍拥有更好的容貌和对付女人的手腕。因此，从一开始他就将自己塑造成一个风流公子哥的形象，懂得一点儿浪漫，对女人的心理也有所了解。他能够不着痕迹地将一个女人套入他的温柔陷阱，就像是磁石一般对女人们具有吸引力。

贝扎克实在是有些本领的，他能轻易俘获女人的芳心——只要他想。贝扎克就是这样一个双料间谍，他的风流计早就为女人们设计好了。

千锤百炼：在"克格勃"的岁月

任何一位苏联间谍都曾接受过克格勃的训练，因为克格勃认为，只有经过磨砺的人才能更好地胜任残酷的谍报工作，克服一切困难和危机。

贝扎克也是如此。他被克格勃招募后，便被送入间谍学校。在那里，他接受身心上的双重折磨，直至忘记了礼义廉耻，忘记了私欲，只牢记克格勃的教诲，愿意将身心都奉献给克格勃，奉献给伟大的共产主义国家——苏联。

训练期间的生活是极为枯燥但却是有规律的，贝扎克每天早上7点起床，晚上10点30分睡觉。

他没有业余活动，也没有娱乐消遣，吃饭、上课、体能训练占据了他白天的大部分时间，他仅仅只有半个小时的休息

★克格勃的徽章

时间，可以打个盹或者和同学聊上几句。他在列宁技术学校接受了一个月的体能特训，那些课程中所包含的训练项目都很苛刻，简直就像是培养特种部队一样锻炼他们的身体。贝扎克曾经就是名士兵，因此他不觉得这些训练有多苦，至少要比在战场上面对枪林弹雨好得多，他认为这样的生活十分充实。在拥有了坚实的体魄之后，贝扎克学会了自卫武术，然后接受的课程是如何使用武器。他对于摆在面前的手枪、步枪、冲锋枪都很熟悉，比别人更快地就通过了射击考试。紧接着，他开始学习怎样使用炸弹去炸毁目标建筑物，还掌握了自制炸弹和埋定时炸弹的方法。另外，像偷窃情报之类的技巧也是必学科目。贝扎克见识到许多不曾看到的开锁工具，不久就学会了开保险柜的技术。此后，他还学会如何窃听电话和窜改录音。这些都是属于间谍训练的基础课程，考试合格的贝扎克又将接受更进一步的实际活动训练。

他当时还不知道自己将会被培养成"乌鸦"，只知道自己在上一些特殊的课程，教官们教授的知识有些奇怪。比如如何去研究一名女性的性格和爱好，怎么样去调查清楚她的兴趣，接下来应该在什么样的机会和场景下和她相遇，最后怎样使她爱上自己等等。贝扎克听得仔细，而他在这方面也的确很有天分，对于各类勾引和哄骗女人的手段都能了如指掌，善加运用。

他渐渐有些明白自己今后该用何种方式获取情报了：和目标女人一见钟情，在几次约会之后俘获她的芳心，一旦发生了不可告人的关系就拍下证据，等待其他情报人员对其实施讹诈，逼其就范，和他们合作并提供情报。

起初贝扎克也没能克服成为色诱间谍应当消除的心理障碍，但是在观看了几场画面和配音令人羞耻的电影后，在听到了校长对他发表的那些演说后，他渐渐了

解到，无论哪种手段，只要是为国家服务的便是正确的。即便是让他去勾引老女人又如何呢？为了得到情报，他会义无反顾地开始演绎一场爱情骗局。

贝扎克从那时起，就习惯了自己爱情骗子的身份，因为这是革命的需要，这是克格勃对他的要求，他没有什么可抱怨的。

步入英伦：和费尔小姐的爱情火花

贝扎克被派往了英国，担任南斯拉夫驻英大使馆新闻顾问。他在这里活动了一段时间，接到的任务是接近在英国政府任职的单身妇女，或是寻找在英国情报部门担任文职的女人作为猎捕对象。对于贝扎克来说，与那些年轻的美貌女人相处起来会比较愉快，但是他是在选择可以提供给他更多情报的目标，因此他要考虑的因素很多，比如对方的职位和生活环境，是否在情感方面遭受过挫折，是否容易对他这样的男人感兴趣等等。

这时，他经过线人的介绍，得知了一位费尔小姐的情况。"这位费尔小姐年纪挺大了，却还是单身，没有几个朋友，没有追求者，日常工作结束后没有什么消遣，好像喜欢文学和音乐，看起来是个有修养的老女人。不过她的职位很不错，担任英国情报系统中央办公室的文职工作。就这些，希望这些资料对你有

★英国伦敦，贝扎克被派往这里执行任务。

用。"线人用平淡的语气说着，又简单地说了几句，就离开了。他还告知了贝扎克，费尔小姐每日回家的路线和住址以及会在哪个宴会上出现。

虽然不是个好的恋爱对象，却掌握了不少情报。贝扎克考虑了几天，决定要会一会这位费尔小姐。他将自己收拾得很整洁，看起来举止得体。这是一次普通的宴会，来参加的女士并不太多。贝扎克一眼就认出了角落里的费尔小姐，她形单影只，脸上的表情很平淡。贝扎克端着酒杯走了过去，极为礼貌地上去搭讪。他没有在一开始就大献殷勤，而是把话题转到英国文学上，提出了一些有深度的见解。费尔小姐露出了欣赏的笑容，很乐于和他谈论文学方面的问题，不过也只是短短聊了几句。贝扎克适当地称赞了她的学识，然后礼貌地告辞了。他深信，这次见面，自己给费尔小姐已经留下了深刻的印象。

接下来就要慢慢来，用微火来给这段邂逅加热了。

几天后，贝扎克出现在费尔小姐回家的路上，制造了一场意外的相遇。费尔小姐自然记起了这位举止稳重的男人，她很高兴地和他聊了几句。贝扎克将时机拿捏得相当好，在准备离开的时候提出有多余的票想要邀请她看演出。费尔小姐不觉奇怪，当即就同意了。

随后，两个人开始了频繁的约会。虽然费尔小姐不大相信贝扎克真的对她感兴趣，但还是情不自禁地一次又一次地和他见面。和往常一样，贝扎克从不谈论一些虚浮的事情，最常提到的就是关于文学和音乐的话题。他有意无意地表示，自己不喜欢那些只有美貌毫无智慧和学识的女人，说了很多暗示性的话语但不太露骨。

没过多久，贝扎克颇具艺术素养的形象就在费尔小姐心中定型了。在她看来，她和贝扎克拥有相同的兴趣爱好，聊天很是投机，的确是个不错的朋友。接下来，贝扎克开始下猛药了，忽然有一天对他费尔小姐表达了爱意，和预料的一样，看到了费尔小姐不可置信的表情，但是从她的眼眸中看到了那一点点动心。他开始放慢了追求的脚步，整天都是忧虑的样子，有时候徘徊在费尔小姐的楼下，有时候提出约会却举止紧张。

"难道他对我是真心的？"费尔小姐被贝扎克若即若离的态度弄得心猿意马，她忍不住想找贝扎克问个清楚。"你知道的，我已经年过半百，我实在难以相信你会爱上我呀。"

贝扎克巧舌如簧地表白道："但是年龄并不是问题，真正的爱情是灵魂上的托付与相依，我寻找的是灵魂上的伴侣，这种爱与年龄、身份、容貌无关。请你接受我的心意吧。"

他的言语如此诚恳，以至于在三番两次的表白之后终于说服了费尔小姐。费尔小姐在他的怀抱下，几乎已经对这份真挚的感情完全相信了。

一个老处女就这样陷入了爱情的陷阱。

情令智昏：睡在身边的窃听器

得到爱情滋润的费尔小姐觉得自己仿佛得到了新生，她整日与亲爱的贝扎克待在一起，两个人的关系迅速升温。除了工作，费尔小姐的私人时间都是属于这个风度翩翩、深情款款的男人的。他愿意和她坐在一起吃简单的饭菜，和她一起在午后的阳光下阅读书籍，一切看起来是那样的和谐和惬意。

"你知道吗？和你在一起，我的精神生活得到了净化和升华。"贝扎克用这样的措辞赞美比他大了那么多岁的费尔小姐，这使费尔小姐得到了极大的满足。所以当贝扎克提出要和费尔小姐一起生活时，她只是迟疑了一会儿便答应了。

可怜的费尔小姐并没有发现自己已经引狼入室，贝扎克成为她枕边的窃听器，时刻监视着她的行为。一旦费尔小姐从办公室带来一些资料的复印件，或是偶尔把工作带回来做，他便能迅速复制这些情报，传递出去。由于贝扎克一直标榜自己是个反苏联亲西方的人，加之他具有驻英大使馆新闻顾问的身份，因此费尔小姐对他没有太多的防备。

久而久之，费尔小姐忽略了自己是英国中央情报办公室文职的身份，对于贝扎克是外国大使馆官员的身份也不再存有任何警惕。即使贝扎克时不时会和她谈论工作上的事，她也不感到奇怪。毕竟两个人的关系已经如此亲密了，在她眼中，贝扎克只是一个爱她的男人，其他的事情她都可以不在意。在不知不觉当中，费尔小姐已经把贝扎克当做了人生的唯一伴侣，这使她"情令智昏"，后来还在这个男人的引导下透露出很多机密情报。直到有一天，她的上级告诉她，不知道什么原因，最近有很多机密情报被苏联人掌握了的时候，她才觉察到情况的不对。

真相大白：铁窗岁月和全身而退

费尔小姐根本不愿意相信机密情报是从自己这里泄露出去的，她开始观察贝扎克平日的行为举止。一开始并未发现问题，但是她发现自己对于贝扎克的了解并不多，关于他的家庭、他的工作，这个男人总是浅谈而已，也不会将费尔小姐介绍给他的朋友和同事。两人住在一起后，一起去看演出的次数也在渐渐变少。

"哦，亲爱的，你这个周末有时间吗？我们很久没去剧院了吧。"费尔小姐主动提议道。

贝扎克微笑着回答道："真是抱歉，亲爱的，这个周末我要加班。"

但实际上，贝扎克的工作一点儿也不忙，他的主要任务就是从费尔小姐这里获得大量情报，其余的时间里，他只要一有机会，就会去一个秘密的住所看望他的正牌老婆，还有他可爱的孩子。他的这些行为都是得到克格勃的默许的，有其他的情报人员协助他工作并监视费尔小姐的行踪。这天，情报人员发现费尔小姐在跟踪贝扎克，他们想办法阻断了费尔小姐的行动，却也立刻意识到，也许贝扎克要暴露了。

果然，英国反间谍机构已经开始调查最近大量情报外泄的事情，他们立刻就查到了费尔小姐那里。经过审讯，他们确定正是她向贝扎克泄露了情报。既伤心又懊悔的费尔小姐再也没有机会当面质问贝扎克是否只是将她当做了道具，她被逮捕并蹲了监狱，在无数个孤寂的夜晚对着月亮哭泣。

而贝扎克呢？他利用外交豁免权得以全身而退，带着老婆和孩子安然回到了莫斯科。

战典回响

冷战岁月里的"蝶恋花"

费尔小姐是一个悲剧，在冷战时期的间谍战中成为情报部门相互对抗过程中的炮灰。她在面对贝扎克时降低警惕是再正常不过的，但是由于身份特殊，她的爱情终究只能是一个笑话。和她一样，在同一时期，有很多政府部门或者职业特殊的单身妇女得到了艳遇，邂逅了一位英俊潇洒的男士，坠入了情网，却在不久之后发觉自己被欺骗了。"蝶恋花"的阴谋一次次地上演，克格勃的男间谍们一而再，再而三地得手，利用女人在情感上脆弱的心理，步步为营地达到了自己的目的。

这些被克格勃训练出来的男间谍和"燕子"一样，最擅长对目标人物实施色诱，他们被称为"乌鸦"，但实际上却被塑造为一只花枝招展的蝴蝶，看起来极具魅力。克格勃对"乌鸦"们的训练很严格，除了教授他们日常所需的各种谍报工作技巧，还要求他们必须精通心理学，且特别开设一些课程，教会这些相貌身材条件俱佳的男人如何引诱各种类型的女人。经过训练后，克格勃会为他们选择一些对象，让他们完成任务，以便检验在此项上是否已经合格。他们必须克服严重的心理障碍，去勾引那些克格勃指定的，容貌丑陋、生活乏味的中年妇女，或者行为粗俗的乡下女人，甚至是面对那些性情孤僻的老处女。通过了这样的检测后，往往那些极为优秀的"乌鸦"能够充分利用自己所掌握的心理学和各种手段，去攻破那些目标女性的防线，让她们变得小鸟依人，最后能够乖乖地听从他们的话，并为他们提供情报。

蝶恋花的浪漫情段，在那段苍凉的岁月里，其实是很多人的噩梦。

冷战初期，克格勃派出了很多"乌鸦"前往西德，他们的任务就是引诱那些在二战中失去丈夫的单身妇女。她们遭受了战争的迫害而家破人亡，而这段时期，西德的男女比例严重失调，很多单身女人无法得到家庭的温暖和慰藉。针对这种情况，克格勃的"乌鸦"们行动起来无往不胜，大多数时候都能够顺利地赢得目标女性的芳心，有的人还用婚姻捆绑住女人，让她不得不为了家庭而选择背叛自己的国家。

THE CLASSIC WARS

间谍战

智慧与勇气的激烈碰撞

★ 沙场点兵 ★

人物：贝扎克

贝扎克曾是铁托的游击队员，经过克格勃的十年训练后，成长为一名举止高雅、容貌英俊的成熟男人。同时他还是位效忠于苏联的出色间谍，当时他已经34岁。他把自己伪装成一个风流倜傥的男人，以南斯拉夫驻英大使馆新闻顾问的身份展开间谍工作。凭借出色的间谍技能俘获西方政府的女子，并从中获取了大量情报。

道具：费尔小姐

如果不是这场间谍战，费尔小姐也许不会被卷入这样一场感情旋涡里，只是因为她的身份和年龄被贝扎克选中了。贝扎克对费尔小姐下手是经过了深思熟虑的，第一她是个平凡的老处女，平日接触的男人就不多，在情感上十分空虚；第二她在政府情报部门担任文职工作，年限很长，对内部的很多情况都相当了解，但她不是前沿的情报人员，人们不会注意她的交际圈。就这样，贝扎克将费尔小姐当做了获得情报的道具，用甜言蜜语和频繁的约会去打动她，让这个道具完全为己所用，并且在用完之后就毫不留情地扔掉，执行了一名合格的间谍该做到的冷酷和决绝。

战术：感情投入

如果说贝扎克在进行间谍活动中付出了什么的话，也许就是他那表里不一的感情了。那个年代，合格的间谍总能将间谍工作和自己的私人情感分割得很清楚，不然就极有可能被策反或者陷入反间谍人员布置的陷阱。他们在执行任务时清醒地知道自己该做些什么，该利用什么，哪怕假装投入感情，也是为了间谍事业的需要，"欺骗"是他们的家常便饭。在他们的思想里，这不是一件可耻或龌龊的事情。

费尔小姐和其他的女子不同，她是个老处女，很久没有谈过恋爱，因此她对男人还是有所防范的，加上她的年纪实在是有些大了，如果贝扎克只是单纯地献殷勤不会得到她的信任。于是贝扎克决定在感情上有些投入，他不是假戏真做，而是强迫自己在面对费尔小姐时尽量想着她的优点，让自己在说话和行动时显得更加深情款款。使用这个战术是必须的，因为贝扎克得让自己的表演逼真一些。无论他是否投入了感情，至少在费尔小姐看来他是动了真情，那么贝扎克就算是成功了。

战典

THE CLASSIC WARS

智慧与勇气的激烈碰撞　间谍战

THE CLASSIC WARS

第二十章

惯偷
——谍报界的"狗仔队"

　　▲ "盗窃"，对间谍来说可能是最危险的方法，更多的间谍还是愿意牺牲自己的身体或者精神的一部分去换取情报，将之视为一种默契的"交易"。但是，世界上也偏偏有勒鲁瓦这样的亡命徒，或许间谍本身就是以自己的生命作为武器与敌方周旋，只不过，勒鲁瓦将盗窃玩到了一种极致。不过，即便是有勒鲁瓦这样教科书般的"惯偷"在前，更多的间谍恐怕也不敢贸然以身试法。

前奏：传奇惯偷勒鲁瓦

勒鲁瓦是法国情报界的一位传奇人物，他一手建立了法国国外情报和反间谍局第七处，并担任处长。在他的领导下，第七处的特工为法国政府搜集了大量重要情报，成为法国情报界的中坚力量。

没有人能轻易建立功勋，勒鲁瓦也是如此，他不是天才，不是天生就具备一位情报人员所需的所有素质，他也是在不断的锻炼和成长中积累经验，在谍报工作中摸爬滚打，最后才获得那么大的成就。勒鲁瓦是在第二次世界大战时期萌发了做特工的念头的。随着第二次世界大战硝烟的弥漫，勒鲁瓦的家乡布列塔尼也被德国人占领了。他那时十分年轻，是脾气偏犟的小伙子。他起初没有看到战争的残酷和恐怖，但是随着德国人在法国修筑防御工事和广泛征粮，他渐渐发觉了国土被他人侵占是多么耻辱的一件事，他不想为德国人工作。就在这时，他认识了一位名叫马里埃纳的中年大叔，这个人告诉他，德国人不会在法国待太久的，但是就目前的情况而言，他还是乖乖地听话更好。勒鲁瓦表达了他的不满，但是他也知道这个人说的话有道理，于是，他便成为当地伪政府粮食管理局的稽查官。

★德国占领法国期间勒鲁瓦参加了法国的谍报组织

他每天的工作就是督促检查粮食管理局的征粮工作，并确保装载粮食的车队不出什么差错，能够顺利驶抵德国。这份工作让他接触到很多德国军官，能够知道一些他们的行动，这使得勒鲁瓦想为自己的国家做些什么，于是开始使出一些小动作，寻找机会破坏德国人运粮的部署。

他的这点小动作没有引起德国人的怀疑，但是引起了他们的抱怨。运粮车队常常被劫，于是德国人对法国粮食总局施加压力。为了解决这件事，法国粮食总局稽查长以特派员的身份到了这里，说是要进行实地调查。勒鲁瓦被带到了他的面前，这时他才惊讶地发现，原来法国粮食总局稽查长就是中年大叔马里埃纳。

觉得奇怪的勒鲁瓦看到马里埃纳对他使了使眼色，于是没有表露更多的表情。可是他心里对这位大叔的印象又差了几分，因为他看起来和蔼可亲，却甘愿为德国人做事，他不清楚的是，这位马里埃纳其实有一颗火热的爱国心。

勒鲁瓦在工作中很小心，尽量不让德国人发现他在使坏。不过没过多久，马里埃纳在一天傍晚把勒鲁瓦叫了过去。心怀忐忑的勒鲁瓦不知道是不是自己的举动被察觉了，他战战兢兢地站在马里埃纳面前，大气也不敢出。正低头思考着怎么搪塞过去时，马里埃纳喊他坐下来。随后，马里埃纳看了看周围，然后关上了门。

这位比勒鲁瓦大二十岁的大叔神情严肃地说道："勒鲁瓦，你做的那些事我都知道了，你有什么可解释的吗？"

勒鲁瓦蓦然一惊，咬牙回答道："虽然我为德国人工作，但是我不会忘记我是个法国人！"说完这句话以为会遭到呵斥的勒鲁瓦目光坚定，但他却看到马里埃纳微笑起来："看起来你很有胆量呀年轻人，我想我们可以好好地谈一谈，关于你的工作，还有你可以为国家做的更多的事情。"

一开始，勒鲁瓦并没听懂他指的是什么，但经过了这番长谈，他总算明白了，原来马里埃纳的真实身份是法兰西反纳粹组织"西普里安"秘密活动网的领导者，他被组织里的人称作"莫尔旺"。这个组织在他的领导下，经常从事一系列有计划的特工活动，和勒鲁瓦的想法一样，他们会破坏敌人的后勤补给线，劫德国人的粮车，但是他们的行动比勒鲁瓦的单兵作战效率高出很多。勒鲁瓦这时才知道，和他们相比，自己过去干的那些事是多么鲁莽和冲动了。

顺理成章的，勒鲁瓦加入了这个组织，成为一名反纳粹组织的特工。他开始以"菲维尔"的化名进行活动，刺探德国军情。不久之后，由于工作出色，勒鲁瓦接替他的顶头上司，成为这一地区粮食局的主要负责人，他在粮食局的权力和工作范围扩大了。

勒鲁瓦开始放手进行间谍活动。他利用自己职务之便，经常出入在德军的势力范围中，用相机拍摄德国军用机场或者港口的军用设施的照片，还在运粮途中拍摄德国铁路干线的情况，布列塔尼的每一个角落的德军部署都被他和其他特工摸清楚了。后来，他还帮助法兰西战士乘坐渔船偷偷逃亡英国。那段时期，他风里来雨里去，对间谍事业充满了热情，不畏惧困难和危险，在德国人的眼皮子底下，在整个布列塔尼地区组建起了一个真正的抵抗运动组织。勒鲁瓦孜孜不倦地奋斗在这个岗位上，这段时期的经历让他获得了丰富的经验，这使得他后来从事特工活动时如鱼得水。

加入组织：勒鲁瓦的新一页

和平与安宁总是人人向往的，有谁不愿意过崭新的生活呢？勒鲁瓦目睹着德军从法国撤退，战争终于在1945年5月9日这一天结束了。布列塔尼的泥土和花草又恢复起生机，勒鲁瓦仿佛又呼吸到了几年前德国人还未踏上这片土地时那种带着薄荷香气的空气。但是，突然之间，他变得有些迷茫，有点儿不知所措。那些过去和他出生入死的兄弟现在都散了，当初他们是为了赶走德国人才拿起枪杆子加入特工组织的，现在他们能过上安稳日子了，很多人都选择了回家和家人团聚，接着再找一份工作，也许会去工厂做工，过一个平凡的法国人该过的生活。

"难道我要继续过从前那种庸碌的生活吗？"勒鲁瓦躺在家中，愣愣地看着窗外的蓝天。此刻的他很彷徨，不知道未来的路该怎么走。

★德军撤退，巴黎市民欢迎戴高乐的归来。

他休息了几周后，接到了老朋友莫尔旺也就是马里埃纳的信。这位大叔在信中描述了他的近况，提到了勒鲁瓦在战争时期的良好表现，他毫不吝惜自己的赞美之词，一点儿也不像是一个比勒鲁瓦大二十岁的人应有的语气。勒鲁瓦很高兴得知他的消息，看着看着就兴奋地朗读起来："哦，勒鲁瓦，你一定想象不到我现在正在巴黎呢！我在这里看到了不一样的天地，比以往更加美妙的事务和环境。我懂得你的想法，如果你还希望继续从事和情报有关的工作，不如离开粮农部门，马上来找我吧！相信我能为你安排一个符合心意的工作。"

勒鲁瓦几乎是不假思索地收拾起行李，踏上了前往巴黎的路。他的生活翻开了新的一页。

到了巴黎之后，勒鲁瓦受到马里埃纳的热烈欢迎。在他的指引下，勒鲁瓦参加了法国情报部门的考核，得益于他几年的特工经验，还有那坚定的眼神和强烈的爱国心，他通过了各项考核，被法国国外情报和反间谍局录用了。"太好了，我将继续从事情报工作，当一名地下工作者正合我意！"接到录取通知的勒鲁瓦非常高兴，他很喜欢这份工作，觉得既有趣又惊险，而且极具意义。从那时开始，情报工作就成为他奋斗一生的事业。

几天后，他兴致勃勃地去上班，却奇怪地发现办公楼内没有多少人在积极工作，他们不是相互争吵就是互不理睬，把那里的气氛搅得一团糟。勒鲁瓦这时才无奈地发现，自己所在的这个法国国外情报和反间谍局由于刚刚建立，在各方面都存在着很大问题，不仅被牵扯进了政府派别的斗争，还出现了筹备处军人和文职人员不合的问题。

"噢，他们这样争夺领导权有什么意思吗？"勒鲁瓦自语着，作为新上任的组织处副处长，他对于这种现象也是毫无解决办法的。但是他怀抱着理想而来，忍耐了不多久便向局长说明想建立一套自己的特工班子的计划，但是这位局长只是看了他两眼就否定了，"你也看到了，我手头上要处理的事太多了，没工夫建立什么新机构。"

勒鲁瓦遭受了挫败，意志消沉了好一段时间。他原本对法国国外情报和反间谍局很有信心的，因为这个机构的主要职责是侦察来自国外的威胁、搜集外国情报，这正好能让他实现进行现代化间谍活动的理想。可是，这种混乱的局面什么时候才能得到解决呢？他一直等待着自己能够大显身手的那天，直到1951年元旦，这个机会终于来了。

这一天，全局上下都焕然一新，各个部门的人员都面容洁净，准备迎接新局长皮埃尔·布尔西科的到来。勒鲁瓦心说，这位新局长究竟是个什么样的人呢？听说他为人很严肃，调任之前担任过国家保安总局局长和马赛特别警察局局长，应该是个手腕强硬的人吧。

勒鲁瓦还真猜对了几分。当布尔西科摇晃着矮胖的身躯走进来时，他全身上下都散发出一种自信的气息，脸上的表情很温和，眼神却很坚毅。他走到部门的官员面前打招呼，并主动伸出手来与大家握手。这时勒鲁瓦看清了他的相貌，觉得十分眼熟。随后，布尔西科就认出了勒鲁瓦，高兴地和他搭话。其实，早在这之前，他们在一次抵抗运动各特工组织负责人会议上有过一面之缘，彼此都留下了深刻的印象。布尔西科显然对勒鲁瓦很欣赏，他上任之后就多次找勒鲁瓦谈话，就如何开展情报工作询问他的意见。

招兵买马：壮大第七处

很久没有这种酣畅淋漓的感觉了，勒鲁瓦在述说完自己的见解后觉得十分畅快。在他热情洋溢的阐述过程中，布尔西科频频点头，这位在战争时期有过带领特工组织经验的特工，在很多方面都和他具有共同的理念。

这次的谈话是他们无数次谈话中比较短暂的一次，但是勒鲁瓦在新局长布尔西科的眼中看到了闪烁的光芒。果然，几分钟后，他听到了布尔西科大声说道："我同意你的建议，允许你建立自己的一套独特的特工班子，就叫它第七处吧。"

就这样，第七处在布尔西科的支持下建立起来了，勒鲁瓦作为处长负责这个部门的一切事宜。从一开始，第七处的工作就被定位于使用现代技术和秘密手段获取对方机密文件，他们的主要任务就是搜集各国情报。

本来默默无闻的勒鲁瓦从此进入了大家的视野，很多人没有预料到，他带领的第七处将会成为法国国外情报和反间谍局的中流砥柱。

总之，从那天起，勒鲁瓦开始向他的理想大踏步前进。

怎样迅速地让第七处充实起来呢？勒鲁瓦不分昼夜地制订计划，构想第七处所需要的人才和分支组织。这时，他回想起在布列塔尼建立的那个地下组织情报网，突然灵机一动，"我为什么不模拟布列塔尼地下组织的构成来组建第七处呢？"从他最熟悉的方面着手，当然能事半功倍。他就从布列塔尼开始做起，在那里开始招募特工和后备力量，组建情报网，然后在其他地区也逐渐建立起情报联络点，在两年时间内便建立起了一个涉及全法国范围的秘密情报网，由第七处来管理指挥。那时，勒鲁瓦已经招募到了一大批情报人员，其中包括他在布列塔尼的战友，更多的是一些接受过高等教育的年轻人。

勒鲁瓦亲历亲为，为第七处挑选合适的特工成员，在他的手下，所有特工都要经过培训。为此，他特别设置了间谍学校的专门的培训班，秘密地教授新学员如何获得情报，最重要的课程是如何偷窃情报。勒鲁瓦对待特工们很严厉，他不惜花费时间训练他们，让他们熟练掌握撬保险柜的技术，打开各种锁的技术，让他们克服心理障碍，学会跟踪、偷窃目标邮件。

"在座的各位都是通过层层考核到达这里的，我不管你们过去是干什么的，从现在开始你们要做的就只有一件事——偷窃情报！你们都是出类拔萃的间谍，都各有所长，因此我要求你们在工作时要果断且专业，不能惊慌不能胆怯！按照情报部门的需要，你们将被培养成保险柜专家、高明的伪造能手、拆信专家或者是职业杀手。你们有可能为国家贡献出自己的生命，但是你们所窃取的情报将会阻止更多的灾难，使法国人民受益，因而你们应以自己的职业为荣！"勒鲁瓦高声说道，让所有的第七处特工都为之振奋。

出奇制胜：捡垃圾有大学问

"只要能获得情报，"勒鲁瓦对他的部下们说道，"我们应当不拘小节，并且能够克服重重困难。"他会这样说，是因为他接下来要下达一个让大部分特工难以接受的任务，不是因为任务威胁，而是这项任务实在是太肮脏了——他居然让特工们去捞取粪便池里的"手纸"。

他为何会有这样奇怪的想法呢？特工们初次听来也觉得匪夷所思。勒鲁瓦知道属下要露出这种惊恐的表情，只能说清楚自己的理由。原来几天前，他到西柏林出差，就在这段时间，勒鲁瓦在与某些官员朋友的闲谈中听说，现在东德能源紧缺，以至于他们的各个政府部门、机关、军营、警察局等机构的手纸都不够用。

"说起来真好笑，我也是听别人说的，东德还真是可怜，他们的那些部长、将军、军官等人都没有手纸用，哈哈！简直太好笑了！没有办法，他们便只能把报告和文件的副本撕下来当手纸。"这位友人一边笑一边说着，打心眼里觉着这是个很好的笑话。

勒鲁瓦一开始也乐不可支，但旋即他意识到一个问题，那些文件的副本纸比普通纸的质量要好得多，如果是被整张冲进下水道的，很可能还能保留住上面的文字。连自己也被这个大胆的想法吓着的勒鲁瓦思考过后，还是决定命令特工们去捞这些与众不同的"手纸"。"你们的任务就是找到粪便最终会停留的地方，然后，不论是不是带着手套还是捂着鼻子，都给我把那些纸捞出来！"勒鲁瓦僵硬地说道，他知道这个任务不好干，但是他相信这些特工的职业素质。

没有一个人退缩，尽职尽责的特工们花费了很长时间去捞取这些污秽的纸张，把它们分装进特制的小口袋里，放在固定的地方等着专门的人来取。

也许没有人会像勒鲁瓦这样，通过捡垃圾的方法来获取情报，但他这招实在是出人意料，并且获得了惊人的收获。他并不是思维方式很奇怪，只不过他的一切行为都是为情报工作服务，因此具有高人一等的观察力罢了。

如何将这些装满手纸的口袋运回来，也让勒鲁瓦煞费苦心。当他正在思考用什么工具时，一种HD式滑翔机突然出现在他的脑海里。HD式滑翔机在飞行中几乎没有声音、飞行缓慢的特征让他有了主意，他立刻让人找来这种飞机的详细资料，然后亲自去观看了一下它的飞行过程。"太好了，就是它了！我要买两架HD式滑翔机，并且招募两名经验丰富的飞行员！"勒鲁瓦对身边的某位负责人说道，脸上的表情异常兴奋。接下来，他命令飞行员进行训练，达到能够以极慢的速度飞行，并能使用绳索上的钩子钩住地面上的口袋。他正是要利用这两架飞机去取回那些装满手纸的口袋。

不负众望的是，飞行员顺利完成了任务，将特殊的口袋运回了法国。勒鲁瓦组织专门的技术人员清洗那些手纸，辨认上面的字迹。虽然这个过程实在有点儿恶心，但是大部分手纸上的字还是能够辨认出来，就这样，很多东德的重要文献和资料都被一一找到。勒鲁瓦和他的第七处又立了一个大功。要知道，当时还没有任何一个间谍组织能够渗透进东德的政府机关，谁也没想到勒鲁瓦捡手纸居然能捡到一个大宝藏，这着实令人瞠目结舌。

争分夺秒：东方快车窃取邮包案

经过了"捡手纸"事件，大家对勒鲁瓦的大胆心细有了充足的认识，不过当他宣布要对苏联外交邮件动手的命令时，还是有不少人张大了嘴巴，因为他们的处长实在是胆子太大了。这个惊雷一扔，马上有人提出了反对意见。"处长，您不是不知道，苏联人的防范措施太严密了。每天都会有两名苏联特工乘坐东方快车离开巴黎，神神秘秘地把信件送往国内。我们难道要跟着他们上火车吗？就算上了火车不被发现，可怎么接近他们呢？"这位特工的语速很快，像机关枪似的"啪啪啪"放了出来。

勒鲁瓦微微一笑，道："我当然知道。我还知道他们传递信件的过程：这两个特工会在巴黎车站上车，他们一钻进自己的小格子房间里就不出来了，死死抱着公文包，生怕一阵风刮来就会把它们吹走。他们吃随身携带的食物，在任何情况下都不会离开。当东方快车在沿途各站停靠时，会有其他的苏联人上车，用暗号敲他们的门。听到正确的暗号，这两个苏联特工才会把门打开一个缝，快速地收下信件。他们会在途中一直收信，直到抵达布加勒斯特，在那里会有其他的苏联特工接应，把这些信件装上飞机，然后立刻送到莫斯科。"

"处，处长，您难道已经想到破解苏联人严密防范措施的方法了？"这个说话的特工跟着勒鲁瓦的时间较长，对这位领导的脾气有所了解，要知道，如果勒鲁瓦心里没底，他是不会轻易下达任务的。

"目前还只有个初步的计划，需要你们完善它。"勒鲁瓦正色道，他这是要进入正题了，"我们可以订下与苏联送信特工紧挨的一间房间，监视他们的行动，等待时机。你们看看列车时刻表，在途中，东方快车会通过一条巴伐利亚州与奥地利之间的隧道。一旦列车进入隧道，就用小型钻孔机在隔板上钻孔，小型钻孔机轻微的响声在火车行驶时不会被察觉。紧接着，我们可以通过这个小孔向苏联人的房里喷射麻醉剂。"

话说到这里，旁边的特工们纷纷点头，特工们眼睛一亮，对勒鲁瓦更加佩服起来。一位特工接着他的话说下去，"等苏联特工昏迷了，我们就能潜伏到他们的房间，用微缩胶卷拍摄那些文件和信件，只要在列车行驶出隧道之前完成所有动作，回到自己的房间，应该就不会被其他人发现。"

"不错，但是我们一定要计算好时间，列车通过隧道大约要半个小时。你们觉得这点时间够吗？"勒鲁瓦开始发问了。

不少特工点点头，也有人摇了头，毕竟在实际操作中，没人能保证绝对不会延长时间，所以这个行动的安全隐患还是很大的。不过勒鲁瓦也想好了

★靠站的东方快车

后招，最坏的打算就是把信袋从车窗扔出去，等着HD式滑翔机去拾取，但是那样做的危险性也很大。因为铁轨附近有很多高压铁塔，那些纵横交错的电线会成为飞机的致命障碍。

不过即使有风险，勒鲁瓦还是决定要实施这项计划。

为了保险起见，他还让技术部门研制出了一种厉害的麻醉剂，能够使苏联特工立即陷入昏迷，并且在导致他们昏迷后迅速挥发。第七处的特工不用等待就能马上进入房间，偷窃情报。另外，他还请人绘制出一张东方快车邮政车厢的平面图，让里面的房间布局一清二楚地展现在大家眼前，以免到时候特工人员偷窃信件后会迷路。勒鲁瓦无疑是个细心的人，为了顺利完成这个计划，他安排特工花费几个星期不停地乘坐东方快车，去熟悉工作人员的生活习惯和工作时间，在时间上精确到每一分每一秒，力求在实施行动时不被人发现。列车上还安排有接应人员，能够在出现意外情况下给执行任务的特工提供支援。

执行任务的这天终于到来了，神情平静的两名第七处特工从普通车厢走到了邮政车厢，这时候正好是邮政车厢工作人员吃饭的时间，没有人会看到他们的行动。他们按照原定计划，一步步地进行，一切顺利，每个环节都在精心的计算中按时完成。他们动作娴熟地迷昏苏联人，打开信件、拍照、按照原样封口，然后镇定自若地走出小房间。

他们完美地完成了这个任务，得到了苏联人的情报，勒鲁瓦在法国间谍界的声望越来越高。

盛极而衰：忘掉巴黎的一切

随着偷窃东方快车邮包事件浮出水面，他们窃取了苏联喷气式发动机的图纸、拍摄到苏联五个新式导弹发射基地的事情也被广为流传，勒鲁瓦和他的第七处在西方间谍界声名大噪，接下来更是战果不断。

勒鲁瓦耗费心血建立起来的法国情报网越来越显示出强大的生命力，让法国国内的政治集团也刮目相看。就在第七处蓬勃发展的期间，法国国外情报和反间谍局已经更换了几届领导人，不懂政治也不愿参与政治纷争的勒鲁瓦没有对这种现象投入更多的关注，他一心扑在情报工作上，废寝忘食，只要能继续将第七处发扬光大，局里那些明里暗里的冲突和争吵也都入不了他的眼。但在不知不觉中，忽然有一天他发现，自己的第七处出现了很多新人，这些人不是他亲自挑选出来的，有一些是政府部门推荐过来的。为了不卷入政府派系勾心斗角的旋涡中，他懒得理会这种事情，常常睁一只眼闭一只眼。

只是最近勒鲁瓦也听到了一些不好的风声，比如国内的政治团体已经不止一次地干涉局里的行动，而局内军人和文职人员的冲突又恶化了。他有种不好的预感，不久这种预感得到了证实。

由于法国和美国原本就存在着嫌隙，那段时间在戴高乐将军的推波助澜下，两国的关系陷入了前所未有的糟糕境地。勒鲁瓦不是没有听到过戴高乐将军在公开场合说的那些话，"过去，法国国外情报和反间谍局与美国情报机构的合作十分愉快，但是我们的特工显然没有意识到美国人的危险性。或许这种合作让我们的特工觉得很舒适很便利，但是现在形势已经不同了，有些人应该有所察觉了。"他很明确地表达了对法美情报部门协作关系的不满，如果法国国外情报和反间谍局不中止和美国情报机构的合作，怕是会遭到更大的非议。

"处长，我不得不提醒您，现在局里有很多对您不利的言论。为了您的安全着想，您应当有所行动才行呀。您要注意，最近都不要和美国情报部门那边的任何人来往了！"一位对勒鲁瓦非常忠诚的特工偷偷对他说了这番话。勒鲁瓦这才觉察到，自己早已成为某些人的眼中钉，他的那些功劳也成为有些人攻击的靶子。他开始听到局里有人把自己称作亲美分子，这让他感受到了莫大的委屈和压力。

但是让勒鲁瓦低下头和那些政治集团中的人打交道，这着实令他为难。他根本不懂得应该如何在这场风波中保护好自己，什么事情都开始变得一团糟。

随后发生的另一件事将勒鲁瓦和他领导的第七处推向了风口浪尖。这件事发生在1965年10月29日，这一天的中午时分，受到戴高乐政府保护的摩洛哥反对派领袖、人民力量全国联盟书记处书记本·巴尔卡正行走在巴黎圣日尔曼林荫大道上，有人目睹，他在一瞬间被几个看似特工的人绑走了。

戴高乐将军听闻此事十分生气，下令要彻查凶手。可是，令人感到奇怪的是，本·巴尔卡在这天之后就消失了踪影，没有任何组织对这件事表示负责，法国政府也没有收到任何类似绑匪传达的消息。法国政府唯一肯定的是，法国国外情报和反间谍局曾经对本·巴尔卡实施过监视，而证据显示，有一位第七处的特工出现在了绑架现场。

此消息一出，引发法国政界的一片哗然，那些原本就对勒鲁瓦有意见的人站了出来，开始对第七处大泼脏水，甚至有的人叫嚷道："这件事和情报部门脱不了干系，也许就是勒鲁瓦指使他的手下这么做的！"

勒鲁瓦简直百口莫辩。法国政府为了平息国际社会的舆论指责，决定对勒鲁瓦实施严密监视，后来觉得监视他也不够安全，于是把他关进了拉桑泰监狱。在监狱里，某些政府高官对勒鲁瓦进行了审讯，他们如此说道："我们不是怀疑你参与了绑架本·巴尔卡的事件，但是你的特工组织应当掌握了情报吧，为什么你不上报？这是何居心呢？"勒鲁瓦神情激动地回答道："请不要污蔑第七处，我们并不知情！只要找来多名特工对证，就会知道我并没有犯罪！政府不可以诬陷我！"

　　然而在整个审讯过程中，第七处的特工都没能得到机会出庭为勒鲁瓦辩解。不过勒鲁瓦显然是清白的，因为政府找不到任何证据证明他和这件绑架案有关，当他最后被宣布无罪时，他已经在拉桑泰监狱度过了一百多天难熬的日子。最让他难以接受的是，他一手建立起来的第七处被架空了，换句话说，已经名存实亡，不久之后就被彻底撤销了。

　　"我从未想过，自己会无处可去。"勒鲁瓦暗自冷笑着，看了一眼工作了几十年的法国国外情报和反间谍局，身形萧索地离开了巴黎。

　　他决定要离开这里，离开让他付出了一生心血却不得不放弃的间谍事业。也许对于勒鲁瓦来说，遗忘过去才是解脱，他再也回不到最初了。

战典回响

神通广大的第七处特工

为了更快更顺利地偷窃情报，并且能够完成高难度的偷窃任务，勒鲁瓦不惜耗费时间和精力去挑选、训练一批各方面都相当出众的特工人员。在他看来，一名合格的情报员必须要具备高超的情报技术，还应当有坚韧的心理素质，如果事到临头掉链子，或者被吓得屁滚尿流，那不仅会导致任务的失败，还会将自己陷入危险的境地。

"所以想成为我手下的情报人员，首先必须通过心理测试，而成为正式的特工之后，也将不定时地接受这种测试。"他这样对正襟危坐的准情报员们说道，将他们的反应一一记在脑子里。随后，他把这些人带到心理医生那里，命令心理医生对他们进行心理测试。

实际上，他们要接受的是测谎仪的测试。心理医生微笑地坐在一边，鼓捣着那台从美国进口的测谎仪，告诉接受测试的人放松心情。第一次接受测试的特工难免会感到紧张，但是他们看到有很多老特工也在这个房间里等着测试，便好奇地问道："请问，你们已经是合格的特工了吧，为什么还要进行测试呢？"作为有义务让菜鸟尽快进入状态的前辈，这位老特工哈哈大笑地拍了拍他的脸说："这是定期的测试，我们每次执行重要任务前后也都要通过测试才行，这样做的目的是确定我们能否承担艰巨而危险的工作，检测我们是否会过度紧张或兴奋。明白了吗？作为特工，必须随时保持良好和平稳的心态。"

不过，当时的测谎仪并不是很先进，有时也发现不了问题，这让勒鲁瓦很是头疼，他不得不亲自观察队员们的情绪和状况，以经验来判断他们是否在心理上出现了异常。经过了心理测试和专业的情报训练后，勒鲁瓦让他们掌握熟练的开锁技巧，包括他自己在内，所有第七处的特工都是开锁能手。

随后，他们在勒鲁瓦的带领下，将执行大规模的情报窃取工作。当时，第七处特工们最主要的工作，就是偷窃各国的外交邮袋。"这些邮袋往往装载着机密性极高的情报，如果我们能在对方毫不知情的情况下偷到这些邮袋，获得情报，然后再送回去，就算是成功完成了任务。"勒鲁瓦在发布命令之前都会说这样一番话，嘱咐手下千万小心。

可即使顺利地偷到了邮包，如果不能在不破坏信件外表的情况下打开信件，邮包偷到了也是没用的。当时的普通外交信件是用水性胶水，如淀粉糊精封口的，要打开它用水蒸气加热就可以了。但是勒鲁瓦很快发现，被水蒸气熏过的信封上会留下一圈没法消除的痕迹，一旦对方把信拿到紫外线灯前一照，就会发现这封信被拆开过。"怎么样才能拆开信件并不留痕迹呢？"勒鲁瓦和同事们研究了很久，尝试了各种方法，总算解决了这个问题。他们使用红外线灯去烤封信封用的胶，将胶烤干裂后便取出信件拍照，然后把干裂的胶收集起来，小心地按照原样封好信封就成了。

不过，每个国家封信封的方法不尽相同，第七处的特工们后来发现，有些国家习惯在信封的封印或胶水中加入钩钉，这些钩钉很容易断裂，只要信封被打开就无法还原。因此，最初遇到这种钩钉，第七处的特工们只能放弃开拆，沮丧地将邮件原封不动地送回去。但是神通广大的第七处特工们最后克服了这个困难，他们取下一枚钩钉，让工厂生产出一大批相同的钩钉。这样一来，他们只需要拿一个自己生产的钩钉替代原先断掉的那个就万无一失了。

经过无数次的偷窃行动，勒鲁瓦和第七处的特工练就了超强的偷窃技术，并且在大多数的时候都顺利完成任务。为了提高效率，减少风险，他们进行流水线工作，由负责偷窃的特工将邮袋偷窃到手，随即交给等候在外面的小车上的人，小车将邮袋飞速送往距离最近的"实验室"里的拆袋专家。特工在袋子上标明了邮袋的来源和送达时间，还写明了必须送回的时间。根据这些时间限制和袋子封口的复杂程度，拆袋专家会判断是否应当拆开这个邮袋，是否会存在太高的风险。一旦拆袋专家成功获得了情报，他会立刻通知外面的小车将复原的邮袋运走，送回给那个偷窃邮袋的特工，再将邮袋神不知鬼不觉地放回去。这些特工常常能掐算好送回邮袋的准确时间，分秒不误地完成任务，不让人发现。

★沙场点兵★

人物：勒鲁瓦

大名鼎鼎的勒鲁瓦是法国布列塔尼人，他生性倔犟，具有坚韧的性格，心思细腻。他从事了三十年的谍报工作，是法国国外情报和反间谍局第七处的处长，在法国情报界占据着重要地位，在贡献情报方面功勋卓著，是西方谍报界公认的智勇双全的谍报大师。自从投身到情报事业中，勒鲁瓦全身心地付出，即使在生命遭受到威胁时也不放弃搜集情报，一切以情报工作为重。他为了获取情报，绞尽脑汁，所采用搜寻情报的方法有些令人闻所未闻，所有的手段和计谋只有一个目的，就是将情报弄到手。在他的手下，每个情报人员都各具特长，而他们更像是偷窃技术高超的小偷，几乎所有的情报都是偷来的。

根据当时的数据表明，二战期间，法国几乎有90%的谍报都是勒鲁瓦的第七处提供的。勒鲁瓦和其他情报组织的领袖不一样，他常常和同事一同工作，在危机时刻挺身而出，为同事创造条件和作掩护，决不躲避危险。但是就是这样一位优秀的情报人员，却陷入了一场政治悲剧。勒鲁瓦的第七处也在这次劫难中瓦解，令他痛心不已。虽然后来勒鲁瓦被无罪释放，但是他心中的遗憾始终无法抹掉。

道具：观察

超强的观察能力能帮助从事间谍工作的情报人员对周围的一切情况进行掌控，不仅能帮助他觉察到危险，还能帮助他寻找到截获情报的各种渠道。勒鲁瓦的观察能力无疑是超乎常人的，他非常善于在工作中进行观察，将视线投到平常人完全注意不到的地方。一点点小细节和小信息都无法逃脱他的眼睛，比如说，一般人是决不会对东德政府部门手纸的情况感兴趣的，但勒鲁瓦却能注意到并联想到搜集情报上去，这不能不说是他一个极大的优点。他还通过仔细的观察，了解到东方快车上的各种情况，为窃取邮包制订了周详的计划，将每一步都纳入了考虑，使得执行人员临危不乱，有惊无险地完成了任务。

战术：偷窃情报

当窃听和截获电报已经无法满足情报机构的需求时，情报人员开始计划用更直接和有效的方法获得情报，偷窃情报的方法便应运而生了。勒鲁瓦一开始也不是深谙此道的，但他还是选择了偷窃情报这一战术，无非是看中了这种战术所能达到的良好效果和高效率。只要偷窃成功，他所能得到的就是最真实的情报资料，比窃听的手段更能找准目标，而且耗费的时间要短得多。

勒鲁瓦自从产生了这种想法，便开始着手培养偷窃情报的高手。由于当时的保密技术不如现在先进，没有指纹锁、眼纹锁一类的防盗设置，他们只要能解决密码锁就行了，如果碰到普通的簧

319

片式锁就更简单了。比较难开的是将密码锁和簧片式锁合并起来的一种锁，既需要密码，也需要钥匙。这些都没有难住勒鲁瓦，他当时专门设置了一个科，这个科的成员的任务就是研究各种锁具，找出打开各种密码锁的方法，并且研究自己的锁怎么能更加牢靠。除了开锁的技能，勒鲁瓦还要求每个部下都具备"第三只手"的能力，他们比普通小偷的技术高明很多，只不过他们只偷那些看中了的情报。

Afterword

后记

　　这是距离我们最远的战争，也是距离我们最近的战争；它可能存在于另一个世界，也可能就在我们的身边。这，就是谍战。

　　与那些动辄枪林弹雨、血肉横飞不同，谍战是如此安静又不动声色。但或许就是这样的淡然和静谧，数十万乃至更多人的性命就维系在他们的手里，战争的成败就在他们的手里。他们是间谍，或者也被称为特工。在影视剧或者小说里，他们是无所不能的英雄或者反派，监视、绑架、暗杀、窃取情报、走私军火……他们既一脸狰狞，又似乎潇洒飘逸，但他们共同的特点就是将生死置之度外，和所有参与战争的人们一样。

　　比较其他参与战争的人，间谍需要抛弃的东西似乎还要更多。除了自己的生命，以及亲人、爱人，甚至连尊严和荣耀也要抛诸脑后。有的间谍在死后得到承认，从而被载入史册，或褒或贬。但是我们更有理由相信，更多的间谍，他们如同战场上那些无名的骨骸一样，沉入地下，关于他们生前的一切真相，恐怕永远难见天光。

　　与其他战争不同，谍战是一种国家间古老而又永恒的斗争方式，无论是在战争年代还是在和平年代，它都会持续存在，既惨烈又充满神秘。

主要参考书目

1.（日）晴气庆胤:《沪西"76号"特工内幕》，上海译文出版社，1985年。

2.（南斯拉夫）达斯科·波波夫:《间谍与反间谍》，群众出版社，1983年。

3.（美）雅德利:《中国黑室——谍海奇遇》，军事文艺出版社，1985年。

4.达烁:《间谍战》，科学普及出版社，1996年。

5.李宗福:《奇兵诡道——经典间谍奇案纪实》，海天出版社，1999年。

6.徐江、王春水、石建峰等:《影响历史进程的间谍们》，黑龙江人民出版社，2000年。

7.宋涛:《百年经典间谍》，时事出版社，2007年。

8.（英）特里·克罗迪:《世界间谍史》，解放军出版社，2008年。

9.阿文:《王牌女谍——世界著名女间谍案纪实》，哈尔滨出版社，2008年。

10.史韦:《揭秘——二十世纪世界著名间谍SPY》，九州出版社，2009年。

攻坚战
尖矛与利盾的较量
TOUGH FIGHTS

海战
烟波浩渺间的蓝色争夺
NAVAL BATTLES

会战
周密筹划的巅峰对决
THE BATTLE WARS

间谍战
智慧与勇气的激烈碰撞
SPY WARS

决战
毕其功于一役
DECISIVE BATTLES

空战
生死瞬间的云端曼舞
AIR WARS

坦克战
陆战之王的直接对话
TANK BATTLES

特种战
灵活机动下的尖刀对决
SPECIAL WARS

武器的世界  兵典的精华